우리가 살고 있는 현실들

수사학총서 · 13

우리가 살고 있는 현실들

논문들과 연설 하나

한스 블루멘베르크 지음 | 양태종 옮김

Wirklichkeiten in denen wir leben

Hans Blumenberg

고려대학교출판부
KOREA UNIVERSITY PRESS

Wirklichkeiten in denen wir leben: Aufsätze und eine Rede
by Hans Blumenberg

옮긴이 서문

이제 비판을 감내해야 할 번역본을 내놓는다. 감히 번역하려 했음은 강요받은 의지의 탓이었다. "역사의 현상학"을 향한 한 철학자의 시도들을 감히 알려고 했던 그리고 알리고자 했던 소박한 의지가 그 직접적 동인이었다. 미리 고백하건대, 역자의 관심은 이 시도들 중의 하나에만 국한되어 있었다. 수사학 연구의 새로운 경향을 촉발시킨 시도, 이제는—적어도 독일에서는—낯선 표현이 아닌 **인간학적 전환**anthropologische Wende을 맞이하게 한 시도, 바로 그 시도에만 국한되어 있었다. 하지만 저자가 "계속해서 합의를 수사적 작용의 '이념'으로 부를 수 있겠지만, 수사적 기능을 인간학적으로 정초할 때에는 합의가 잉여적"이라고 했을 때, 설득Persuasion을 수사적 작용의 목적으로 바라보던 역자의 시선은—문맥을 따라가기 위해—자연스럽게 역사의 현상학을 향할 수밖에 없었다.

독자의 손에는 지금 독일의 철학자 한스 블루멘베르크Hans Blumenberg(1920-1996)가 1981년, 슈투트가르트 소재 레클람 출판사를 통해 내놓은 *Wirklichkeiten in denen wir leben: Aufsätze und eine Rede*의 한국어판이 들려 있다. 부제인 "논문들과 연설 하나"가 암시하고 있듯, 이 책에는 그가 1956년부터 1971년까지 발표한 논문들 중 "역사의 현상학"을 보여 줄 논문 다섯 편과

하이델베르크 대학에서 수여하는 쿠노-피셔상 수상 연설이 들어 있다.

이 글들에 앞서 나오는 서문이—여섯 편의 글들이 이미 다른 곳에 실렸던 것인 만큼, 이 책에서 유일하게 참신한 것인 서문이—제목의 이해를 도와준다. 하나 이상의 세계가 있다는 것이 계몽주의를 자극한 정식定式임에 비추어, 저자는 '우리가 하나 이상의 세계에 살고 있다'는 것을 20세기 철학을 자극하는 여러 가지 발견들을 위한 정식으로 파악하고, 후설에 의해 "자명성들의 우주"로 파악된 "생활세계Lebenswelt"에 주목한다. 그리고 이 세계에 나타나는 인간과 현실의 문제를 엄밀한 "엄숙주의Rigorismus"에 입각해 다루려고 한다.

이 취급의도는 생활세계의 현상학적 양상들을 보이는 것으로 귀결된다. 생활세계에서 인간의 역사는—기술철학의 시각을 좇을 경우—"더 나은 작업도구를 발명해 가는 역사"이다. 따라서 생활세계에 때로는 은폐된 채 이식되어 있는 기술적인 것 내지 기술화의 현상학적 양상들도 함께 고려된다. 바로 이것이 첫 번째 논문 〈현상학의 양상들에서 본 생활세계와 기술화〉의 주제다. 역사의 현상학을 보이려는 저자에게는 의미를 정초하고 전개하는 과정이 곧 역사이기 때문에, 이 논문에서는 생활세계와 기술화의 의미가 정초되고 전개되는 과정이 그려진다. 저자는 후설의 생활세계를 "이론적 태도변경의 출발점"으로 파악하고, 기술화를 "사물세계의 끊임없는 증식과 응축"으로 이해한다. 이 현상학적 인식을 토대로 해서, 기술화의 출처가 이론적 과제와 인간의 수용력 사이의 긴장 관계임을 밝히는 한편 기술의 이율배반이 "수행과 통찰 사이에" 있다는 것도 밝힌다.

기술의 의미를 정초하고 전개하는 과정에서 나타난 기술과 자연의 관계는 기술이—나아가 예술이—자연을 모방한다고 했을 때의 문제로 이어지면서, 궁극적으로는 "존재와 자연의 동일성" 문제의 탐구로 이어진다. 이 문제를 "창조적 인간"의 이념과 결부시킨 것이 바로 두 번째 논문 〈"자연의 모방"〉의 주제다. 이 논문에서는—철학의 역사를 통해—"부정적인 태도가 본질적인 것을 위한 바라봄의 방식을 개선하고 있음"을 보이는 한편 존재와 자연의 동일성이 해체되고 있음도 보여 준다.

세 번째 논문 〈수사학의 현재적 현실에 대한 인간학적 접근〉은 "철학적 인간학"과 수사학의 환원을 통해 두 학문의 접점을 포착하고, 수사학에 몰두하는 인간학이 제기하는 물음들을 다룬다. 여기서 수사학은 "잠정적 도덕의 기관"으로, "인간학적 근"을 체계화하는 것으로 규정된다. 그리고 저자는 현실에 대한 인간의 관계를 "간접적이고, 상황 의존적이고, 지체적이고, 선택적이고, 무엇보다도 '은유적'"인 것으로 파악하여, 현실에 대한 갖가지 어려움의 총괄 개념으로 수사학을 포착한다.

네 번째 논문 〈언어상황과 내재시학〉은 언어와 사유의 관계를 다룬다. 둘 중 어느 것이 더 가능한지, 어느 것이 힘이 더 센지의 문제가 한편으로는 키케로의 "어휘부족"과 워프의 언어상대성 이론을 통해 고찰되고, 한 작품의 내재시학immanente Poetik과 작가의 외생시학exogene Poetik, 언어비판Sprachkritik과 언어신뢰Sprachvertrauen, 일의성과 다의성이 비교된다. 이때 다의성을 향한 언어경향의 미학적 효과는 친밀한 것에 대한 놀라움에 있는데, 이것이 생활세계로부터 자명한 것을 등장시키는 것과 맞물린다. 이로부터 나오는 시화詩化과정은 비개연적인 것의 개연성을 향하게 된다.

다섯 번째 논문 〈패러다임, 문법적〉은 패러다임이란 낱말의 의미가 정초되고 전개되는 과정을 다룬다. 토머스 쿤이 《과학혁명의 구조》에서 밝힌 "패러다임"이란 낱말이, 이미 1800년 초에 리히텐베르크에 의해—물론 그가 사용한 어휘는 독일어 "Paradigma"이지만—과학사와 연관된 은유로 사용되었다는 것이다. 여기서 저자는 "자연의 책"에 패러다임의 의미론적 은유는 있지만, 그 형태론적, 통사론적 은유가 없음을 확인하면서, 다음 결론에 이른다. "모든 사유 활동을 위하여 언어가 제공하는 패러다임은 〔…〕

과학적 패러다임을 앞선다."

여섯 번째 글이자 이 책의 유일한 연설은 〈에른스트 카시러를 기리며〉란 제목을 달고 있다. 그를 기리는 일은 카시러가 성공하지 못한 것에서, 역사를 성공의 기준에 종속시키지 않는 것에서 출발한다. 여기서 저자는 카시러의 인식 에토스를 본다. 카시러는 역사의 예속—황제의 신하에서 제후의 신하로의 예속—을 파괴했던 것이다. 이로 인해 우리는 공간-시간-우연성의 불쾌한 언행과 함께 생활하게 되고, 철학의 역사는 단지 "오는 것에 주목하라는 요구를 유효하게 만드는 형식들 중의 하나"가 된다.

개괄된 여섯 편의 글들에 이어—번역본에서 붙임으로 묶은—각 글의 출처, 저자의 간략한 생애, 저자의 주요 저술들이 소개되고, 마지막으로는 이 책의 차례가 나온다. 구성의 독특성을 그대로 반영하지 않은 우리의 번역본에서는 지금의 역자 서문에 이어 저자의 서문이, 그 뒤를 차례가 이어 나갈 것이다. 차례에 이은 각 글에서는 옮긴이의 각주가 추가될 것이다. 일부 독자에게는 군더더기일 수도 있을 이 각주를 건너뛰는 기술이 요청된다.

언급하지 않고 건너뛰었던 것은 이 책이 한 편의 마카로니 시였다는 것이다. 독일어는 물론이고, 프랑스어, 라틴어, 그리스어로 된 시였다. 그렇기에 프랑스어 번역을 도와준 박종탁 교수에게 감사드린다. 혹 있을지도 모를 오역은 전적으로 역자의 책임이다. 날카롭게 지적해 주던 김혜숙 박사에게도 이 자리를 빌려 고마움을 전한다. 지금의 번역본이 나올 수 있도록 도와주신 고려대학교 전성기 교수님께도, 고려대학교출판부장님 이하 관계자들께도 고마움을 전한다. 보다 특별한 고마움은 기꺼이 질타해 주실 독자 여러분께 미리 보낸다.

2011년 8월

양태종

하나 이상의 세계가 있다는 것은 퐁트넬[1] 이후 계몽주의를 자극한 정식定式이었다. 우주진화론의 구상들이 제시되기 전만 해도, 그것은 창조의 개념에서 세계의 통일체를 끌어내야 했고 플라톤과 아리스토텔레스에 기댈 수 있었던 신학적 형이상학에 대한 가장 강력한 모순으로 나타났다. 플라톤과 아리스토텔레스는 데모크리토스의 우주복제에서 세계이성의 파괴를 목도하고 물리쳤었다. 칸트가 "천체의 자연사"를 다룬 초기의 천재적 작품을 통해[2] 우주의 통일체를 복원했을 때, 그는 세계들 중 하나의 세계라는 중재하는 정식도 주었다.

우리가 하나 이상의 세계에 살고 있다는 것은 20세기 철학을 자극하는 발견들을 위한 정식이다. 그것은 우리와 맞닥뜨리는 횟수가 늘어나는 어려움들을 위한 절대적 은유로 읽힐 수 있다. 여기서의 어려움들이란 학문과 예술들, 기술, 경제와 정치, 교양체계와 신앙제도 등 자율적이 되어 버린 영

1 퐁트넬Bernard le Bouyer de Fontenelle(1657-1757)의 이러한 생각은《세계들의 다수성에 대한 대화들》(1686)에서 읽어 낼 수 있다. 〔옮긴이〕

2 칸트Immanuel Kant(1724-1804)는《일반 자연사와 천체 이론》(1755)에서 태양, 행성, 위성 등 태양계의 생성을 입자들의 운동에 따른 "발전"의 결과로 본다. 이런 이유로 이 작품은 과학적 우주진화론의 시발점으로 평가되기도 한다. 〔옮긴이〕

역들에서 '실현되고', 생활세계상으로 작성된[3] 주체이자 삶의 시간상으로 제약을 받는 주체에게 제공되는 것을, 그러니까 그 주체가 어느 정도로 어쩔 수 없이 벌써 '거기에 속하는지'를 간단히 납득하도록 하기 위해 공급되는 것을, 우리의 경험과 이해능력의 일상적 실재성과 연관시키는 어려움들을 말한다.

다시금 세계들 중 하나의 세계라는 정식은 그러한 '세계붕괴'에, 현실 개념과의 그러한 어려움들에 직면해서 표명되는 요구를 규정하는 듯하다. 이때에는 삶의 구성에 관여하고 있는 '특수세계들' 속의 내재적 과정들이 통합능력을—또는 최소한 기술적記述的 대결능력을—보증할 만한 성숙도에 도달한 적이 있는지를 결코 확신할 수 없을 것이다. 많은 실험이 중요할 수 있다. 그리고 세계 개념에서의 견해차를 더 정확히 포착하고 더 명백히 기술하려는 많은 노력도 중요할 수 있다.

'생활세계Lebenswelt'라는 제하에 표명되는 요구를 인내하는 것도 거기에, 심지어 그 중심에 속한다. 많은 사람들에게 이것이 옛 '자연'의 귀환과 자연의 '자연적임'의 귀환으로 나타나려 한다면, 그 까닭은 철학적 '근본주의들'로 향하는 어떤 초기 단계에서나 나오는 규범적 욕구, 목적론적 기대, 환원적 선택 들이 밀려온다는 데 있다. '종합'할 때에도 도사리고 있고, 단순한 유추형성이 지나치게 많은 데에서도 기꺼이 몸을 숨기고 있는 위험들은 역사적 지평을 더욱 눈멀게 하고, 현재와의 소박한 관련만을 한층 인위적으로 생산하게 하며, 중요성에 대한 숨김 없는 요구도 강화한다. 1924년의 후설을 각인시키는 것이 신칸트학파로부터의 전향에 나타난 때늦은 '생활철학'의 한 저작물임은 오해의 여지가 없다.[4] 그것이 현상학을 뒤늦게 성

3 블루멘베르크는 여기서 "verfassten"이란 표현을 쓰고 있다. 후설의 현상학에서는 이른바 "판단중지"가 인간을 "현상"으로 만든다. 그런데 현상학의 본연의 임무가 현상을 기술하는 데 있으므로, 이제 생활세계의 주체는 "작성"되게 된다. [옮긴이]

공시켰고, 이제는 현상학을 재탄생시킨 아버지들이 몰려오고 있다.

이때 철학적 수사학의 목록을 구성하는 요소들과 마찬가지로 '생활'과의 그러한 결합들도 철학에 하는 요구들의 특징들이긴 하지만 이 요구들은 이행되지도 않았고, 이행될 수도 없지 싶다. 철학적 수사학〔이란 결합적 표현〕으로 철학이 암시하고 있는 것이 충전充塡이긴 하지만 말이다. 매우 헛된 일들의 영역에서 이것은 비난받을 만하다. 뿐만 아니라 이것은 철학이 죽었다는 허위 주장에 맞서는 이 사유방식의 생존기술이기도 하다. 허위 주장은 무능함의 결과로 나온 것이자 무능했기에 비로소 나온 것일 뿐만 아니라, 철학적 질문들의 응답 불가능성을 증명해야 하는 부담도 지고 있는데, 이 응답 불가능성은 즉각 그 질문들의 삭제 가능성과 동일시되는 편이 좋다. 수사학은 초조함에 직면한 행동이다. 말이 나온 김에 덧붙이자면, 이해가 가는 초조함에 직면한 행동이다. 위대한 질문에 대한 대답처럼 그렇게 자기 자신과 밀접한 관련이 있는 대답이 있다면, 누가 그 대답을 미래의 세대에게 떠넘길 수 있겠는가? 생활세계가 〔자신의〕 토대 위에는 아직도 하나의 세계가 있고, 그 세계에서 살기 위해서는 그저 살 수밖에 없다고—그리고 그 세계에 도달할 수 있다고—암시하는 것도 '생활세계'의 수사학에 속한다.

어떤 수사학에나 자기 설득의 위험이 숨어 있다. 철학적 수사학에도 숨어 있는데, 이 수사학에서라야 비로소 제대로 숨어 있는 셈이다. 철학적 수사학이 '생활'과 '생활세계'를 도구로 삼는다면, 철학적 수사학은 주지적主知的 초조함을 사용하는 형식—또는 합리적 실망을 위로하는 수단일 뿐이지만, 그 자체로서는 후설이 말한 '무한 작업'의 보호막으로 항상 대변할

4 후설Edmund Gustav Albrecht Husserl(1859-1938)은 이 해에, 4년간의 강의 자료들을 모아 《현상학적 환원의 이론》을 내놓는다. 이 책은 《제1 철학》의 제2부인데, 제1부는 이듬해 《비판적 이념사》란 이름으로 세상에 나온다. 〔옮긴이〕

수 있다. 후설이 '무한 작업'을 언급했을 때, 그는 자신은 물론 자신을 따르는 현상학자들도 위로가 필요한 사람으로 여기지 않았다. (나중에 보게 되겠지만 이는 일종의 기만이다.) 수사학에 대한 권리가 수사학의 자체적 '성공'에 한층 더 주의하는 일과 분리되어서는 안 된다. 왜냐하면 철학은, 특히 현상학으로서 그 기술 절차에서는, 주의의 분과학문이기 때문이다. 철학이 '편견들'의 우주를 해체하는 작업으로, 즉 우상 · 독단 · 신화 들을 해체하는 작업으로 자신을 이해했을 때, 철학은 이미 그런 분과학문이었다. 철학을 두고 후설은 이미 《논리 연구》에서 진부한 말들에 대한 학문이라 한 적 있는데, 바로 이 학문으로서라야 비로소 철학은 제대로 그런 분과학문이 될 것이다. 철학은 자명성의 우주Universum der Selbstverständlichkeit를 가리키면서 주제인 '생활세계'를 엄밀한 엄숙주의에 입각해서 다룰 때, 그때 가서야 '진부한 것들에 대한 학문'을 완성할 것이다.

때에 따라 놀라운 일을 전하는 것은 어느 학문이든 허용하고 있고, 정말이지 그것은 학문의 유효성과 장려 차원에서 피할 수 없을 것이다. 철학에는 이러한 장점이나 부담이 없다. 오히려 그 반대다. 누구든 철학이 해야 할 말을 듣고 놀라서는 안 된다. 철학의 '효과'는 자신이 거의 할 수도 있었던 말을 남이 말한다고 해도 그를 관대하게 대하는 것이고, 들여다보기의 강도를 조금만 더 높였더라면 틀림없이 볼 수 있었을 것을 놓쳤다고 해도 자신을 관대하게 대하는 것이다. 이런 점에서 철학도 여러 학문들 가운데에서 특별한 지위를 가진 것은 아니다. 현미경 아래에 표본을 하나 놓고서 측정기가 그려 낸 톱니 모양의 곡선을 관찰할 때, 예술사를 탐구하는 학자의 텍스트 없이 복제품을 관찰할 때, 문예학의 논문 없이 시를 관찰할 때, 법학자들의 해석 없이 법조항을 관찰할 때, 무엇인가를 놓친다는 것은 누구나 아는 일이다. 가장 넓은 의미에서의 지각능력을 예리하게 하는 데 기여하는 것, 그것을 철학은 공유하고 있으며, 그것을 철학은 모든 '실증적'

분과학문들과 공유하게 만든다. 철학에만 자신을 기술하는 절차 이외의 다른 절차, 즉 자기 '현상現象들'을 보존하는 절차가 없다. 심지어 철학은 자신의 역사를 써 나갈 때, 자기 '현상들'의 두드러진 면을 기술하는데, 이 현상들을 위해 준비된 것이라고는 바로 이 역사 외에는 없다. 그리고 그 일이 어떻게 일어나는지는 다시금 철학의 '현상들' 중 하나다.

그렇기 때문에 일종의 역사의 현상학이 있을 것이고, 이 소책자에 실린 많지 않은 작업에서 역사의 현상학을 향한 몇몇 시도들을 인식할 수 있을 것이다.

차례

현상학의 양상들에서 본 생활세계와 기술화

1919년 폴 발레리는 레오나르도 다빈치에 대한 세 편의 에세이 중 두 번째 에세이에서 파스칼을 공격한다. 이것은 그가 수없이 했던 공개적 또는—더 자주 있는 일이었지만—은폐된 공격들 중의 하나다. 그는 한 사상가를 어두운 배경으로 삼아 자신의 영웅 레오나르도를 부각시킨다. 그의 말에 따르면, 예술에 대한 감각도 없이 절대적인 것을 향한 경쟁의 모험에만 사로잡힌 그 사상가에게, 자연은 구원으로 가는 길목에 입을 벌리고 있는 무한자의 심연일 뿐이었다. 반면에 사상가이자 기술자인 레오나르도에 대해서 그는 다음과 같이 말할 수 있었다. "그의 오른쪽에는 절개된 심연이 없다. 심연이 있었더라면, 그는 다리를 꿈꿨을지도 모른다."

이것은 아주 기초적인 정황에 대한 가장 정확하고 간결한 표현들 중 하나다. 근대의 기술화 현상現象을 이해하려면 자연과 기술의 통상적 대조로는 충분치 않다는 정황, 세계에 대한 근대인의 관계에는 주어진 것의 직관을 토대로 한 구별이 이미 등장하고, 그 구별에서는 시대를 결정하는 요인이 미리 주어져 있다는 정황에 대해서 말이다. 이 표현을 위하여 심연의 상像은 은유를 제공한다. 파스칼의 눈과 같은 유형의 눈은 그 상에 나타나는 수직선에 의해 고정되고, 깊이를 알 수 없는 어두운 심연은 전적으로 반대 방향의 기회, 즉 초월성의 기회를 위한 사유를 단호하게 하려는 이유에서만 시선을 사로잡는다. 반면에 레오나르도의 눈과 같은 눈은 자발적으로 그 상에 나타나는 수평선을 지각한다. 즉, 심연의 두 가장자리를 연결하여 장애물 위로 다리를 놓을 기회, 또는 심연의 텅 빈 곳에서 한 마리의 기계 새를 실험하기 위한 활동 공간의 포착 기회를 지각한다. 기술에 저항하는 자연, 기술에 의해 파괴되고 오용되는 자연, 또는 인간의 노력들 자체가 엄청나게 헛된 것임을 보여 주지 못해 인간의 도구들을 끊임없이 부수는 데에서 그 헛됨을 인간이 느낄 수 있게 하는 자연, 그런 자연만 있는 것은 아니다. 인간의 고삐와 굴레, 길과 다리, 굴착기와 청소 도구, 장난감 및 구매욕을 향한 외침과 같은 자연도 있다.

자연을 향한 근대의 시선이 지각하는 도전은 자연이 말하자면 인간을 위해 마련되어 있다는 생각, 인간의 욕구들을 미리 고려하였다는 생각, 또는 인간의 실존에 필요한 최소한의 경제적 물자를 적어도 포함하고 있다는 생각과 더 이상 관련이 없다. 우주라는 표제하에서 그리스인들은 각각의 본질을 고려하는 질서에 대한 놀라움을 두고, 철학의 기본적인 물음들을 일깨우기 위한 동기라고 특별하게 불러 왔다. 이 놀라움을 위한 공간이 레오나르도나 파스칼에게는 존재하지 않는다. 조르다노 브루노[1]의 문체에 나타나고 있는 무한자에 대한 열광에도, 이 심연에 대한 파스칼의 경악에도, 그리스인들의 우주가 허락했던 순수한 이론적 직관을 위해 마음을 진정시키는 요소는 들어 있지 않았다. 인용된 발레리의 말대로 레오나르도가 심연에 직면하여 다리를 하나 생각했더라면, 그 역시 놀라서 물러서는 단계를 뛰어넘어 극복했을 뿐, 그 단계를 생략하지는 않았을 것이다. 자기주장 행위가 심연의 소용돌이를 우선은 막아 내겠지만 사라지게 하지는 못한

---

1 과학의 역사에서 첫 순교자로 여겨지고 있는 이탈리아 철학자 브루노Giordano Bruno (1548-1600)는 우주가 무한하고 동질적이라 생각했다. 〔옮긴이〕

다. 고정 지점에서 고정 지점으로 진행하는 사유는 자신을 초월성에 넘기는 사유 못지않게 도약을 포함하며, 자신의 불연속성을 끝낼 수 없다는 바로 그 불쾌함에서 자신의 필연성을, 자신의 에너지를 끌어 낸다. 고유한 특성을 지닌 철학적 문제들이 근대에서 대체적으로 나타났다고 하는 한, 그 문제들은 불쾌함에서, 로크의 'uneasiness'에서 깨어나지, 더 이상 놀라움에서 깨어나지 않는다. 그렇기 때문에 기술의 문제는 근대적 · 현대적 사유의 그렇게나 특징적인 요소다. 비록 기술의 문제가 아직도 기술의 문제들로부터—나는 지금 한 번은 2격 목적어로, 한 번은 2격 주어로 말했다[2]—깔끔하게 분리되지 않고 있다고 해도 말이다. 기술의 문제가 여러 가지 기술 존재론, 기술 신봉론, 특히 기술 저주론 등으로 다양하게 고찰되고 있지만, 바로 이것이 재빠르게 싫증을 유발했고, 그 후로 사람들은 "기술"이란 낱말을 오로지 기술자의 입으로부터만 듣고 싶어 한다. 철학적 작업의 생산능력은 저 불쾌함을 끊임없이 생산하는 데에 일조하고, 철학은 최근 이 불쾌함으로부터 자양분을 공급받고 있다.

말해지지 않은 것이 없어 보일 정도로 수많은 말과 인쇄물 속에서 기술의 문제가 은폐되어 왔을지도 모른다. 왜냐하면 의심해 볼 만한 것은 아직까지 묻지 않은 것에서보다도 너무 많이 물은 것에서 더 철저하게, 그리스인들이 이미 세계를 의심해 볼 만한 것으로 보았을 때보다도 더 철저하게 회피되고 있기 때문이다. 철학은 자신의 문제를 풀 준비가 되었다고 믿었을 때마다 문제 자체를 미처 발견하지 못했음을, 내지는 그 문제를 너무나

2 "기술의"를 나타내는 독일어 표현이 2격 명사구여서, 저자는 문법적 설명을 첨가하고 있다. 본문의 번역은 우리말의 조사 "의"도 독일어의 2격과 마찬가지 사정임을 감안한 것이지만, 이를 풀어 쓰면 다음과 같다. "전자의 '문제'는 기술을 대상으로 삼는 문제이고, 후자의 '문제들'은 기술이 대상으로 삼는 문제들이다." 저자의 갑작스런 문법적 설명은 독자를 당황케 하려 했다기보다는 현상의 문제가 언어의 문제임을 지적하려는 의도에서 나온 것이다. 이는 다섯 번째 논문 〈패러다임, 문법적〉에서 확연히 드러난다. [옮긴이]

자명하게 제기된 것으로 여겨 왔음을 인식하고 실망할 수밖에 없었지만, 실망은 생산적이었다. 이 상황에서 질서의 외침들은 '소위 진행 중에 있는 것das vermeintlich im Zuge Befindliche'[3]에게 항상 진부하고, 성가시고, 단조롭고, 방해하는 듯이 들렸다. 20세기 초에 에드문트 후설이 "사태들 자체로!Zu den Sachen selbst!"[4]라고 질서를 외쳤을 때가 그러했다. 다른 모든 것을 마음껏 비판하던 철학은 또다시 자기 고유의 대상과의 관계를 비판하도록 소환되었다. 에른스트 카프[5]의 《기술철학 개요—새로운 관점에서 본 문화 생성의 역사》(1877)가 나온 지 채 한 세기도 지나지 않아, 자칭 기술철학의 세기는 의심하기에 충분한 자명성을 하나 만들어 냈다. 즉, 기술의 경우에서 "사태 자체"가 무엇인지를 우리가 알고 있다고 할 때의 자명성을 말이다. 이때 이뤄진 "사태 자체"의 규정은 카프가 자기 책의 전면에 제시한 다음 모토를 일관되게 전개한 결과다. "정확히 조사하면, 인간의 역사 전체는 결국 더 나은 작업도구를 발명해 가는 역사로 귀결된다."

이에 상응해서 "기술" 개념은 일련의 다채로운 표상을 의식하게 한다. 각종 기구, 차량, 전동 장치와 저장 장치, 수동 기능의 도구와 자동 기능의 도구, 도관, 스위치, 신호 등 우리 주변에서 작동하는 사물들의 우주를 의식하게 한다. 이 사물들을 완벽하게 분류하려는 시도가 종종 있었지만 만족스럽지는 못했다. "기술" 개념에서 뜻하는, 〔그 분류의〕 통일적 요소는 포착이 불가능해 보이기 때문에, 유명론상으로 의심의 여지가 없게 되었

---

3 본문의 축자적 번역은 '문제 해결에 매달리는 철학에게'로 풀어 쓸 수도 있을 것이다. 〔옮긴이〕

4 "사태"로 옮긴 'Sache'는 '사상事象'으로 번역되기도 한다. 〔옮긴이〕

5 독일 태생의 카프Ernst Christian Kapp(1808-1896)는 테크놀로지에 대한 철학을 이치에 맞게 다듬은 최초의 철학자로서, 인간 문화의 역사적 발전을 기술에서 찾으려 한다. 그에게 기술은 인간 도구의 투영이기 때문에, 이를테면 도끼는 손과 손가락의 투영으로 나타난다. 〔옮긴이〕

다.[6] 개념의 위상에 더 이상 욕심을 부리지 않는다면, "기술화"는 이 사물 세계의 끊임없는 증식과 응축으로 이해할 수 있다.

I

하지만 기술의 "문제"는 어디에 있을까? 실존의 근거가 구성Konstruktion에 있는 기술적 사물 하나하나는 또다시 다름 아닌 자신의 개선과 과잉생산의 기술적 문제를 그려 낸다. 나아가 각 사물은 구성계획의 원칙적 통찰 가능성을 고려할 때, 소여성으로서도 문제가 없다. 그렇기 때문에 기술의 "문제"는 어디에 있을 수 있을까? 한 그루의 나무를 관찰하는 사람 앞에는 예상할 수도 없는, 그리고 오늘날 우리가 믿지 않을 수 없듯이 모조리 사용할 수도 없는 이론적 차원이 펼쳐진다. 기관차 한 대를 관찰하는 사람은 자료 전체가 어느 한 공장의 구성 사무실들에 보관된 사물 하나와 마주한다.

기술의 문제는 기술 수행의 부작용과 관련되는 문제들이 모여 만들어 내는 것으로 보인다. 교통사고, 기계의 소음, 배출가스, 쓰레기, 산업시설의 오폐수, 우리의 작업 기계들이 강요하는 속도, 산업 노동의 단순화를 포함하여 자연스러운 생활리듬으로부터의 일탈 등이 그런 문제들이다. 문제를 이렇게 규정할 때, 기술 낙관론자들은 일을 쉽게 끝내 버린다. 그 모든 것이 결국 기술에 내재하는 문제들이기 때문이다. 이 문제들이 종종 기술에 의해 이미 해결되었는데도, 아직까지도 해결책은 경제적 가치가 없기나, 사회적 품위를 고려해 볼 때 매력이 없어서 실현되지 않았다. 이런 종

6 유명론Nominalismus에서는 보편 개념을 구체적 사물들을 추상화시켜 얻어 낸 것으로 보고, 실재성을 개체에만 부여하며 개체를 강조한다. 그렇기 때문에 보편 개념에 상응하는 본문의 '요소'는 강조의 대상에서 멀어지게 된다. [옮긴이]

류의 어려움이 있다고 해서 기술의 문제를 포기할 수 있는 것은 아니다. 왜냐하면 그러한 어려움은 결국 기술적인 사물과 성과들의 영역이 아직은 거의 기술적이지 못하고 그 영역 고유의 원칙[7]에 여전히 뒤처져 있다는 것을 보여 주는 데 전력하기 때문이다. 1936년, 채플린의 냉혹한 풍자 영화 〈모던 타임스〉가 인간이 메커니즘에 예속될 수 있음을 노골적으로 보여 주는 영상을 통해 기술에 대한 불편한 감정을 자극했을 때, 기술전문가라면 누구나 오래전부터, 스패너를 들고 컨베이어 벨트를 필사적으로 뒤쫓아 가는 로봇은 기술적으로 볼 때 이미 화석과 같은 현상임을 알고 있었다. 그런데도 이러한 현상이 존재하는 내지 계속해서 존재하는 이유는 기술적인 맥락과는 다른 맥락에 있었다. 이 영화와 같은 방식으로 기술에 반응하거나 대항할 수 있다고 믿는 사유 활동은 기술성 원칙의 제한과 극복 대신 집행을 촉구해야 한다는 결론에 재빨리 이르게 될 것이다. 역사의 불가역성不可逆性을 통찰해서 자신이 살던 시대의 사회상황에 대한 비판을 이 상황에 유효한 원칙의 총체적 집행 요청과 최초로 그리고 아주 중요한 자리에서 결합시킨 인물이 바로 루소였다.[8] 루소는 자신을 비판하는 디드로[9]를 향해 자연

7 이 원칙이 곧 보게 될 "기술성Technizität" 원칙이다. [옮긴이]

8 그 자리가 바로 《사회계약론》 초고의 제2장 "인류의 일반사회에 대하여"인데, 최종본에는 이것이 받아들여지지 않았다. 칸트는 이런 맥락에서 루소의 표현 'art perfectionné'(완전한 예술)을 받아들여 다음 형식으로 바꿨다. "완전한 예술은 다시 자연이 된다"(Immanuel Kant, *Gesammelte Schriften*, Akad.-Ausg., Bd. 15, 2, Berlin 1923, S. 887, 896). 여기서의 "예술"은 자유를 통해 가능한 생활형식 전체다. "도덕성은 예술의 일이지, 자연의 일이 아니다"(Reflexion 1454, 같은 책, 636쪽). 물론 인위성을 가로지르다 보면, 형식적 의미에서만 "다시 자연에" 이르게 된다. 즉, "행복 체계"로서의 또다시 "합목적적인 제도"(같은 책, 896쪽)라는, 물질적으로 완전히 이질적인 상관개념에 이르게 된다. 그러한 형식적 일치를 목적표상으로 구성하는 것은 루소의 "생활세계"인 자연 상태를 고려하는 조절적 의미이다. "루소는 사람들이 자연 상태로 돌아가는 것이 아니라, 그쪽으로 돌아보는 것을 원한다"(같은 책, 890쪽). ['돌아가다'와 '돌아보다'의 독일어 표현들인 'zurückgehen'과 'zurücksehen'에 나타나는] 철자 하나의 차이에서, 루소에게서 나온 정신적이고 정치적

으로의 귀환이 아니라, 인간을 사회화하는 구조에서 인공성의 철저하고도 일관된 집행을 요구한다. "초기 기술art이 자연에 끼친 해악이 완전한 기술에서 어떻게 교정되었는지를 그에게 보여 주자. […]"[10]

역사의 불가역성을 통찰함으로써 역사주의가 문화비판과 사회비판과 더불어, 또한 기술화를 담지하는 의식과 관련하여, 어떻게 근대의 내적 경향들의 역학을 상승시켜 왔고, 어떻게 오늘날까지도 상승시키고 있는지는 여기서 드러난다.

문제의 실마리를 잘못 풀었다고 비판하면서도, 우리는 여전히 우리의 "사태 자체"에 대해서는 더 이상 알지 못한다. 이미 언급된 기술과 자연의 대립이 지배적이기 때문에, 또는 아직까지는 어느 정도 임시방편적인 말이긴 하지만 그리스인들 이후 우리의 전통에서는 이 두 개념이 연결되기 때문에, 사태 자체로의 시선은 계속해서 가로막혀 있다.[11] 두 개념의 연결 과정에서 기술 개념은 개념사적 변천에 동참해 왔고, 자연 개념은 대상들을 생산하는 원칙이란 개념에서 생산된 대상들 자체의 총괄 개념으로, 그러니까 **나투라 나투란스**natura naturans의 강조에서 **나투라 나투라타**natura naturata의 강조로 변천해 왔다.[12] 그리스인들이 이해했던 **테크네**τέχνη는 일차적으로 특

상태에 대한 이후 2세기 동안의 아마도 대부분의 오해들과 가장 격렬한 알력들이 불붙고 있다.

〔옮긴이〕《사회계약론》 초고의 부제는 "공화국 형태에 관한 시론"이고, 최종본의 부제는 "정치법의 원리"이다.

9 프랑스의 철학자 디드로Denis Diderot(1713-1784)는 계몽주의 시대의 《백과전서》 편집장이었다. 〔옮긴이〕

10 여기에서의 "기술"은 두 번째 논문에서 상술되고 있지만, "예술"로도 옮길 수 있다. 〔옮긴이〕

11 기술의 문제에 대한 나의 첫 작업 "철학적 문제로서의 자연과 기술의 관계"는 전통적 대립을 아주 자명하게 주제로 받아들였다(실린 곳: *Studium Generale* 4 (1951), S. 461-467). 브뤼셀 학술대회에서 발표한 논문 "기술과 진리"에서는 그 대립을 다르게 받아들였다(실린 곳: *Actes du XIème Congrès International de Philosophie*, Bd. 2, Brüssel 1953, S. 113-120.).

정한 수행과 제품 들을 만들어 낼 수 있었던 숙련된 솜씨와 노련한 솜씨였다.[13] 당시 사람들은 그런 솜씨를, 오늘날에도 이를테면 스포츠에서 어떤 "기술"을 습득하듯이, 엿보고 따라하는 데서 습득할 수 있었다. 이런 의미에서의 기술을 당시 사람들이 습득할 수 있었다는 것, 사태 자체를 이해하지 못하면서도, 완수의 필요성을 이 사태의 본질로 환원할 수 없으면서도 사태에 정통할 수 있었다는 것, 바로 이것이 '기술적으로 무엇에 정통해 있음das technische Sich-Verstehen-auf'과 '대상에 대한 이론적-과학적 관계'를 구별해 주었다. 하지만 습득하기와 따라하기의 전통은 통찰력을 통해 숙련된 솜씨를 결정적으로 발휘했던 사람에게서, 이 사태에 대한 인식에서 그 사태에 적절한 것을 발전시킬 줄 알았던 사람에게서 결국 시작되어야 했다. 그래서 기술과 지식, 곧 숙련된 솜씨와 통찰력은 그 뿌리에서 합쳐졌으며, 기본적으로는 하나이자 똑같은 것이었다.

사태 이해와 사태 통달의 분리는 소피스트 철학이 대변한 태도로 말미암아 그리스인들에게 어렵지 않은 가능성으로, 공급품인 동시에 시도로 제시되었다. 〔지식과의 연결에서〕 풀려나 홀로 된 "기술"의 유형이 처음으로 묘사된 것은 기원전 5세기 후반의 일인데, 정확히는 정치와 법의 영역에서 묘사되었다.[14] 소피스트의 공급품은 일종의 〔기술자〕 교육을 약속했다. 교육 내용에 따르면, 〔미래의 기술자는〕 단지 어떻게 하는지만 알면 되었다.

---

12 'natura naturans'와 'natura naturata'의 말 그대로의 의미는 '생산하는 자연'과 '생산된 자연'인데, 차례로 '능산적 자연'과 '소산적 자연'이라고도 한다. 이와 같은 번역을 본문에서 병기하지 않은 까닭은 블루멘베르크가 두 번째 논문에서 "생산하는 원칙으로서의 자연"과 "생산된 형태로서의 자연"으로 다시 풀어쓰기 때문이다. 〔옮긴이〕

13 '테크네'의 또 다른 의미는 이어지는 "자연의 모방"에서 자세히 언급된다. 〔옮긴이〕

14 이는 수사학이 로고스를 이용하여 법정의 배심원들, 평의회와 민회의 구성원들을 설득하는 기술임을 의식한 표현이다. 이에 대해서는 양태종, 〈다시 생각하는 수사학의 기원〉, 《독일어문학》, 45(2009), 186-189쪽 참조. 〔옮긴이〕

이때 그는 전승되던 정식들의 즉물적 필요성, 법, 토대의 통찰을 모두 도외시한 채, 〔오로지〕 임의의 목표에 도달할 수 있게 해 주는 요령과 규칙을 학습했다. 우리의 전통 전체는 효과적인 저항이 규정해 왔다. 소피스트 철학 자체의 품에서 나온 소크라테스[15]와 더불어 소피스트 철학에 맞서는 효과적 저항이 시작되었고, 저항이 표명한 요구는 모든 능력을 언제나 인식의 지평 안에 둘 것, 노련한 솜씨 모두를 그 솜씨를 정초하는 통찰에서 벗어나지 않게 할 것, 모든 옳고 그름을 적법성에 대한 물음을 통해 규범화할 것 등이다. 철학이 고대에서 고전적 정점에 이르게 된 것은 수사학과 분리를 통해서뿐만 아니라 이와 더불어 개념적으로 확정한 것들을 자신의 기저에 받아들였기 때문이다. 그것들을 이용해서 철학은 진선眞善으로서의 존재자와 무관한 단순한 기술로서의 수사학이 이후부터는 그것들에 대한 권리를 가졌다고 더 이상 주장할 수 없게 했다. 이는 인간의 이성에 걸맞은 태도로서의 이론적 직관뿐만 아니라, 인간이 건드리지도 않았고 건드릴 수도 없는 대상 영역도 우위를 차지하고 있음을 보여 준 것인데, 비중은 후자에 더 있었다. 이 대상 영역에서는 기술적인 것과 인공적인 것 모두가 자연적인 것에 대비되었고, 전자는 후자에서 유래되었을 때에만, 그러니까 후자를 모방했을 때에만 의미 있는 것으로 인정받았다. 철학과 수사학의 분리, 이론과 기술의 분리, 〔학學으로서의〕 스키엔티아scientia와 〔술術로서의〕 아르스ars의 분리가 적절한 것으로 입증되지 못한 적도 물론 있었다. 고대 후기와 중세 말기에서처럼 철학이 자신에게 설정한 절대적 요구로 인해 할 수 있는 일이 거의 없어 보였을 때가 바로 그때다. 그럴 때면 언제나 아르스는 철학의 이름을 끌어들여 독립했고, 인간이 무엇이든 할 수 있다는 것을 보여 주었다. 인간이 왜 무엇이든 할 수 있는지에 대해서 궁극적인 것까

15 소크라테스가 자신의 철학을 소피스트의 철학과 구별하기 전까지는 그 역시 '소피스테스'로 불렸다. 본문의 표현은 이를 의식한 것으로 보인다. 〔옮긴이〕

지는 모르면서도 말이다. 두 시대의 말기에 이르러 한편으로는 회의주의에서, 한편으로는 신비주의에서 자신의 수단들을 소진한 철학은 정당화에 신경을 쓰지 않는 능력에게 길을 터 준다. 두 사례에서는 측량사와 마찬가지로 기술자도 철학자philosophus라는 이름을 달고 나오고 있음이 확인된다.[16] 가장 넓은 의미의 "기술"에 맞서서만 철학의 기체基體[17]가 자기주장을 할 수 있다는 것, 그것이 철학의 운명이 되어 버렸다.

이 역사적 전제들에 기인하여, 자연은 물론 예술과 기술에 대한 전통적 문제제기들은 서로를 제약한다. (예술과 기술은 "인공적künstlich"이라는 개념을 공통의 뿌리로 삼고 나온 것이다.) 이렇게 해서 "자연적 자연natürliche Natur"에 대한 물음에 이를 수 있다. 더 정확히 말하면, 세계 내에 있는 인간의 현존재를 원천적으로 규정하고 배정하기 위한 규범적 방향을 찾는 도정에서 그럴 수 있다. 인공적인 것은 이때 자연적인 것의 기층에 덧씌워진 것으로 나타나며, "삭제"의 절차를 거쳐 다시 제거될 수 있다. 루크레티우스[18]는 교훈시 《사물들의 자연에 대하여》의 제5권에서 문화비판의 모든 근대적 형식에 지속적으로 영향을 끼치는 표상을, 즉 기술이 있기 전의 인간의 현존 상태에 대한 표상을 전개했는데, 이 상태가 인간의 자발적 고안〔품〕들을 통해 문화 상태로 위조되고 왜곡되어 왔다. 고안들inventiones의 진정한 대열은 인간의 초기 성과인 불을 만들고 돌봄으로부터 각종 고안, 즉 쟁기 · 경작 · 의복과 주거 · 사회화 형식 · 관습과 법 · 혼인 · 언어 · 재산 · 종교 등의 고안을 거치기까지, 이 도식을 계승하고 변화시키는 과정에서 항상 다시 특징적인 방법으로 모습을 바꿔 왔다. 이 문화층을 허물어 버리면,

16 Ernst R. Curtius, *Europäische Literatur und lateinisches Mittelalter*, Bern 1948, S. 213-218.

17 "기체Substrat"란 물질의 성질이나 상태의 기초를 뜻한다. 〔옮긴이〕

18 로마의 시인이자 철학자인 루크레티우스Titus Lucretius Carus(기원전 99-55)는 6권으로 된 교훈시에서 에피쿠로스학파의 물리학, 심리학, 문화이론을 대변한다. 〔옮긴이〕

루크레티우스의 원시인Urmensch이 모습을 드러낸다. 이 원시인은 동물의 영역에서 기원하는 것으로 생각된 존재가 아니라, 처음부터 인간의 특수한 점을 보여 주는 존재이지만, 생활형식만큼은 동물의 것인 인간이다. "그들은 야수의 습성에 따라 생활을 했다"(V, 932). 이것은 인간이 원래의 서글서글한 본성에서 볼 때 기술적이지 못한 존재, 자연환경이 제공하는 것을 무심하게 이용하여 득을 보는 데에 몰두하는 존재, 따라서 채워지지 않는 욕구도, 놀라움과 두려움도, 질문도 없는 존재라는 것이다. 이 도식에 따르면, 기술적이지 못한 인간이 언젠가는 분명 일탈에 이르렀을 것이다. 자연이 미리 마련한 것에 의존하지 않고, 자신의 현존재를 스스로 형성해 나가면서, 주어진 것에 맞서는 요구도 많고 질문도 많은 맞수로 자신의 위상을 올리려 했던 원죄에 이르렀을 것이다. 루크레티우스는 주저 없이 이를 자연에 맞서 인간이 스스로에게 전권을 부여하는 행위로 본다. "사람들은 스스로 〔…〕 힘을 원했다"(V, 1120). 인간이 자신의 세계를 **새로운 것들**novae res로, 자신의 독창력에서 나온 혁신적인 것들로 채우기 시작했을 때, 그는 자신의 천부적 재능을 집행하고 활성화하기 시작한 것이 아니라, 본연의 조화로운 상태에 있으면서 본질적으로는 성숙한, 대단히 유능한 자연 피조물이기를 포기한 것이었다. 이 도식에 잠재된 문화비판적 힘이 무엇인지는 첫눈에 인식할 수 있다. 이 힘을 깡그리 사용하는 일은 루소에게만 허용되었다. 루크레티우스는 잉여적인 것을 지향하는 인간 의지의 사실성Tatsächlichkeit을 이해할 수 없었지만, 루소는 이 사실성을 기독교를 통해 의식에 고유한 것이 되어 버린 표상에, 즉 인간의 타락과 낙원의 상실에 내린 표상에 연결시켰는데, 이것이 루소에게만 허용된 이유일 것이다. 지극히 위험하게 작용하는 이 아말감이 기술적 문화세계에 대해 현대인이 갖는 알력 관계를 지속적으로 규정해 왔다. 하지만 그 아말감은 이해의 방향보다는 평가의 방향에 더 많이 이용되었다. 왜냐하면 타락의 동기가 꿰뚫어 볼 수 있을 정도로 익숙한 것인데도, 자연 상태의 자족으로부터 고안품의 풍족함으로의 이행은 정말이지 이해할 수 없는 일이었거나 단지 이해한 척했던 일이었기 때문이다. 그러니까 근본적으로 이행은 루크레티우스가 말하는 〔행〕운fortuna, 원자의 소용돌이에서 하나의 세계를 생성하게 하는 운이었다(V, 960). 이 이행의 문제가 바로 지금 중요하다는 것, 이것으로 우리가 뜻하는 바는 우리의 의도가 "기술화"를 하나의 과정으로 말하는 데 있지, 기술을 하나의 대상 영역으로 말하는 데 있지 않음을 알리는 것이다.

물론 이 문제가 은폐된 채로 남아 있는 경우도 있다. 인간은 불과 도구를 사용하고 그 흔적을 남겨 놓는다는 점에서만 인식될 수 있고, 나아가 자연에 출현하는 존재이자 자신의 생산물을 통해 입증된 존재로 정의될 수 있다는 것, 그러니까 인간이 애초부터도 공작인homo faber이고 인간의 정의에 따라서도 공작인이라는 것을, 철학적 또는 생물학적 인간학의 의심할 바 없는 결론으로 받아들일 때에 그렇다. 자연과 기술의 대조로도—이때 차이로서의 "자연"은 문화층을 삭제한 결과이다—, 인간의 "자연적" 기술성에 관한 전제[19]로도 다가가지 못하는 문제가 있다. 이 문제의 본질은 역사 속에서 자발적으로 투입되는 과정으로서의 기술화에 있다. 이 과정은 인간의 자연[20]과 더 이상 이해할 수 있는 관계에 있는 것처럼 보이지 않고, 오히려 그 반대로 자신의 요구를 충분히 들어주지 못하는 자연에게 가차없이 순응을 강요한다.

---

19 앞에서 우리는 인간이 기술적이지 못한 존재임을 보았다. 따라서 "기술성"의 전제는 기술 능력의 전제로 이해할 수 있다. 이때 첨가된 "자연적"이란 표현은 앞의 "자연"과의 일치를 고려한 번역이지만, 달리 '천부적 재능의'로 옮길 수도 있을 것이다. 〔옮긴이〕

20 이미 앞에서 "자연"을 언급함으로써, 그것도 따옴표 속에 넣어 언급함으로써, 블루멘베르크는 이제 "Natur"가 갖는 또 다른 의미들, 즉 본성이나 천부적 재능도 생각하는 듯하다. 이는—네 번째 논문에서 보듯—더 많은 사유를 요구하는 언어의 일면이다. 〔옮긴이〕

II

방법상으로 떠오르는 생각은 형이상학적 인간학의 예단에 의해 규정되던 예전의 문제제기 방식들을 버리고, 그 대신 현상학적 관찰 방식이 요구하는 바를 통용되게 하는 것인데, 이 방식이 지금의 문제에서도 선입견 없이 시작하기의 철학을 이끌 것이다. 역사가 없는 순수한 시작은 결코 없었으며, 수행될 수도 없다는 것이 데카르트 이후 우리에게 분명해졌다고 할지라도, 선입견에 얽매이지 말 것을 요청하는 데에 나타나는 구속성은 우리에게 끊임없이 제기되는 이념으로 남아 있다.

따라서 제기되어야 할 물음은 우리 앞에 놓여 있는 현상학이 에드문트 후설에게서 부여받은 방법상의 형태로, 기술화의 문제를 해결하기 위한 단초를 제공하는지의 여부일 것이다. 이 문제의 철저성에 맞춰 더 정확히 말하면, 아주 핵심적인 현상학적 분석의 영역에서 단초를 제공하는지의 여부일 것이다. 1934년과 1937년 사이에 나온 후기작《유럽 학문의 위기와 선험적 현상학》에서 후설 자신이 우리에게 간과할 수 없도록 언급했던 것은 현상학의 형상적이고 선험적인 절차를 통해[21] 얻어 낸 통찰들을 우리 정신세계의 역사적 생성 차원에 처음으로 투영하면서, 적어도 그 자신만큼은 앞의 문제를 풀기 위한 자기 방법의 성과들을 생산적인 것으로 간주했다는 점이나. 이때 후설은 역사적 사실들의 지역을 숨겨진 의미관계들의 해명에 필요한 징후들의 층으로만 이용했다. 그가 보기에는 이 의미관계들이 모여서 결국 유럽 역사의 목표지향성에 대한 하나의 표상을 만들어 내야 했다.

21 이 절차가 이른바 "현상학적 환원"이다. 후설의《현상학의 이념》(서광사 1988, 47-48쪽의 각주 4)을 우리말로 옮긴 이영호에 따르면, 형상적eidetisch 환원에 의해서는 대상의 본질이 구체적으로 직관되면서, 대상을 초월적으로 이해하는 자연적 태도가 배제되며, 그렇게 해서 포착된 본질은 선험적 환원의 환원을 통해 의식의 내재적 본질로 환원된다. 〔옮긴이〕

내가 한 순간이라도 부인하지 않는 것은 그러한 목적론이 엄격한 현상학적 기술記述과 분석의 관할 영역을 넘어서고, 추정 자체에 대한 권리를 요구한다는 것이다. 물론 그 추정이 온갖 의심에서 자유로울 수는 없다. 그러나 사변思辨은 허구들의 자유재량이 아니다. 사변에는 나름의 정당화 방식이 있으며, 그 사용과 관련해서도 특유의 조심성이 있다. 나는 우선 후설의 후기 사변이 현상학의 초기 수행과 어떤 일관된 관계에 있는지를 명확하게 하고 싶다.[22]

현상학은 무엇이 우리에게 주어져 있는지, 그것이 우리에게 어떻게 주어져 있는지를 기술하고 싶어 한다. 이때 현상학은 가장 가까이 주어져 있는 것보다는 단순한 정황과 마주친다. 우리의 의식 일반은 자기에게 무엇인가가 주어져 있다는 데에서만, 바로 그 무엇인가를 의식하고 있다는 데에서만 존재한다는 정황과 말이다. 진부해 보이는 이 정황을 위하여, 후설은 브렌타노에게서 지향성Intentionalität 개념을 넘겨받았다.[23] 지향성이라는 표현과 함께 현상학은 대상들을 의식의 흐름 속에 있는 자료들의 결합물로 해석하는 원자론적 관점과 대비를 이루게 되었다.[24] 이제 본질적인 것으로

---

22 후설의 작품들은 달리 표시되지 않을 경우, 다음 전집에 따라 인용될 것이다. Edmund Husserl, *Gesammelte Werke. Husserliana*, Den Haag 1950ff. 〔앞으로의 번역에서는 이를 간단히 *Husserliana*로 표기하기로 하자.〕 그런 다음에, 권수와 면수가 제시될 것이다. 여기서 주제상으로 중심에 있는《위기》는 1954년에 나온 제6권에 실려 있다.

〔옮긴이〕《위기》는 우리나라에서도 1997년, 이종훈의 번역으로 소개되고 있다.

23 후설의 은사 브렌타노Franz Brentano(1838-1917)는 의식의 본질적 구조를 의식의 대상과 연관시켜 '지향성' 개념을 정의한다. 이는 의식이 기본적으로 무엇에 관한 의식으로 나타난다는 것을 가리킨다. 〔옮긴이〕

24 후설은 논리학과 의미관계를 연구하다가, 인식함에 있어서는 객관적 요소가 심리학적 전제로부터 설명될 수 없음을 확인하고, 브렌타노의 심리적 현상과 물리적 현상의 구분에 반대하는 한편, 브렌타노의 이른바 "심리적 내재존재"의 표현을 거부한다. 후설은 현상학적으로 순화된 지향성 개념을 얻으려 했던 것이다. 그 결과 지향성 개념은 선험적 의미로 해석되고, 후설은 "선험적 의식", "선험적 주관성", "선험적 자아"와 같은 개념을 자신

강조된 것은 모든 의식이 자신의 대상을 "가지고" 있을 뿐만 아니라, 항상 그 대상의 온전하고 가능적인 소여성을 지향한다는 점이었다. 의식은 의미 있게 방향을 잡은 수행구조이며, 부단한 목표추구로 짜여 있다. 이 목표추구는 이름 하나를 단순히 맞아들이는 데에 나타나는 텅 빈 사념을 출발점으로 삼고, 어떤 규정 가능성도 아직 열어 놓지 않은 충전充塡된 직관[25]을 향한다. 일상의 실제 생활은 대상과 관련되는 것을 그렇게 충전하는 일을 지속적으로 중단시키고, 어쩔 수 없이 직관의 단편들로, 암시하기와 명명하기로, 정식과 기호로 만족하긴 한다. 하지만 이론적 요구가 일단 자신을 자신에게 맡기고 나서 흔들림 없이 효력을 발휘하게 되면, 그 요구는 대상에 대해 취할 수 있는 풍부한 관찰방식들을 두루 경험하게 된다. 의식은 〔대상을〕 가만히 목전에 두고 있는 것만으로 결코 만족하지 않고, 대상의 해명 가능한 내적 관계들 속에 미리 자신의 방향을 그려 놓는다. 대상들은 의식내용들의 덩어리가 아니라, 의식내용들의 "원천적 동일시 가능성"이다. 곧, 의식내용들을 각각의 "동일성 극極"에 배정하는 것이다.[26]

19세기 말의 심리학에서는 의식을 기계론적으로 파악했다. 쉽게 확인할 수 있는 바와 같이, 후설은 이에 대해 초반부터 이미 의식의 목적론을 향하고 있는 의식현상의 해석을 맞세워 왔다. 후설 자신은 이 결과를 훨씬 뒤

의 철학에 끌어들인다. 본문의 표현은 초기의 현상학이 나중에서처럼 "선험적 현상학"으로 성숙하지 못하고, 이른바 "기술 심리학"으로 자리를 잡으려 했던 것을 지적하는 것으로 보인다. 일상 언어에서 이해하는 지향성과 후설이 말하는 지향성 개념의 차이에 대해서는 이남인, 《후설의 현상학과 현대철학》, 풀빛미디어 2006, 162-163쪽 참고. 〔옮긴이〕

25 '충전된 직관erfüllte Anschauung'은 사념Vermeinung의 빈자리를 채우는 직관을 말하는 것으로 보인다. 후설에게는 이러한 직관이 예컨대 "선험적 주관성"으로 나타난다. 〔옮긴이〕

26 Edmund Husserl, *Formale und transzendentale Logik*, Halle 1929, S. 139, 146(지금은 1974년에 나온 《후설 전집》 제17권에도 실려 있는데, 초판의 쪽 표시도 제시되고 있다).
〔옮긴이〕 이는 후설의 설명, 즉 인식이 그 자체로 존재하는 사실과 어떻게 일치하게 되는지, 어떻게 그 사실과 맞아떨어지는지의 설명과 연관시킬 수 있을 것이다.

에 가서야 비로소 보여 주고 있지만, 후기저작을 통해 예리해진 시선은 대상의 문제가 대상 지평의 문제로 확장될 때부터 그 결과를 포착할 수 있다. 대상의 지평에서는 대상의 직관이 충전되는 구조에서 후설이 처음에 발견했던 구조가, 원래의 배정들 및 서로 지시하는 연관관계들의 구조가 반복된다. 대상경험의 운동[27]은 "내부지시"를 따르고, 대상의 지평에서 방향을 잡아 주는 "외부지시"는 내부지시에 호응한다. 이때 외부지시는 경험진행의 유형론에 토대를 두고 있는데, 이 유형론은 실제로 주어져 있는 것에 항상 같이 포함되어 있다. 이 지시구조는 주어진 것의 동조, 깨지지도 않고 모순도 없는 동조를 전제하며, 후설은 이 동조를 경험의 "보편적 표준일치성"이라고도 한다. 동조를 토대로 해서 우리는 우리에게 주어진 것을 현실로 평가하고, 그것이 우리에게 통용되게 한다. 하지만 지평구조는 이러한 소극적 규정의 통일성 이상의 것이고, 형태론적 정형성定形性과 같은 어떤 것이다(VI, 464). 의식의 지향성은 모든 지평들 가운데에서 가장 포괄적인 지평에 있는 최종 심급에서 충전된다. 가장 포괄적인 지평은 가능한 경험 모두를 조절하는 극極 이념으로서의 "세계"이고, 경험의 가능성 모두를 최종적 동조 상태로 유지하는 체계인데, 이 체계 내에서는 경험으로 주어진 것들이 비로소 실재하는 것들로 입증될 수 있다(VI, 283). 후설은 초창기 분석에서 감각론[28]의 감각자료를 대상과 관련된 하부 토대와 분리될 수 없는 표지標識로 기술하면서 "강조하기"[29]로 나타낸 행위에 의해서만 그 표

27 "운동"이란 물질의 현존방식이자 내재적 속성을 가리키는데, 뒤에서 보듯 '변화'를 뜻하기도 한다. 〔옮긴이〕

28 감각론Sensualismus은 인식의 감각적 단계를 절대화함으로써, 모든 인식이 감각적 지각으로 환원될 수 있다고 주장한다. 이 인식론적 입장을 따를 경우, 사유와 감각 사이에는 본질적인 차이가 없게 되며, 모든 사유의 결과는 감각적 지각으로 해소될 수 있게 된다. 〔옮긴이〕

29 Edmund Husserl, *Logische Untersuchungen*, Bd. 21, Halle 41928, S. 130(*Husserliana*, Bd. 18,

지가 대상이 된다고 했었다. 이와 마찬가지로 모든 지평들의 지평으로서의 "세계"에서는 대상과 관련되는 것이 강조하기에서 유추된 어떤 행위를 통해 자기 쪽에서 고립되고 부각된다. 우리의 주제와 관련하여 이제 중요한 "자연"도 그러한 강조하기의 결과이다. 그러니까 자연은 하나의 파생된 지평이자, 세계만큼 원천적이지는 못하지만 이미 좁혀진 지평이다. 여기서 벌써 암시되고 있듯이, 자연은 기술의 반대개념일 수 없다. 이미 자연개념 자체에 원천적 세계구조의 형태변화와 강조하기가 내재되어 있기 때문이다.

정말 이제 결정적인 것은 후설이 의식의 지향성에서 찾아낸 단초를 후기 저작에서 역사로까지 확장시키고 있다는 점이다. 여기에서야 비로소 지평구조는 완전한 의미를 얻는다. 모든 경험 속에 공존하는 것은 이제 어떤 문화공동체 전체의 기억, 그 공동체의 전통 점유일 수 있다. 또한 미래를 향한 공동체의 기대일 수도 있는데, 이 기대는 매우 정확하게 개괄되어 각인된 가능성 의식에 의존하고 있다. 《논리 연구》를 내놓았을 때의 초기의 후설이 이미 사물의 지각에서, 어떻게 "부분 지향들"로부터 이것들을 가

1975). 후설 자신은 [자신의 연구를] 되돌아보면서, 《논리 연구》에 나타난 지평과 세계의 문제들이 계속 발전할 수 있는 단초를 다음에서 인식하였다. "나는 거기서 우인론[= 기회원인론]의 판단들과 이 판단들의 의미를 제대로 다룰 수 없었다"(*Formale und transzentale Logik*, S. 177 Anm.). 사실상 모든 것은 지향성의 구조를 객체의 내재성에서 객체의 선험성으로 "전달하는" 쪽으로, 그러니까 "상황 지평들" 등등의 지향성 쪽으로 몰고 간다. 형상적 요구에서 볼 때 그렇게나 곤혹스러운, 의미들의 우인성은 어떤 체험이나 "바라보지 못한 체험들의 지평"을 갖고 있다는 정황이 지양될 수 없어서 일어난 것으로 드러난다(Bd. 3, S. 201). 비-현재적인 것의 공동소여성은 "칸트의 의미에서 모종의 이념" 기능을 갖는다(Bd. 3, S. 202). 후설은 "어떠한 구체적인 체험도 완전한 의미에서의 독립적 체험으로 여겨질 수 없다"는 것을 "형상적으로 타당하고 명증적인 명제"로 만들고 있다(같은 책, 같은 곳. 원전의 "selbständiges"를 나는 "Selbständiges"로 수정한다).
[옮긴이] 형용사를 이렇게 명사형으로 바꿈으로써, "독립적 체험"은 이제 "독립적인 것"으로 옮기게 된다.

로지르는 "전체 지향"이 나오는지를 보여 주었다면, 이 도식은 역사를 대상으로 삼은 후기의 후설에게서 비로소 완전한 설명력을 발휘한다. 이 현상학자의 눈앞에서 역사는 사실성의 외양을 상실한다. 인간이 역사를 가지고 있다는 것이 인간에게 의미하는 바는 세대와 시대의 행렬 속에서도 인간이 의식의 기본구조에서 분리될 수 없을 정도로 고착되어 있는 것에, 그러니까 지향성의 집행에 머무르고 있다는 것뿐이다. 1939년 오이겐 핑크[30]에 의해 출판된 1936년의 육필 원고(VI, 365 이하)에서, 이미 후설은 자신의 의도에 아주 적합한 예로 기하학의 역사를 들며, 단순한 사실들의 〔기록〕역사[31]와 자신의 역사 관찰 형식인 "내적 감각구조"로서의 형식의 차이점을 밝힌 바 있다. "모든 사실들의 〔기록〕역사는 이해되지 못한 채 남아 있다. 왜냐하면 그 역사는 항상 고지식하게 사실들로부터 추론하면서, 그러한 추론들 모두가 토대로 삼는 일반적 감각 기반을 결코 주제로 삼지 않기 때문이다. 즉, 감각 기반에 너무나 특징적인 강력한 구조적 아프리오리A priori[32]를 결코 연구한 적 없기 때문이다"(VI, 380). 여기서 요청된 "내적 〔기록〕역사"는 "이성의 보편적 목적론에 대한 최상의 질문"으로 향해도 될 뿐만 아니라 반드시 향해야 한다(VI, 386). 이로써 "역사"라는 대상은 현상학

30 핑크Eugen Fink(1905-1975)는 후설이 철학적 이념들을 철저하게 손보는 시기에 그의 연구조교였으며, 후설의 수기手記를 정리하였다. 〔옮긴이〕

31 역사는 보통 "Geschichte"로 나타내지만, 저자는 곧 보게 될 후설의 말을 따와서 그런지 여기서는 'Historie'를 사용하고 있다. 굳이 둘을 구별하자면, 후자는 사실의 기록인 반면 전자는 역사적 사실의 의미관계에 대한 성찰이다. 후설은 이 둘을 엄격히 구분하지 않았다고도 하나(《유럽 학문의 위기와 선험적 현상학》, 이종훈 옮김, 한길사 1997, 440쪽의 각주 참고), 이어지는 번역에서는 일단 이 차이점을 보이기 위하여, 'Historie'의 번역에는 '〔기록〕'을 첨가하기로 한다. 〔옮긴이〕

32 후설이 여기서 명사형으로 쓴 것으로 보아, "보다 이전의 것으로부터a priori" 얻어 낸 인식 전체를 가리키는 것으로 보인다. '아 프리오리'가 경험과는 독립되고 이성으로부터 얻어지는 인식에 쓰이기 때문에, 이것의 명사형은 때로 "이성명제"를 가리키기도 한다. 〔옮긴이〕

의 최종 결론에서 다음과 같이 규정된다. "애초부터 역사는 원천적인 의미 형성 작용과 의미침전 작용이 함께하고 뒤섞이는 생동적인 운동에 다름 아니다"(VI, 380).

하지만 이 역사 규정은 역사를 학문적, 이론적으로 극복하는 문제만은 아니다. 동시에 그것은 역사 속에 살면서 역사를 함께 만들어 가는 모든 주체들에게 부과된 자기규정과 자기책임의 규정, 주체들이 역사 속에서 맡는 기능을 스스로 규정하는 규정이기도 하다. 이제는 기술의 문제가 인간을 통해서 본질적으로 역사의 책임과 관련된다는 점이 드러날 것이다. 더 정확히 말하면, 기술이 실질적으로 인간의 현존을 규정한다는 것, 정말이지 그 현존 가능성을 결정한다는 것이 미처 실감될 수 있기 전에, 깊은 인상을 남길 수 있기 이전에 그 관련성이 드러날 것이다.

III

후설의 역사관에는 데카르트 유산의 독특한 면이 들어 있다. 역사에는 시작이 있다는 것이 그것이다. 후설은 역사를 의미정초와 의미전개의 과정으로 본다. 개개인이 항상 역사에 이미 "둘러싸여" 있다는 점, 그렇기 때문에 우리가 그러한 시작을 경험할 수 없다는 점을 염두에 둔다면, 역사에 시작이 있다는 것은 결코 자명하지 않다. 물론 데카르트를 잘 아는 후설에게는 아주 오랫동안 근대의 기반을 다진 사람으로 여겨지는 이 사상가의 결단에서 하나의 모델이 주어져 있는 셈이다. 데카르트는 자신의 생애에서 딱 한 번, 그럼으로써 최후로, 인식의 문제를 완전히 처음부터 그리고 근본부터 시작하겠다고 결단을 내렸었다.

이 자리에서는 데카르트의 결단이 후설 자신의 작업에 얼마나 지속적인 영향을 미쳤는지를 분명히 하기 위해, 후설의 데카르트 철학을 문제 삼고 논의에 들어갈 필요는 없다.[33] 그렇기 때문에 후설에게는 철저하게 시작하려는 데카르트의 결단과 같은 무엇이 유럽 정신사 전체의 〔토대를 마련하게 해 주는〕 "근원적 재단Urstiftung"으로서도 있을 수 있다. 그리스인들이 처음으로 이론적 태도를 포착했을 때의 재단으로서 말이다. 여기에서 일종의 "태도변경"에 관해 말할 수 있다는 것은 아직 이론적으로 각인되진 않았지만 "자연적이고 순수한 태도, 자연 본연의 생활태도"에 의해 각인되었던 1차 상태〔의 존재〕를 전제로 한다. 그리고 이 상태가 "문화들이 갖는 최초의, 자연 본연의 형식"(VI, 327)과 일치한다. 유럽의 역사는 "유럽 인간성의 의지적 삶을 확고한 양식"(VI, 326)으로 삼겠다고 결심하면서부터 펼쳐진다. 역사의 시작을 보여 주는 이 상像은 후설에게 구속력을 가졌던 데서 보듯, 분명 '철학적 문제에 몰두하기das Philosophieren'와 인간상의 에토스에 어울린다. 그러나 현상학의 단초와 개념을 의식의 지향성으로부터 전개시킬 때, 〔한편으로는〕 이론적 태도의 그러한 "시작"을 가정하면서 〔한편으로는〕 세계에 대한 인간의 태도가 원래 자연적이라는 이질적 단계를 이 시작보다 앞세우는 것은 논리적으로 맞지 않는다. 의식이 자신의 지향적 본질에 따라 충전된 직관을 겨냥하고 있다면, "지향성의 목적"은 생활의 또 다른 요구와 필요성에 밀려 자신의 최종 요구를 실현하지 못한 채, 정말이지 인식하지도 못한 채 있을 수 있다. 하지만 그 지향성의 목적은 뭔가 새로운 것인 양 고안될 수 없고, 단지 자신의 지향적 함축에서 나올 수 있을 뿐이다. 하나의 "과제이념"으로 표현되고 인정받기 위해서 발현할 수 있을 뿐이다. 의식이 지향성이라면, 충전된 직관의 가능성이, 명증성의 가능성이 의식의 소여성들의 통일을 규정한다면, 이론 이전의 자연적 본연성

33 이에 대해서는 다음을 참고할 것. Ludwig Landgrebe, "Husserls Abschied vom Cartesianismus", in: *Philosophische Rundschau* 9(1962), S. 133-177.

에 대한 표상은 신화적 허구이다.[34]

후설의 "생활세계"는 한편으로는 이론적 태도변경의 역사적 출발점을 의미하고, 한편으로는 관심 단계별로 세분된 생활이 항상 함께하는 기층基層을 의미한다. 이 이중적 의미로 인해 생활세계의 개념은 항상 되풀이되는 헛된 시도의 대열로 밀려날 위험부담을 지게 된다. 이를테면 "자연적 자연"과 같은 어떤 것을 찾아내고, 그것을 원천적이자 실제적으로 책임을 지고 있는 생활규범으로 제시하는 시도의 대열로 말이다. 후설이 생활세계에 대해 내린 정의는 이와 다르다. 그는 생활세계를 "미리 주어진 자명성들의 우주"(VI, 183)로 정의했다. 하지만 후설에게는 "자명성"이 결코 긍정적인 가치가 아니며, 현존재가 의심의 여지도 없고 확고한 것 속에서 보호되고 있음을 표현하는 것도 아니다. 오히려 그 반대이다. 왜냐하면 자명한 것das Selbstverständliche은 〔그 자구적 의미가 '저절로 이해되다'와 관련되는데,〕 후설에게 현상학적 철학의 고유 과제여야 하는 "저절로 이해되게 만들기Selbstverständigung"와 반대되는 개념이기 때문이다. 정말이지 자명한 것의 본질은 이해되지 않는 무엇이 그것에 전혀 없다고 믿는 것이다. 나아가 자명한 것이 자기 영역으로 밀려오는 모든 질문을 참견 내지 호기심으로 조롱하고 마는 일종의 보호하는 승인이라는 것도 그 본질이다. 이런 종류의 것이 생활세계다. 생활세계가 지금 이전의 세계로 간주되든지 함께하는 세

34 현상학 전체에서는 한편으로는 자연적 의식생활, 한편으로는 명증성에서 그 생활의 충전, 이 둘 사이의 "연속성"이 너무나 자명해서, 이를테면 "역사적으로 가장 오래된 의미에서의 학문"을 "이론적 이성이 아무 생각 없이 소박하게 집행하는 영향력 행사"라고 할 수 있었다(Husserl, *Formale und transzendentale Logik*, S. 1). 그리고 명증성은 "지향성이 의식생활 전체에 관여하는 보편적 방식"으로 규정될 수 있었고, "이 방식을 통해 의식생활은 보편적이고 목적론적인 구조를 가지며, '이성'을 목적으로 삼고 있게 되며, 심지어는 계속해서 그 방향으로의 경향을 띠게 된다"(같은 책, 143쪽). 하지만 위기-착수의 엄청난 윤리적 호소는 우리의 "본래" 역사의 시작에서 책임 있고 구속력 있는 의지행위와 같은 것을 요구했다.

계로 간주되든지 간에, 생활세계는 의심의 여지 없이 목전에 있는 것, 익숙한 것, 그리고 바로 이 익숙해 있는 상태에서 알려지지 않은 것을 언제든지 사용할 수 있도록 무진장 마련해 놓고 있다. 생활세계에서 현실적인 것은 모두 생활에 영향을 미치고, 이용되고 소비되며, 추구되고 회피되지만, 그 모든 것은 자신의 우연성[35]에 은폐되어 있다. 즉, 그 모든 것은 '다르게도 존재할 수 있는' 것으로 지각되지 않는다. 후설이 유럽 정신사의 의의를 "세계 존재의 보편적 자명성을 〔…〕 명료성Verständlichkeit으로 변화시키는" (VI, 184) 데에서 찾는다면, 그리하여 자신의 현상학을 이 역사의 의의를 충전하는 행위로 제시한다면, 더 정확히 말해서 "자명성을 〔…〕 자명성의 선험적 모호성들로 해체하는 행위"(VI, 187)로 제시한다면, 자기 입장을 고수하는 자명성의 우주로서의 생활세계는 그에게서 구원의 의미를 가질 수 없다. 그런 것으로서의 생활세계의 해체가 유럽의 역사를 근대의 위기로 이끌었을 리는 만무하다. 그보다는 오히려 해체의 형식이, 이 형식을 지나치게 사용하는 부당성이 위기로 이끌었다고 말하는 것이 후설에 대한 적절한 평가가 될 것이다. 생활세계를 벗어나겠다고 결정한 이론적 태도변경이 아니라, 그 수행의 논리적 모순이 전체 과정을 위태롭게 만들었다. 기술화도 사정은 마찬가지다. 기술화는 생활세계의 대안이 아니라, 이론적 태도변경의 논리적 모순을 스스로 실현하는 것이다. 이제 이 분석을 좀더 자세히 보면, 기술을 "응용"과학으로 규정하는 것이 아주 자명해 보임에 주목하게 된다. 곧 밝혀지겠지만, 후설에게 기술화는 아직 자체적으로 투명하지 않거나 더 이상 투명하지 않은 과학, 자신이 집행하는 의의가 자체적으로 이해되지 않거나 더 이상 이해되지 않는 과학의 출현형식이다. 생활세계에 새롭게 주목하는 행위가 제 기능을 발휘하려면, 발견하기에 적절한 포착방

35 우연성으로 번역한 "Kontingenz"는 '가능성'으로도 옮길 수 있으나, 여기서는 칸트의 의미를 살렸다. 우연성과 가능성의 차이점은 63쪽 참조. 〔옮긴이〕

식의 밑그림을 자명성의 은폐에서 찾아야 한다. 후설이 "자연적 경험"이라 한 것에는 순수함이 없다. 우리에게 맡겨진 임무를 수행할 수 있으려면, 오히려 이 순수하지 못함을 〔제대로〕 알고 넘겨받을 필요가 있다. 이런 식으로 해서 자연적 경험 전체는 이미 "일종의 추상화" 작업을 수행하며, 추상화 작업은 "철학적 사유 활동을 유혹하여, 순수 추상적 개념들을 보편타당한 척도로 만들게 한다"(VII, 184).

후설이 근대 자연과학의 본질을 자연과학의 기초가 되는 그 어떤 추상화로 본다면, 이는 유럽 정신사에 뒤늦게 나타난 오류가 아니라, 자연적 경험에 내재되어 있던 직관축소의 뒤늦은 결과일 뿐이다. 그러므로 생활세계는 결코 신화적 낙원의 충만함과 풍만함, 그리고 이 낙원에 속하는 순수함을 가지고 있지 않다. 후설이 "생활세계에 대한 순수 본질론의 위대한 과제"가 모습을 드러냈다고 보았다면(VI, 144), 이때 중요한 것은 이상적인 존재방식을 통해 특출하게 된 어떤 대상이 아니라, 경계표상의 획득이었다. 이 경계표상은 역사의 시작을 보여 주는 역사가 없다고 했을 때의 시작을, 이론적이지 못한 "전사前史"를 구성해 낼 만한 것이어야 했고, 그렇게 함으로써 사유 활동에 나타나는 철저한 시작의 "반복" 가능성을 정당화해야 했다. 그러나 결과적으로 경계표상은 그 반대의 것을 수행했고, 수행할 수밖에 없었다. 데카르트와 베이컨에게는 "시작"의 문제가 더 간단했다. 말하자면, 후기 스콜라 철학적이었다. 앞서간 역사 전체가 이들에게 엄청난 양의 선입견들을 짐으로 남겨 놓았지만, 그 짐은 쉽게 던져 버릴 수 있는 것이었고, 전제조건 없는 신축의 과제를 남겼기 때문이다. 후설 역시 철저한 시작을 추구하는 열정에 사로잡혀, 이 열정을 "자유변형freie Variation"의 방법적 요구와 결부시켰다. 이 요구에서 보면, 하나의 세계에 대한 표상 복합체는 임의로 다뤄질 수도 있고 사용될 수도 있는 하나의 성분이었다. 생활세계의 경계 개념이 도입됨으로써 형상적 변형의 자유로움은 기술記述의 방법론으로 환원되고, "달리 상상하기"는 "체계적 둘러보기"로 환원된다(VI, 150). 생활세계는 현상학의 방법적 중심 도구인 이른바 "현상학적 환원"을 지속적으로 정교하게 다듬는 과정에서 나온 하나의 발견이었다. 현상학적 환원의 도입으로, 의식의 직접적 소여성으로 환원될 수 없던 모든 정립들은 배제되어야 했다. 그러니까 무엇보다도 배제되어야 했던 것은 의식과 무관한 어떤 세계의 초월적 실존에 대한 "일반명제"였다.

이 환원 도구를 지속적으로 예리하게 만드는 도중에 드러난 것은 그러한 정립들을 "배제하는 것"만으로는 불충분하며, 의식의 구조에 착근된 상태에서 그 정립들을 "이해해야" 한다는 것이었다. "일반명제"의 개념에는 의식이 시작될 수 있는 위치에 대한 초기 현상학적 표상이 아직 들어 있다. 이 의식은 우리가 마주치는 그대로의 의식으로서, 토대도 마련하지 않고, 필연성도 없이, 실재하는 외부세계의 억견을 성급하게 선택했지만, 마찬가지로 이러한 정립도 포기할 수 있었을 것이고, 아니면 다른 정립을 선택할 수도 있었을 것이다. 일상에서 활기차게 집행되는 사실적 정립들에서 벗어나 형상적 탐구의 영역을 자유롭게 하기 위해서, 우선적으로 현상학적 환원의 괄호 안에서 배제해야 했던 것이 있다. 바로 이것이 더욱더 의미를 얻고 있고, 점점 더 현상학의 주목을 받고 있으며, 원래 현상학에 있었던 대로의 우위에, 즉 현실보다 가능성의 우위에 무엇보다도 종지부를 찍고 있다. 이때 생활세계의 특정 의식상태의 사실Faktum이 유일무이한 관심을 요구하기 시작한다. 비록 그 사실도 전적으로 선험적 문제제기에 배정된다고 하더라도, 현상학은 이 사실과 맞닥뜨리자마자 즉시 자기 본연의 기술記述 과제로 돌아가야 한다. 허구는 더 이상 "현상학의 생활요소"가 아니며, "본질탐구의 자유가 반드시 상상력에서 가동되기를" 요구한다는 것은 더 이상 유효하지 않다(III, 162 이하). 의식의 지향성 자체에 대하여 언급하려면, 무엇 때문에 의식이 충전될 때까지 말하자면 자동적으로 자신의 본질의 방향을 따르지 않고, 항상 다시 "이성으로 옮겨"져야 하는지에 대한 설명이 필요했다. 이제 후설이 말하는 "자명성의 우주"는 원래 현상학적 목표들의 총괄 개념으로 추구되던 "사유 가능성의 우주"[36]에 단순히 대비되는 개념만은 더 이상 아니다. 생활세계는 자유로운 태도에서 선택되어 왔고, 선택될 수도 있는 우주가 아니라, 유럽 정신사의 시작에서 "이론적 태도변경"을 통해 후설에게 일어났던 바와 같이 태도변경을 통해서만 벗어날 수 있는 우주다. 이 세계가 세계들의 유일한 사실이다. 이 세계에 대해 "나는 〔…〕 세계 너머에 있다"(VI, 155)고 말할 수 없으며, 이 세계의 유효성이—자명성의 제재 수단이 세계의 정의 자체에 들어 있기 때문에—임의로 중단될 수도 없다. 이 점에서 후설의 세계는 사실적이고 〔기록〕 역사적인 세계와 철저히 구별된다. 이 역사적 세계는 자유로운 상상 활동을 통해 "사유 가능성들 중의 하나"(VI, 383)로 여겨질 수 있다. 뿐만 아니라 이 역사적 세계의 사실적 진행과 상태를 고려할 때, 현상학은 그 세계의 의미 방향을 검사할 희망을 일깨우기도 한다.

IV

여기까지 오면, 우리는 아무런 희망도 없이 우리 주제와의 연관성을 상실해 버린 것처럼 보인다. 왜냐하면 이론적 해체를 위해 전제된 존속으로서의 생활세계에 대해 계속 말하고 있기 때문이다. 그것이 기술화와 어떤 관련이 있을까? 바로 여기에서 우리는 후설 현상학의 양상들 아래에서 고유한 문제 분석 가능성을 만나게 된다. 자기 고유의 사실성을 본질적으로 스스로 은폐하고 숨기는 사실이 자명성의 우주로 자처하는 한, 그 사실이 곧

36 Husserl, *Formale und transzendentale Logik*, S. 220.

생활세계이기는 하다. 하지만 이것이 동시에 뜻하는 바는 이 생활세계에서 나오는 어떠한 태도변경이라도, 정말이지 유일무이한 방식으로 나오는 특히 이론적 태도변경은 직접적으로 주어진 현실의 이 사실성을 간과할 수 없을 정도로 드러나게 해야 한다는 것이다. 이론화는 생활세계의 우연성을 몰아내고, 이 우연성을 세계에 대한 우리의 사유 활동에서 늦어도 고대 말에 터져 나오는 물음의 직접적인 계기가 되게 한다. 주어진 것은 왜 우리가 보는 그대로의 상태로 있는 것일까? 이것이 바로 그 물음이다. 후설은 자신의 연구를 통해 쉽게 도달할 수 있었던 이 관점 때문에, 기술화의 문제를 보지 못했거나 더 이상 보지 못했다. 이 물음에서 그는 근대 자연과학이 비약적으로 발전하지 않았다면 근대의 기술이 생각될 수도 없을 것이라는 〔기록〕 역사적 확인에 매여 있는데, 물론 이 확인은 아주 정확하다. 이 조건관계는 오랫동안 다음과 같이 해석되어 왔다. '이론적 결과를 응용하는 것들의 총괄 개념으로 규정될 수 있도록 하기 위해서, 기술은 순수하게 이론적으로 의도된 자연과학의 결과물의 존속을 다시 포착하는 방식으로, 자신의 구성 가능성을 자율적으로 발전시킨다.' 〔기록〕 역사적으로 볼 때, 자연과학이 근대 초에 제기한 문제의 특수한 단초에 이미 기술적 요소가 포함되어 있다는 것은 오늘날 의심의 여지가 없게 되었다. 자연과학의 가설은, 과거에도 지금에도, 자기가 설명하려는 현상을 자기 요구에 맞춰 만들어 내기 위한 지침이다. 그리고 가설은 현상과의 동일성이 실험에서 실현됨으로써 이상적으로 입증된다. 현상을 실현하기 위해 자연 자체가 동일한 길을 걸어왔는지 아니면 다른 길을 걸어왔는지는 이 관점에서 의식적으로 배제할 수 있었다.

이 견해가 태생적으로 연관된 근대 자연과학과 기술의 관계를 〔기록〕 역사적으로 잘 확인해 주고 있지만, 후설은 이 견해에 머물지 않고 한 걸음 더 내딛음으로써 중요한 일을 했다. 그의 테제는 다음과 같이 나타낼 수 있을 것이다. '일차적으로 기술화는 이론에 내재하는 과정이며, 이 과정은 생활세계의 해체로부터 나오는 하나의 결과를 그려 내지, 유일하고 타당한 결과를 그려 내지 않는다.' 이를 뒷받침하기 위해 후설은 근대 과학이념[37]의 "내적 역사"와 같은 어떤 것을 제시하려고 한다. 왜냐하면 이 이념이 자연과학으로 실현되어야 했다는 것은, 그리고 그것이 본보기여야 했다는 것은 그에게 결코 자명하지 않았기 때문이다. 이 과정은 오히려 사실의 사전 결정에 토대를 두고 있는데, 후설은 이를 다음과 같이 돌려 말한다. "근대의 자연과학은 물리학으로 자리를 잡으면서 자신의 뿌리를 일관된 추상화 작업에 두며, 이 작업에서 생활세계를 물체성으로만 보려고 한다〔…〕. 보편적 결과를 가지고 수행된 추상화 작업에서, 세계는 추상적이고 보편적인 자연으로, 순수 자연과학의 주제로 환원된다. 오로지 여기에서만 처음에는 기하학의 이념화 작업이, 다음에는 수학의 방식을 이용하는 그 밖의 모든 이론화 작업이 가능한 의의를 얻어 왔다"(VI, 230).

여기서 우리는 다시 후설의 합리주의에 들어 있는 특유의 주의주의主意主義[38] 요소를 보게 된다. 왜냐하면 한편으로는 생활세계의 풍부한 의미에서 집행된 선택, 한편으로는 "사물들"을 물리적 대상들로 환원시키기, 이 둘은 어떠한 추진 동기도 인식하지 못하게 하기 때문이다.[39] 후설은 생활세계의 토대에서 일어나는 과학 이전의 인식활동의 "합목적적 변환"(VI,

37 달리 '학문이념'이라고도 번역할 수 있겠다. 하지만 '인문과학'이나 '사회과학'이란 언어 사용에서 보듯, 과학은 좁은 의미의 '자연과학'을 넘어서기도 한다. 여기서는 넓은 의미의 과학으로 받아들임으로써, 곧 나올 "자연과학"의 강조를 이해하기 쉽도록 하였다. 〔옮긴이〕

38 주의주의Voluntarismus는 주지주의主知主義 · Intelektismus와 주정주의主情主義 · Emotionalismus에 대비되며, 의지를 인식의 기본요건이나 세계의 근본원인으로 파악하기도 하고, 사유와 감정을 의지로 환원하려고도 한다. 〔옮긴이〕

39 이로써 블루멘베르크는 이념화 추진 동기가 주지주의 요소인 "의지"임을 시사하고 있다. 〔옮긴이〕

229)에 대해 말하고 있지만, 도대체 어떤 것이 그러한 합목적성의 목적일 수 있었는지는 말하지 않고 있다. 이런 식의 주의주의는 후설에 의해 "정초된" 사실이 철회될 수 있다는 인상을 쉽게 일으킨다. 그리고 이 동기가 여기서 한몫을 할지도 모른다. 하지만 "생활세계가 주어져 있는 단순한 경험이 모든 객관적 인식의 궁극적 토대이다"(VI, 229)라는 문장은 원칙적인 요구를 한다. 즉, 생활세계 자체의 추동력에 의해 생활세계가 하나의 객관세계Objektwelt로 변환됨을 이해하라고 요구하고, 계속적인 질문을 허용하지 않는 의지행위의 모습을 한 일종의 "원죄"를 끌어들이지 말라고 요구한다. 어쨌든 후설의 분석에서는 이 일차적 의지행위의 목표가 일련의 행보들 중 마지막 행보로서의 기술화였음을 확인해 주는 말은 전혀 없다. 그 대신 전적으로 여기서는 수정과 수행의 단계별 순서의 끝에서 말하자면 예기치 않게 "튀어나온" 것이 비로소 구성적으로 사용될 수 있을 것처럼 보인다. 여기서 작용하는 맹목성은 유럽 정신사의 목적론의 이념과 자신을 대조하는 기능에서 인식되어야 한다. 근대인은 경솔하게 기술의 운명으로 뛰어들지 않았다. 바로 이 전제 때문에 후설은 현상학을 통해서 근대인을 다시 보게 만드는 기회를 지각하게 된다. 근대 자연과학이 범한 사실적 오류의 그러한 맹목성에 속하는 것은 자연과학이 앞서 기술된 생활세계의 변환에서 나왔음을 "망각"해 왔다는 것, 그리고 인간의 인식 노력의 최종적 형태를 실현하라는 자신의 요청을 스스로 흔들지 않도록 하기 위해서, 자신의 기원起源을 망각의 상태로 유지해야만 했다는 것이다. 이 역사적 제약성을 은폐함으로써 현대의 의식이 믿을 수 있게 된 것은 현상들 뒤에 숨어 있는 듯한 "자체로 참인 세계"를 정밀과학이 수학의 도움을 받아 발견하고 그려 낼 수 있다는 것이다. 이 정밀한 객관세계가 추상화를 통해 생활세계로부터 나왔음을 은폐하는 것은 이 자연이 의심할 바 없이 자연적임을 정초한다. 이로써 후설이 추구한 생활세계의 비판적 의미가 인식될 수 있다. 왜

냐하면 생활세계가 자명성의 우주로 이해된다고 가정됨과 동시에, 파생어 "자연"의 자명성은 억측이자 의심스러운 것으로 드러날 것이기 때문이다. 생활세계가 자신에게 집행된 추상화 작업에 아무런 책임이 없다는 것에 이 복합적 양상의 전체 작용이 어떻게 좌우되는지는 여기서 드러난다.

후설이 보기에, 면밀하게 접근 가능한 물체성의 추상적 대상세계가 기원을 망각했다는 것은 이 세계의 수학적 설명 수단들을 지속적으로 교육하는 과정에 내재된 결과에서 입증된다. 이 지속 교육이 형식화의 일반적 경향, 그러니까 구체적인 요소들을 제거하는 경향을 띤다. 후설이 이 과정을 위해 사용하는 수많은 표현들 중에서 우리가 가장 먼저 사용할 수 있는 표현은 아마도 "방법화"(VI, 68)일 것이다. 그에게 "방법"은 기원을 숨긴 수행들의 전통과 전승 가능성을 총괄하는 개념이기 때문이다(VI, 377). 지식을 진정으로 습득하려는 인간생활의 수용력을 지식이 초과하자마자, 지식 습득의 전제들은 완성된 도구로 전승된다. 또한 지식이 수용력을 초과하는 즉시, 정초하는 원천적 수행들이 자기들을 평가하고 다루는 각자에 의해 다시 활성화될 수 있을지는 의문시된다. 후설이 믿는 바에 따르면, 고대의 기하학은 자신이 물체세계의 이념화에서 나왔음을 알고 있었지만, 근대 초에 이 기하학이 수용될 무렵에는 기초가 되는 이념화가 망각된 채 있었고, 이 상황으로 인해 물려받은 작업도구는 아무런 제약 없이 순전히 기술적으로 사용되게 되었다. 의미 공동화空洞化의 첫 번째 단계에서 이것은 "기하학의 산술화"(VI, 44)를 내놓게 되고, 두 번째 단계에서는 기하학의 대수화를, 그리고 최종적으로는 순수하게 형식적인 "다양체 이론"[40]을, 하나의 "세계 일반"의 구성을 내놓게 된다(VI, 45).

이 설명의 결과는 기술화가 이론적 기체基體 자체에서 진행되는 하나의

40 "다양체 이론Mannigfaltigkeitslehre"은 국소적으로는 유클리드 공간을 닮았지만, 전체적으로는 비유클리드 공간에 일치하는 위상공간을 다룬다. 〔옮긴이〕

과정이라는 것이다. 기하학은 결국 "기술규칙들에 따른 계산 기술을 통해서 결과를 얻어 내는 단순한 기술Kunst"이 되었다(VI, 46). 이미 노발리스가 한탄했듯이, 순수 수학은 "유럽에서 단순한 기술로 변형되었다."[41] 여기서 제기되는 명제는 전문어의 은유를 사용하여 다음과 같이 표현할 수 있을 것이다. '정밀과학이 그려 낸 자연 및 기술의 세계들은 "현상 유형적으로는phänotypisch" 매우 다양하지만, "유전자 유형적으로는genotypisch" 그 구조가 동일하다. 정식定式세계들이 있는 것이다.' 그런데 이것은 정식세계들의 공통점이 근본적인 의미상실임을, 즉 정식세계들을 운반하고 가능하게 하는 직관행위의 이론적 수행들과 구성적 수행들의 공동화空洞化를 의미한다. 기술화는 "본연적으로 생동하는 의미형성"을 방법으로 "변화"시키는 것이다. 즉, 의미형성이 "원래 기증하는 의미"를 지니지 않은 채 계승될 수 있는 방법으로, 의미형성의 "의미전개"를 털어 버렸던 방법으로, 단순 기능에 만족한 채 더 이상 의미전개를 인식하게 하지 않으려는 방법으로 변화시키는 것이다(VI, 57-59). 일차적으로 기술은 인간의 활동에서 나온 특정 대상들의 제국이 아니다. 기술의 기원에서 볼 때, 기술은 인간이 세계에 대해 갖는 관계의 상태 자체이다. 그런데 "방법들의 의미"의 지배는 이론적 과정의 기능변화를 뜻한다. 자신의 직관적 기체에서 분리될 수 있게 된 이론적 과정은 독립된 도식으로서 임의의 기체들에 적용될 수 있다. 뿐만 아니라 그 지배는 세계가 인간을 위해 주어져 있는 상태에서의 〔잘못된〕 이동을, 평준화를 뜻하기도 한다. 후설은 여기에서 "이념의 옷Ideenkleid"이란 은유를 사용한다. 이 옷은 "하나의 방법에 지나지 않는 것을 참된 존재로 여기게" 한다.[42] 기술화의 결과로 전적으로 규정된 물적 실재성들—가

41 Novalis, *Schriften*, hrsg. v. Paul Kluckhohn/Richard Samuel, Bd. 3, Darmstadt ²1969, S. 295f.

42 Husserl, *Logische Untersuchungen*, Bd. 6, S. 52. 후설의 은유 "이념의 옷"에 대해서는 Hans

장 넓은 의미의 "기계들"—이 나온다는 것, 이것은 과학과 그 방법 자체가 "분명히 아주 유용한 것을 수행하는 기계이자 그 점에서 신뢰받는 기계"(VI, 52)와 같아졌다는 면에서, 이미 이차적 현상現狀으로 결정된 상태이며 미리 말해진 상태라는 것이다. 기술의 현상現象은 우연하게 대표되는 것도 아니지만, 그렇다고 실재하는 메커니즘을 통해 직접적으로 대표되는 것도 아니다. 계산기가 근대 기계세계의 최초의 꿈과 실현시도 들에 속한다는 것은 우연이 아니며, 자동계산기의 발전이 인간의 뇌가 실제로 더 이상 기계의 성능을 따라잡을 수 없는 완성 단계에 이르고 있는 것 역시 우연이 아니다. 한편으로는 항상 이미 완성된 것을 다루는 데에 일단 만족해 왔고, 한편으로는 완성된 개념과 명제들을 대개의 경우 내용이 분명치 못한 방법론의 엄밀성에 맞추어 다루면서, 성공을 통해서만 조정될 수 있다는 것에 일단 만족해 온 세계가 있다. 이 세계는 결국 너무 많은 생산과정을 보고 어찌할 바를 모르며, 자신의 생산품들에게 필요한 공간을 마련해 주려고 애쓰고 있을 뿐이다.

이제 태생과 혈통이 수학자인 후설[43]은 수학 및 수학을 통해 가능했던 자연과학의 수행들과 성과들을 비방하는 것처럼 보이며, 또한 이 수행들을 무효라고 천명하길 바라는 것이 그의 일관된 행보인 것처럼 보인다. 그러나 후설에게 오로지 중요한 것은 가장 넓은 의미에서 본 인간 행위의 비운을 그 행위가 자기가 무엇을 하는지를 더 이상 알지 못하는 곳에서 본보

Blumenberg, *Paradigmen zu einer Metaphorologie*, Bonn 1960, S. 82f 참조.
〔옮긴이〕 같은 표현이 《유럽 학문의 위기와 선험적 현상학》(이종훈 옮김, 한길사 1997, 125쪽 이하)에도 나온다.

43 후설은 계산이 밝은 유대인 옷감 장수 집안에서 태어났다. 그의 박사학위 논문은 《변수 계산을 위한 기고들》(1882)이고, 교수자격논문은 수학의 기초를 확립하고자 심리학의 방법을 동원한 《수의 개념에 관하여》(1887)이다. 이 논문은 나중에 《산술철학》(1891)으로 출판되었다. 〔옮긴이〕

기로 보여 주는 것, 그리고 기술세계에서 인간을 당황케 해 왔던, 방향을 잡지 못한 모든 행동들의 뿌리로서 소위 능동적 무지를 노출시키는 것이다. 이는 기술을 악마로 만들거나 숙명으로 만드는 것과는 아무런 관련이 없다. 그러나 순수 이론적 분과학문들이 기술의 우연한 응용가능성을 많건 적건 바람직한 덤으로서 받아들이는 만큼, 이 분과학문들의 무책임함은 특정 관점에 의해 진지하게 문제시되고 있다. 이 관점을 위해서 실천은 이론의 저장고를 새롭게 포착하는 형식을 그려 내지 않는다. 그 관점에서 언급되는 것은 "이론을 뜻하는 실천"(VI, 449)이다. 물론 두 가지 진술이 나올 수 있다. 기술화로 가는 역사 노선이 근대 초에 어쩔 수 없이 운명적으로 주어져 있었던 것은 아니라고 말하는 것이 그 하나요, 현재 상황에서도 여전히 진행되고 있는 기술화가, 후설에 의해 엄밀하게 규정된 의미에서의 기술화가 교정될 수 있는 역사의 일탈이라고 말하는 것이 또 하나다. 후설에게는 두 진술이 밀접히 관련된다. 근대의 구성 과정이 명백하게 결정된 상태가 아니기 때문이다. 그 과정 내부에 알력이 있기 때문이다.

후설은 갈릴레이에게서 근대 초의 결정적 형상을 본다. "과학 이전의 방법으로 직관된 자연을 이념화된 자연으로 대체하는 일"이 그에게서 시작된다고 보기 때문이다(VI, 50). 그는 갈릴레이를 "발견하는 천재임과 동시에 은폐하는 천재"(VI, 53)로 특징짓는데, 이 표현에는 매우 심오한 통찰이 숨어 있는 듯하다. 발견과 은폐는 근대 성과물들의 역사에서 분리될 수 없을 정도로 밀접한 관련을 맺고 있다. 근대의 발견 하나하나가 은폐의 값을 치르고 얻어졌다는 것은 근대 정신사의 법칙과 같은 것일까? 후설이라면 이 물음에 대해 부정적으로 답했을 것이다. 여기서 그는 자기 앞에 있는 사실적 연결 하나만을 본다. 어떤 유혹을 받고, 그러니까 가장 빠른 길의 유혹, 완벽한 기능의 유혹을 받고, 사실이 굴복하는 것만을 본다. 그러나 기원起源에의 항소는 가능한 채로 남아 있다. 즉, 의미연속체를 다시 활성화하라는 요구는 실현될 수 있다. 이미 언어는 그것을 명백히 하고 있다. 과학이 "생활세계 위의 빈 공간에라도 있는 듯 떠 있다"(VI, 448)고 후설이 말할 때, 그것은 은폐에 대한 말이지 파괴에 대한 말이 아니며, 또한 그것은 상실된 의미관계를 위한 완곡한 비유다. 현상학적 분석의 입장은 대립관계로까지 강행될 수 없다.

V

이로써 우리는 출발점으로 돌아온다. 여기서는 기술이 더 이상 자연과의 대조를 바탕으로 해서 이해되지 않는다. 이제 우리는 역사와의 관계를 바탕으로 해서 기술이 이해된다고 말할 수 있다.

후설이 이해하는 바와 같은 기술화에서 인간은 이론도 포함하는 가장 넓은 의미에서의 실천을 집행하면서, 통찰력도 있고 참신한 직관을 고집하기도 하는 집행을 솔직하게 털어놓지 않는다. 인간은 이른바 "도약 속에서" 진보하려 한다. 인간은 역사를 생략한다. 현상학적 용어의 틀 안에서 이 또한 보다 엄밀하게 표현하자면, 기술화에서 인간은 자신을 오성의 수단에 한정시키고, 이성의 요구를 회피한다.[44] 후설은 칸트식의 이 개념차이를 의식의 지향성과 연결시켰다. 이성은 충전된 지향이거나 양상들을 풍부하게 갖고 있는 대상의 완전한 점유이기나,[45] 최소한 이 풍부함을 위하여 '자신을 열어 두기das Sich-Offenhalten'이기 때문이다. 오성은 공허한 지향들

44 '오성Verstand'은 개념의 도움을 받아 감성적 직관의 대상을 사유하는 능력이므로 개개의 경험과 관련되는 반면, '이성Vernunft'은 총체성과 같은 이념의 능력으로서, 경험의 절대적 전체와 관련된다. 〔옮긴이〕

45 여기서는 총체성이 풍부함과 완전함으로, 이성의 능력은 점유능력으로 표현되고 있다. 〔옮긴이〕

과의 교류, 곧 사태 자체를 위하여 받아들인 사념思念들과의 교류이거나—후설이 애용하는 금융기술의 은유를 빌려 표현하자면—"단순한 국가채권에 의거하는 환전과 환산의 방법"(II, 62)이다. 의식이 자신의 지향성을 통해 보여 주는 본질적, 내적 기질은 이제 지속적으로 "오성을 이성으로 가져가는 것", 국채를 표시된 가치로 바꾸는 것이다. 역사는 이 기질을 집행하고 활성화하지만, 기술화는 이 과정을 돌파한다. 기술화는 끊임없이 "표시가치"를, 명목상의 대표를, 지불보증이 안 되는 채권을 늘려 간다. 기술화는—은유의 영역에 머물러 표현하면—소유권을 정초하는 대신 점유를 일으키는 것이거나, 지배권의 적법성을 고려하지 않고 지배권을 행사하는 것이다.

나는 예를 하나 들어, 무엇이 여기서 실제로 사태 자체에서 관찰되고 있고 발견되고 있는지를 밝히고 싶다. 내가 선택한 단순한 예는 문에 달린 작은 〔초인〕종이다. 옛 수동식 모델로는 줄을 당길 때 소리가 나는 것도 있고, 손잡이를 돌릴 때 소리가 나는 것도 있다. 당기거나 돌려 소리를 나게 하면, 의도한 효과를 그 특수성에 맞게 만들어 낸다는 직접적인 느낌을 갖게 된다. 왜냐하면 움직이는 손과 울리는 소리 사이에는 적합한 연결이 있기 때문이다. 즉, 내가 그런 장치 앞에 설 때, 나는 내가 무엇을 해야 하는지도, 무엇 때문에 해야 하는지도 알기 때문이다. 누름단추로 작동되는 전자식 초인종에서는 상황이 다르다. 왜냐하면 손이 하는 일은 그 효과를 내는 데에 전혀 고유하지 않고, 형태 또한 이질적이기 때문이다. 우리는 더 이상 효과를 만들어 내지 않고, 단지 그 효과를 유발하고 있을 뿐이다. 우리가 바라는 효과는 장치로 작동되게끔 소위 완벽하게 마련되어 있다. 정말이지 이 효과는 〔우리가 보지 못하도록〕 한편으로는 자신이 제약받고 있다는 것에, 한편으로는 자신을 나오게 하는 복잡한 과정에 조심스럽게 숨어 있는데, 이는 힘들이지 않고 사용될 수 있음을 우리에게 암시하기 위해서이다. 항상 준비되어 있다는 암시 때문에, 기술세계는 모든 기능상의 요구조건들과 독립적이며, 일종의 덮개 영역이다. 즉, 표장表裝과 특징이 없는 〔건물〕 정면과 벽감의 영역이다.[46] 인간의 기능이 차지하는 몫은 동질화되고, 단추 누름의 이상적 최소치로 환원된다. 기술화는 인간의 행위를 점점 더 특징 없게 만든다. 나는 여기서 단순한 물리적 정황에 대해서는 아무것도 말하지 않고 있다. 기계식 초인종의 경우에는 과정 자체를 위한 에너지를 우리가 직접 제공해야 하는 반면, 전자식 초인종의 경우에는 준비되어 있는 낯선 에너지가 우리에 의해 흘러나온다는 것이 두 초인종의 객관적 차이점이라는 물리적 정황에 대해서 말이다. 우리의 맥락에서는 직접적 경험의 소여성들이 제공해 주는 바와 같은 현상학적 관점이 결정적이다. "단추 누르기"의 이상理想에서는 '꿰뚫어 봄'('들여다봄'의 자구적 의미로!)[47]의 박탈이 자축연을 벌인다. 명령과 효과, 주문과 생산, 의지와 작품이 최단거리로 좁혀져 있기 때문이다. 기원후의 모든 생산력의 은밀한 이상에서처럼, 성서의 첫 부분에 나오는 신의 〔명령〕 "생겨라!"에서처럼, 서로가 힘들이지 않고 연결되고 있기 때문이다. 작동기능들이 점점 더 특징이 되고 있는 세계에서는 일률적인 행위에 필요한 인물들의 교체가능성만이 아니라, 작동장치의 혼동가능성도 증가한다. 초인종 스위치의 예를 계속 생각해 보자. 현관의 등을 "생각했을" 때마다, 층계참에서 스위치를 누르는 일이 얼마나 잦은가! 그러한 각각의 작동 장치 뒤에는 인간이 발견한

46 여기서는 건축과 관련된 세 가지 용어가 사용되고 있다고 보고, 위장을 뜻할 수도 있는 "Verkleidung"은 건물 벽을 장식하기 위하여 석판을 붙이는 일인 표장으로, 차광막을 뜻할 수도 있는 "Blende"는 벽을 장식하기 위하여 오목하게 만든 공간인 벽감으로 번역했다. 〔옮긴이〕

47 작은따옴표 속의 어휘들은 차례로 "Einsicht"와 "Hineinsehen"의 번역이다. 흔히 '통찰'로 번역되는 것을 "꿰뚫어 봄"으로 옮긴 까닭은 독일어 어휘들의 의미호응을 시각적으로 보이기 위해서이다. 〔옮긴이〕

것들의 오랜 전사前史가, 상상력이 풍부한 수행들의 전 복합체가 숨어 있다. 하지만 작동장치는 이 모든 것을 자신의 추상적 획일성 속에 은폐할 뿐만 아니라 우리의 시선도 피할 정도로 "효과적으로 구성되어" 있다. 작동장치는 자기 속을 자신이 들여다볼 수 있게 하는 나쁜 "생산품"인 것이다. 기술적 대상의 자기현시顯示는 자신에 대한 모든 호기심 어린 질문을 거부한다. 이 질문을, 기능의 노하우에 대해 값을 지불하고 싶지 않거나 그 값을 스스로 벌고 싶지도 않은 사람이 할지도 모를 검열로 받아들여 거부한다. 뿐만 아니라 자기현시는 질문이, 그러니까 구성의 비밀과 기능의 원리에 대한 질문뿐만 아니라 특히 실존자격에 대한 질문도 아예 생기지 않도록 모든 조치를 취하는 것으로 보인다. 늘 완전한 것, 손가락으로 눌러 작동될 수도 있고 취소될 수도 있는 것은 자신의 이론적 유래를 근거로 해서도, 자기가 기여하는 척하는 생활의 욕구와 충동들을 근거로 해서도 자신의 실존을 정당화하지 않는다. 그것은 주문되고, 판매되고, 인수되고, 가동되면서 이미 적법한 것으로 인정받은 셈이다. 눈앞의 존재는 의미를 부여하는 욕구를 전제로 삼지 않고, 자기 쪽에서 욕구와 의미부여를 요구하고 강요한다. 그러기 위해서는 상황에 따라서 동기와 유효성 가설의 온전한 층 하나가 일단 인공적으로 생성되어야 하고, 기술적 수단들이 동원되어 만들어져야 한다. 그러한 조작의 이상理想은 인공적 생산품을 자명성으로 포장하는 것이다. 포장은 그 생산품이 필요한지, 유의미한지, 인간의 품위에 적절한지, 어떤 식으로든 정당화될 수 있는지의 여부를 묻는 모든 질문을 침묵하게 한다. 인공적 실재성은, 눈앞에 있는 자연의 사물들 가운데에서 외지인은, 어느 특정 지점에 이르러 "자명성들의 우주"로, 생활세계로 돌아간다.

생활세계와 기술화의 연관관계는 후설이 보았던 것보다도 더 복잡하다. 후설이 분석한, 발견된 것을 은폐하는 과정은 이론적으로 질문하는 활동에서 자명하지 않게 되어 버린 것이 의심의 여지가 없는 상태로 돌아간다는 점에서 비로소 자신의 목적에 도달한다. 기술적인 것이 생활세계에 이식되어 있다면, 그것 자체는 덮개의 보호를 받을 때와는 비교가 안 될 정도로 훨씬 더 완벽하게 안 보이게 된다. 기술화는 생활세계를 벗어나는 이론적 태도를 정초하는 일과 관련하여 이 태도의 연관관계를 분리할 뿐만 아니라, 자기 쪽에서 생활세계를 조절하기 시작한다. 이때, 아직 아무런 질문도 제기되지 않은 영역은 어떤 질문도 더 제기되지 않는 영역과 동일시되며, 또한 이 대상영역의 점령은 기술적으로 항상 완전한 것의 내재적 역학에 의해, 자연의 힘과 맞먹는 생산 취소 불능에 의해 조종되고 자극된다. 기술화 과정의 고유한 "목적론"으로 드러나는 것은 그 과정이 사태와 성과를 생산할 뿐만 아니라 겉으로 보기에 생산될 수 없는 것도 생산할 수 있게 만들면서, 그러니까 자명성을 생산하면서 생활세계를 일종의 의존단위로서 자기에게 귀속시키는 것이다.

현상학이 "사태 자체"에 대한 물음에 기여하는 바를 보여 줄 분석을 여기서 멈추고, 이 문제들에 대해 후설이 《위기》 논문[48]에서 가지고 있는 본래의 관심사를 추적해 보자. 이 관심사는 첫눈에도 진단보다는 치료에 방향을 잡고 있다. 후설 자신이 독일에서 침묵을 선고받은 상황에서, 또한 그의 현상학이 실존적 존재론의 파도에 이미 밀려난 상황에서, 그는 '철학적 문제에 몰두하기'의 세속적 포교에 대한 믿음으로 가득 차 있다.[49] 후설에

48 이것은 1935년 11월 프라하에서 강연한 〈유럽학문의 위기와 심리학〉을 보완하여, 이듬해 9월 베오그라드에서 창간된 《필로소피아》에 1부와 2부로 발표한 논문을 말한다. 후설은 이 논문을 다시 보완하여 출간하려 했는데, 그의 사후에 출간된 《유럽학문의 위기와 선험적 현상학》(1954)이 그것이다. 원래 5부로 계획된 이 책에는 3부까지만 실려 있고, 나머지 부분은 관련 논문들과 부록으로 채워지고 있다. 〔옮긴이〕

49 후설은 1928년 프라이부르크 대학 교수 직을 은퇴한 후에도—이것이 침묵 선고로 표현되고 있다—활발한 활동을 하였다. 여기서 "철학적 문제에 몰두하기"는 현상학과 관

게는 기술화 과정에서 깊어진 위기의 치료가 모종의 발전을 무효로 선언할 수 있음 내지 멈출 수 있음을 뜻할 수 없었다. 인간의 현존 가능성이 매번 발전의 최종 결과물에 점점 더 의존하고 있다고 할 때의 그 발전을 말이다. 하지만 후설에게 치유란 의심할 바 없이, 무엇인가가 "만회될 수 있음"을 뜻한다. 최종 심급에서 항상 의식의 지향성 그 자체인 발생사를 반복하거나 만회하는 집행의 표상은 본질적으로 현상학의 구상과 결합되어 있다. 기술화의 분석 결과, 기술화 과정에서 모든 단계가 신빙성 있게 정당화되지 않았으며, 정당화를 생략하고 건너뛴 것으로 나타났다면, 현상학의 태도는 거의 자동적으로 치료용 응수로 나선다. 이 응수에서는 기술화에서 망각되고 은폐되던 질문들, 즉 근본에 대한 질문과 원래 기증된 의미에 대한 질문 및 이 의미로부터 나오는 의미설명에 대한 질문이 만회될 수 있다. 현상학은 역사를, 더 정확히는 절대적 의미에서의 역사를 재건하려 한다. 현상학의 기본 요구는 다음과 같다. "이미 일어난, 주관적 수행들의 역사 전체를 반복하자."[50] 현상학적 인식은 자기 자신을 통해서 하는, 유럽 정신사에서 뒤늦게 실현된 자신의 순수한 현재顯在를 통해서 하는, 근본적인 위기의 근본적 치료수단이다—이렇게 후설은 보고 있다. 현상학적 인식은 위기 현상을 나타내는 과정의 증대 및 내재적 구조를 말하자면 항생제로 만난다. 현상학적 인식은 그 자체로서 기술화의 본질을 정초하는 형식화, 이론적 수행들의 형식화에 대항하는 힘이라서, "결코 지각될 수 없이 단순한 테크네로 변환될" 수 없으며, 오히려 "본연의 활동들"을 다시 활성화할 수

련되고, "세속적 포교"는 재직하던 프라이부르크 대학을 떠나 프랑스 소르본 대학에서의 "선험적 현상학 입문"(1929) 강연, 오스트리아 빈 문화협회에서의 "유럽 인간성의 위기와 심리학"(1935) 강연, 체코 프라하 철학회에서의 "유럽 학문의 위기와 심리학"(1935) 강연 등과 관련된다. 소르본 대학의 강연은 후에 《데카르트식 성찰》(1931)로, 프라하 강연은 《위기》 논문으로 출판된다. 〔옮긴이〕

50 Edmund Husserl, *Erfahrung und Urteil*, hrsg. v. Ludwig Landgrebe, Hamburg 1948, S. 48.

있다. 이 활성화로 인해 "기술Kunst로, 테크네로, 몰락한 과학"은 이론적 책임을 지는 쪽으로 반드시 되돌아올 수 있다—여기서 잠시 후설의 믿음을 따른다면 말이다. "직관하는 인식"으로서 현상학 자체는 "오성을 다름 아닌 이성으로 옮기려 하는 이성"이다.

기술의 시대 한가운데에서 그리고 기술화된 세계의 중심에서 백발의 후설이 자신을 놀라게 하는 기술화의 해독제를, 손수 기록한 4만여 쪽에 달하는[51] 자신의 사유 활동에서 얻어 냈다는 것은 그의 위대하고도 실로 엄청난 자의식이다. 그는 '늘 완전한 것'에 철학적 사유 활동의 '늘 시작하는 것'을 대립시키는데, 이 사유 활동만이 "삶의 새로운 의지를 포착"할 수 있다(VI, 472). 또한 그는 자신의 눈앞에 있는 육중한 존재의 사실성을 통해서만 항상 유의미한 것으로 과시할 수 있는 세계에 저항하며, 일단 포착된 동일한 의미의 목적론적 일관성에 충실히 머무르자고 외친다(VI, 486).

VI

후설의 위기 이념들을 **검토**한다고 해서, 여기서 제시되는 현상학적 사태 해명의 성과들이 다시 방기되어서는 안 될 것이다. 그러한 검토는 아마도 내재적 비판으로서 가장 풍요롭게 발표될 수 있을 것이다. 자기이해와 자기책임을 손상시킨다는 의미에서의 기술화가 이론적 과정 전체의 품에서 나오는 변형이라는 점은 변함없이 이해를 돕는 통찰로 보인다. 이 변형을 후설처럼 **병리학적** 현상으로 보는 것, 의식 속에서 사실상 갑자기 시작하

51 후설의 유고는 유대인 저서 말살운동으로 폐기될 위험에 처했으나, 1938년 11월 반 브레다 신부에 의해 벨기에의 루뱅 대학으로 이전되었다. 이후 제자들에 의해 정리된 유고는 1950년부터 《후설 전집》으로 발간되고 있다. 〔옮긴이〕

는 변화 내지 의도적으로 설정된 변화로 보는 것, 의식의 지향성이 자기실현 과정에서 들어선 사도邪道로 보는 것은 앞에서와 똑같은 것을 보장하지 않아 보인다. 물론 이 가정으로 인해 후설만은 자신의 현상학을 치료법으로 제공할 수 있었다. 하지만 이 가정이 맞을까? 이 질문에 대한 답은 후설 자신의 전제들로부터 나와야 할 것이다.

후설의 역사상歷史像에서 "유럽 인간성의 내재적 목적론"은 그리스인에게서[52] "우주에 대한 새로운 관심"으로서 시작한다(VI, 319 이하). 이 새로운 관심은 "지향적 무한성들"을 내포하고 있었고, 이것들은 "유한성 속에 살면서 무한성의 극을 향해 살아가는" 인간성 안에서만 작용되고 실현될 수 있었다(VI, 322). 이 정식에서 후설은 결정적인 이율배반을 나타냈는데, 그 자신의 현상학도 이 이율배반의 지배를 받는다. 이미 후설이 1913년에 적은 바에 따르면, 하나의 사물에 주어진 특성 하나하나가 의식의 지향성에서 "우리를 경험의 무한성들로 끌고 가며, 아직도 폭넓게 펼쳐진 경험 다양체가 저마다 새롭고 더 세밀한 사물 규정을 결정하지 못하고 있다. 그래서 무한 속에 있다"(III, 14). 그러나 이때의 끌려가기도 마찬가지로 어쩔 수 없이 충족되지 않고 있다. "무한 작업"과 "무한 과제들"에 대한 이야기가 현상학 창시자의 저작 전체를 가로지르기 때문이다. 그가 자기 앞에 놓여 있다고 본 것은 "한 번도 탐구된 적 없는 사실들의 〔…〕 진정한 무한성들"(I, 79)이다. 그가 "작업의 무한성"(I, 119)에 대해 말할 때마다 어떠한 두려움도 감지되지 않는다. 전반적으로 "작업"은 후설 언어의 특징적 낱말들 중 하나다.[53] 《엄밀학으로서의 철학》(1910)이 했던 초기 선언의 기초가 되

52 후설은 고대 동양인들과 달리 그리스인만이 "순수 이론적 태도"를 가졌다고 보고, 이 태도의 기원을 그리스인에게서 찾는다(《유럽 학문의 위기와 선험적 현상학》, 이종훈 옮김, 한길사 1997, 438-439쪽 참조). 본문에서 언급되고 있는 "내재적 목적론"은 인간성의 목적이 예컨대 "초월적 목적론"에서처럼 "세계 밖에 존재하는 이데아"에 있는 것이 아니라, 자기 안에 있다는 것이다. 〔옮긴이〕

는 이념, 즉 어디서든 최종적으로 도달할 수 있는 명증성 이념은 복잡하게 다원적인 명증성들로 분열되었고, 적절한 명증성에 대해 "원칙적으로 그것이 무한자에 있는지의 여부는 미결"(I, 55)인 채로 남아 있다. 근대가 고대의 학문 개념에 여전히 잠복해 있던 결론, "과제들의 무한성 이념"의 결론을 공개했다는 말이 옳다면, 후설의 현상학은 어느 유한한 현존재에 부과된 이 무한한 요구의 극단적 첨예화다. 무한성 이념의 파토스는 모순을 은폐한다. 한편으로는 절대적 명증성, 한편으로는 정초와 발생적 의미 분석의 철저성, 이 둘에 대한 요구는 요구된 이론적 작업의 무한성에 대한 표상과 직면하여, 스스로 부당함〔의 영역〕으로 침전한다. 명증성과 정초의 철저성에 필요한 것은 데카르트가 "일생에 한 번은 철저하게 새로 〔시작해야 한다〕"[54]라는 표현으로 요구했던 바와 같은, 절대적 시작에 대한 사유활동의 귀환이다. 더 정확히 말하면, 이 귀환은 스스로 투명해지기를 바라는 모든 실존에게 필요하다. 이에 반해 실행될 작업의 무한성은 역사적으로 이미 수행된 어떤 것이든 아직도 수행되어야 할 것의 전제가 될 수 있어야 한다고 요구한다. 그러니까 수행된 것이 여전히 습득할 수 있는 인식 점유로, 그리고 인수할 수 있는 방법학으로 기능할 것을 요구한다. 그렇게 해

---

53 후설의 어휘로부터 언어적 작업세계와 작업장세계 전체를 끌어낼 수 있을 것이다. 때로 그 세계들을 좁은 공간에서 쌓기도 하면서 말이다. 이를테면 제7권의 142, 144, 146, 147, 150, 191, 204쪽에서가 그렇다. 거의 탐닉에 빠진 복수형도 특징적이다. 이를 보여주는 예가 "기술記述 작업의 신성한 무한성들"이다(Bd. 7, S. 110). 헬무트 플레스너Helmuth Plesner가 현상학을 하나의 "길"로, "철학을 현대의 작업세계로 편입시키는 길"로 특징지은 것은 옳은 일이다(*Husserl in Göttingen, Rede zur Feier des 100. Geburtstages Edmund Husserls*, Göttingen 1959, S. 9).

54 이것은 데카르트의 첫 번째 성찰 시작 부분에 나온다. "유년기에 내가 얼마나 많이 거짓된 것을 참된 것으로 간주했는지, 또 이것 위에 세워진 것이 모두 얼마나 의심스러운 것인지, 그래서 학문에 있어 확고하고 불변하는 것을 세우려 한다면 일생에 한 번은 이 모든 것을 철저하게 전복시켜 최초의 토대에서부터 다시 새로 시작해야 한다는 것을 이미 몇 해 전에 깨달은 바 있다"(르네 데카르트, 《성찰》, 이현복 옮김, 문예출판사 2006, 34쪽). 〔옮긴이〕

서만 지속적 발전의 출발점은 '밟지 않은 것'[55]으로 계속 밀려날 수 있다. 그리고 형식화는 일단 수행된 것의 기능화 유형 가운데 가장 손쉽고 편리한 유형에 다름 아니다. 그런데 형식화는 잠정적으로도 이미 기술화와 마찬가지다. 왜냐하면 형식화될 수 있는 것—즉, 집행을 꿰뚫어 보는 것과 무관하게 자신의 응용가능성을 얻는 것—, 그것은 기본적으로도 이미 기계화되어 있기 때문이다. 실재하는 메커니즘들이 그것을 저장할 준비와 규칙에 따라 연결할 준비를 하지 않았다고 해도 말이다. 모든 방법학은 성찰되지 않은 반복가능성을 만들어 내려고 한다. 항상 함께 작용하긴 하지만 그렇다고 항상 활성화될 필요는 없는 가정들의 성장 토대를 만들어 내려 한다. 철학의 인식 이상理想은 방법화에 저항하고, 유한한 존재Wesen의 무한한 요구로서의 과학은 방법화를 강요한다는 것, 이것은 철학과 과학 사이의 이율배반에서 벗어날 수 없다. 철학과 과학을 마지막으로 조화의 상태에서 나타나도록 했던 것은 자신의 지식욕에서 자기 자신을 인정하지 않는 이성[56]의 스콜라 철학적 환상이었다. 철학과 과학의 분리—더 정확히 말하면, 과학에 대한 철학적 이념을 통해 이루어진 분리—는 이전에 인간이 가졌던 기술 모두에 이질적인 근대적 의미에서의 기술화, 바로 이 기술화로의 이행이었다. 그러나 이 분리는 필연적이었고 적법했다. 이 점에서 후설의 입장에 대한 비판이 형성된다. 후설이 말했던 의의 상실은 기실 이론적 요구 자체의 결론에 부과된 일종의 의의 포기다. 사람들은 "무한한 과제들의 인간성 개조"(VI, 325)[57]에 열광할 수 없으며, 동시에 이 개조에 대한 대가를 거

55 이 표현("das Unbegangene")은 선로를 검사하기 위하여 선로를 따라 걷듯, 발전을 검사하기 위해서도 발전의 길을 걸어야 함을 빗댄 것이다. 따라서 '밟지 않은 것'은 결국 발전의 길을 밟지 않음으로써 '조사되지 않는 것'이 된다. [옮긴이]

56 스콜라 철학에서는 교리가 이성적이고, 원래 이성적인 전통철학이 교리에 부합됨을 입증하려 한다. 따라서 본문의 이성은 교리에 종속된, 신학의 시녀가 된 이성을 뜻한다. [옮긴이]

부할 수 있다.

후설은 이 문제점을 이미 자신의 위대한 모범인 데카르트에게서 연구할 수 있었을 것이다. 처음에 데카르트는 자신의 학문적 프로그램의 실현을 하나의 생활, 바로 자기 자신의 생활의 본분일 수 있다고 믿었다. 그러나 방법에 관한 논고[58]는 이미 철저한 체념의 결과다. 왜냐하면 그는 탐구하는 인류와 후속 세대의 다른 구성원들을 위해 그때그때 수행된 것을 이 인류와 후속세대가 어떻게 하면 사용하게 할 수 있는지, 무엇보다도 바로 이 절차를 제시하기 때문이다. 더 정확히 말하면, 그는 철저하게 시작하기의 철학적 원상황이 항상 다시 새로워질 필요는 없다는 식으로 그 절차를 제시하기 때문이다. 방법 이념의 이 함축에 비하면, 수열에 유추한 연역의 연쇄를 점점 더 빠른 조사에, 기만적 기억에 점점 덜 의존하는 조사에 사용할 수 있게 만들자는 생각은 정말 특징적인 요소이긴 해도 부차적인 요소이다. 왜냐하면 형식화로 가기 직전의 망설임이 감지되기 때문이다. 데카르트를 검토하면서 이 문제 전체를 처음으로 다룬 사람은 아마도 라이프니츠였을 것이다.[59] 그는 유클리드 이후 기하학의 사실적 절차를 수학에서 빼내 온 것으로 보이는 데카르트의 인식이상과 맞선다. 이 이상에 따르면, 증명의 논리가 완전히 맞지 않을 때에는 다음 단계의 연역을 실행해서는 안

57 후설은 무한한 과제들을 목표나 절대적으로 타당한 규범과 마찬가지로 무한성과 유사한 특성들로 받아들이고, 이것들이 인간성의 개조에 일조한다고 본다 (《유럽학문의 위기와 선험적 현상학》, 이종훈 옮김, 한길사 1997, 438쪽 참조). 〔옮긴이〕

58 1637년에 나온《방법 서설》을 가리킨다. 〔옮긴이〕

59 Gottfried Wilhelm Leibniz, "Animadversiones in partem generalem Principiorum Cartesianorum", in: *Die philosophischen Schriften von Gottfreid Wilhelm Leibniz*, hrsg. v. Carl Immanuel Gerhardt, Bd. 4, Berlin 1880, S. 355. 데카르트주의에 제시된 수학자들의 패러다임은 다음 결과를 내놓는다. "〔…〕 왜냐하면 발견들이 정리나 문제의 처리를 모든 공리와 공준이 증명될 때까지 연기하길 원했었더라면, 오늘날에도 아마 기하학은 없었을 것이기 때문이다"(같은 곳).

된다. 라이프니츠가 보기에 유클리드 이후의 기하학은 증명 포기를 적지 않게 감수해 왔고, 이를 통해 전진하는 기술ars progrediendi이 되었다. 만약 기하학이 정리定理와 문제 들의 처리를 모든 공리와 공준이 증명될 때까지 미루어 왔더라면, 아마 오늘날까지도 기하학은 존재하지 않을 것이기 때문이다. 증명의 포기, 가장 엄밀한 요구들의 연기延期, 그것은 인식 발전의 가능성 조건이다.

후설 자신의 현상학적 분석들에서도, 무한성과 직관의 이율배반에서 나오는 실현 불가능 요소들이 없는 것은 아니다. 경험적 직관의 종합에서는 사물의 양상들 중의 선택이 언제나 반드시 일어나고, 음영의 연속에서는 이른바 도약이 이루어진다. 왜냐하면 경험적인 것에서 순수직관과 등가이면서, 가능한 관점들을 모두 검토하는 이상은 실현이 불가능하기 때문이다. "경험적 사물에 상응하면서 우리를 거부한 순수직관은 어떤 식으로든 그 사물의 완전하고 종합적인 직관에 들어 있긴 하지만, 이른바 산재된 방식으로 해서 늘 다시 상징적 대표자들과 뒤섞인다."[60]

이것은 분명 다음을 뜻한다. '인간의 지성은 자기 수행들의 최하 기본 단계에서 항상 형식화 속에 이미 포착되어 있다.' 후설은 진보와 충전된 직관 사이의 지향성 알력을 위기-논문의 열정 속에서도 숨길 수 없었는데, 이는 거의 필연적인 일이다. 그가 암시하는 해결책은 철학이 과학을 대신하는 일종의 대리 기능으로 귀결된다. 과학이 성급하게 전진하면서 생략한

---

60 Husserl, *Logische Untersuchungen*, Bd. 2, 2, Halle [3]1922, S. 99. "우리를 거절한," 경험적 사물의 "순수 직관"에 대하여 말하는 것은 칸트적 의미의 어떤 독창적 지능의 가능성을 열어 두게 하는것, 바로 그것을 거기서는 최소한 지적하는 것으로 보인다. 물리적 대상을 뒤늦게 형상적으로 기술하는 것은 이 대상의 논증적diskursiv 구성을 절대적인 것으로 정립한다(Bd. 3, S. 371). 그렇다고 해서, 논증Diskursion이 유한한 지성에게 어쩔 수 없이 불완전하며, 논증의 "틈들"이 상징적으로 다리를 놓고 있다는 점은 조금도 바뀌지 않는다.
〔옮긴이〕 이 각주에서 '논증'은 '직관'과 대립하는 의미로 쓰이고 있다.

것과 건너뛴 것을 철학이 만회하고 보충한다는 것이다. 어쨌든 다음의 애매하면서도 중요한 텍스트는 그렇게 이해될 수 있다. "사태를 포함하는 수학이 형식적 논리화로 진행하고, 확장된 형식논리학이 순수 해석학Analysis이나 다양체 이론으로 독립한다 했을 때, 그 진행과 독립 자체는 완전히 적법한 것이며, 그야말로 필요한 것이다. 순전히 기술적인 사유 활동에 일시적으로 완전히 몰입하는 기술화도 마찬가지다. 이 모든 것은 실로 완전히 의식적으로 이해되고 연마된 방법일 수 있고, 또 그러한 방법이어야 한다. 이는 위험한 의미추이가 일어나지 않도록 배려되었을 때에만 가능하다. 정말이지 이것이 가능해지려면, 방법의 근원적 의미부여가 현재에도 지속적으로 사용될 수 있게 남아 있어야 하는데, 이때 방법은 자신의 의미부여로부터 세계인식을 위한 수행의 의미를 갖는다. 나아가 그러한 방법은 묻지 않았던 정통성 모두로부터 자유로워야 가능하다. 새로운 이념과 방법이 처음 고안되었을 때 이미 이 정통성은 불명확성 요소들을 그 의미 속으로 흘러 들어가게 했었다"(VI, 46 이하).

아마도 지금의 인용이 뜻하는 바는 또는 최소한 뜻할 수 있는 바는 여기서 인정된 기술화의 정당성이 철학의 역할을 정초한다는 것이다. 즉, 철학이 더 이상 교육자적 역할이 아니라—철학이 이제는 자기 교육의 결과들을 따라잡는 역할을 맡기 때문에 그렇다—, 역사적으로 새로운 역할을 정초한다는 것이다. 철학은 기술화가 뛰어넘어 버렸던 의미구조들의 보고寶庫를 대리해서 관리해야 한다.

나는 현상학적으로 기술을 해석하는 이 복합적 양상을 더 큰 역사적 맥락에 두고자 한다. 현상학의 무한성 함축은 우리 정신사에서 플라톤주의로 표시될 수 있는, 정초된 전통 대열에 속한다. 무한한 것 속에서야 비로소 도달할 수 있는 명증성은 어떤 정신구조 안에서만 인간의 실존을 움직이는 의미를 가지며, 이 의미에서 진리는 절대적 가치로 인정받고 있을 뿐만 아니라, 인간의 현존실현에 작용하는 관계에도 존재한다. 정신적 길 하나하나의 목표로 설정된 적합한 명증성은—〔기록〕 역사적으로 말하자면, 불쑥 나온 이념들의 직관은—모든 플라톤주의의 핵심이다. 그러나 바로 이 점에서 정초되고도 있는 것은 소피스트 철학에 대한 플라톤의 거부가 유럽 전통의 정신적 적법성에서 기술 배제하기를 함축한다는 것이다. 왜냐하면 소피스트 철학은 형식적 능력의 이념, 특수하지 않은 정신적 〔수행〕능력의 이념을 양성했고, 그래서 '하나의 사태에 정통함das Sich-auf-eine-Sache-Verstehen'을 '사태 〔전체〕를 이해함Die-Sache-Verstehen'으로부터 분리했으며, 근본적으로는 전능을 실제 교육의 이상으로 만들었기 때문이다. 이때 이론적인 것은 모두 애초부터 이 이상에 속해 있었다. 개개의 구체적인 목표 설정에 이용될 수 있는 형식적인 능력은 양도될 수 있었다. 그중에서도 가장 임의적으로 양도될 수 있었던 능력은—그러니까 순수한 "방법"은—소피스트들의 수사학과 변증론에서 볼 수 있게 되었다. (이 분과학문들의 전통에서 기술적 태도와 기술적 수행들의 전문어가 특색 있게 발전해 왔다.) 소크라테스와 플라톤의 항변은 순수한 능력의 우월적 지위를 물리쳤을 뿐만 아니라, 순수하게 형식적인 〔수행〕능력을 인간 현존재가 집행하는 상像에 귀속시키는 토대도 없앴다. 이것이 우리의 전통을 규정해 왔다. 이론과 행운의 동일성이 완성된 가운데, 행복하게 만드는 바라봄visio beatifica[61]으로서의 영원한 축복에 대한 기독교적 표상이 만들어질 때까지 말이다. 후설의 "무한 과제"는 인간 현존재의 최종적 의미를 묻는 질문에 대한 〔위의 대답과〕 똑같은 대답이다. 물론 여기에는 결정적인 차이점이 있다. 이 차이점에 따르면, 구체적인 개인은 무한 과제에 직면하여 필연적으로 그 과제를 실현하는 중일 수도, 실현해 놓은 상태일 수도 없으며, 단지 과제 담당

61 이 표현은 신이 축복을 내리기 위하여 바라보는 것을 뜻한다. 〔옮긴이〕

자로서 자신을 포착하는 맥락 안으로 들어갈 수 있을 뿐이다. "탐구"로서의 이론의 무한성은 양도가능성, 방법화, 형식화, 기술화를 요구한다. 플라톤의 토대 위에서는 소피스트의 입장이 어느 특정 지점에서 다시 나타난다. 구체적 인간은 절대로 무한 과제의 주체일 수 없고, 이 주체는 사회, 국가, 인류, 과학의 형태로 인공적으로 구성되어야 한다. 더 정확히 말하면, 개인의 행복 요구에 대해 가차 없이 명령하는 원칙으로서 구성되어야 한다. 기술화된 산업사회가 인간을 기능적으로 만들기 이전에, 근대의 과학 이념은 근대사의 이 핵심적 행위를 이미 모범적으로 수행했었다. 후설에 의해 가동된, 주관성의 선험적 자기탐구는 잃어버린 기체基體를 재구하려는 시도들 중의 하나—아마도 가장 중요한 시도—일 것이다. 그러나 현상학의 운명 자체는 외부로부터 갑자기 들이닥친 것에 의해서만 표시되고 있는 것은 아니라, 현상학 자체가 결정적으로 일깨운 의식을 통해서도 표시되고 있다. 즉, 철학적 주체가 자신이 요구한 철저한 자기 정초와 무한한 자기 정당화 앞에서 사라져 버렸다는 의식을 통해서도 말이다.

VII

명백해진 것은 결과에 대한 전제를 현상학이 깔끔하게 설명했지만, 이제 현상학 자체가 그 결과들을 모면할 수 없다는 것이다. 생활세계로부터, 그러니까 "자명성들의 우주"로부터 벗어나기는 후설이 자기 자신의 현상학에서 정점에 이른 것으로 본 유럽의 정신적 과정의 시작이었을 뿐만 아니라, 현실의 자명성이 갖는 특성들 모두가 우연성으로 변하는 과정의 시작이기도 했다. 우연성은 필연성과 가능성의 관점에서 본 현실 평가를 뜻한다. 이제 현실의 우연성에 대한 의식은 미리 주어진 것에 대해서 기술적 태도를 정초하는 것이다. 주어진 세계가 가능한 것이 활동하는 무한 공간의 우연한 단면일 뿐이라면, 자연적 사실들의 영역이 더 높은 수준의 정당화와 제재 수단을 더 이상 펼치지 않으면, 세계의 사실성은 고통스럽게 관찰하는 동인이 되어, 가능한 것〔의 관점〕에서 현실적인 것을 판단하고 비판한다. 뿐만 아니라 그 사실성은 가능한 것의 구현을 통해서, 고안과 구성의 활동공간을 비움으로써 그 공간에 사실적인 것만 채우기도 하는데, 이로써 그 사실성은 필연적으로 정당화될 수밖에 없고 자체 내에서도 정합적인 문화세계가 된다. 그래서 우연성을, 인간이 가진 데미우르고스식 수행능력[62]을 의식하게 하는 자극제로 여겨야 한다면, 중세 후기에 우연성 의식이 극단적으로 상승된 상황과 맞물려 어떻게 해서 근대의 기술적 열정이 형성될 수 있었는지는 쉽게 이해할 수 있다.[63] 이 확인으로 인해, "생활세계"라는 개념의 비판적 기능은 후설이 근대 기술화를 검토할 때 다시 한 번 더욱 분명해진다. 생활세계의 개념은 심지어 우연성 세계에 대립되는 모든 특성들의 총괄개념으로서 형성되어 있지만, 또 다른 세계에 대립되는 특성들의 총괄개념으로서도 형성되어 있다. 이 세계의 내적 필연성은 세계의 사실성 의식에 대항하는, 즉 기술세계에 대항하는 주장에서야 비로소 가능하게 되었다. 후설이 사유 활동의 후기 단계에서 이 생활세계를 탐구했다는 것은, 더 정확히 말하면 기술화의 문제가 자신에게 시급하게 되기 전에 그렇게

62 데미우르고스에 대해서는 이어지는 글 〈"자연의 모방"〉 참고. 본문의 '능력'은 데미우르고스가 가진 이른바 제작능력을 지칭하는 것으로 보인다. 〔옮긴이〕

63 이 명제의 근거를 나는 다음 논문들에서 더 상세히 다루었다. (본서에도 실려 있는) "Nachahmung der Natur. Zur Vorgeschichte der Idee des schöpferischen Menschen", in: *Studium Generale* 10 (1957) S. 266-283; "Ordnungsschwund und Selbstbehauptung. Über Weltverstehen und Weltverhalten im Werden der technischen Epoche", in: *Das Problem der Ordnung, Verhandlungen des VI. Deutschen Kongresses für Philosophie*, Meisenheim 1962, S. 37-57; "Kontingenz", in: *Die Religion in Geschichte und Gegenwart*, Bd. 3, Tübingen ^{3}1959, Sp. 1793f.

했다는 것은 현상학 자체의 내재적 발전에서 성장한 긴박함이었다. 왜냐하면—그리고 그것이 이제 우리의 사고과정에 결정적인데—현상학적 방법 자체가 우연성 의식의 패러다임, 기술세계의 정신적 기체에서 이루어지는 기본 과정, "탈자명화脫自明化"로도 나타낼 수 있을 기본 과정의 패러다임이기 때문이다. 최후의 가장 은밀한 자명성까지도 문제 삼는 것, 심지어는 바로 이것을 현상학의 프로그램으로 제시할 수 있을 것이다. 생활세계 자체를 이론적 기술記述의 대상으로 만드는 것은 실로 이 영역의 구제와 보존이 아니라, 드러내기를 통해 이 영역의 본질적 속성인 자명성을 불가피하게 파괴하기이다. 비판에 필요한, 비판을 위해 추구된 개념은 사태를 지양하지 않고서는 얻어 낼 수 없다. 그 현상학자에게는 "세계 존재의 보편적 자명성을—그에게는 이것이 가장 불가사의한 것인데—하나의 명백성[64]으로 변화시키는 것"이 중요하다(VI, 184).

따라서 우연성의 관철은 다름 아니라 현상학의 이론적 입장 규정을 뜻하며, 이 규정에 따르면 "우리는 이 생활 전체와 이 모든 문화전통에 대해 특정 태도를 취〔해야〕하고,[65] 우리를 위해, 개개인을 위해, 그리고 공동체 속에서, 철저히 숙고하여 최종적 가능성과 필요성을 찾는다. 이 가능성과 필요성을 근거로 해서 우리는 현실들에 대하여 판단하고, 평가하고, 행동하면서 견해를 표명할 수 있다."[66]

"묻지 못한 질문들이, 이해되지 못한 자명성들이 절대적 보편성에 있어서는 안 된다"(VI, 269)고 할 때, 이 보편성의 철학은 자신의 요구로 "지향성의 목적"(VI, 553)을 충족하고는 있지만, 그렇게 함으로써 특정 질문들노

64 이는 "Verständlichkeit"(=이해하기 쉬움)과 "Selbstverständlichkeit"(=자명성)의 어휘적 상관관계를 보이기 위한 번역이다. 〔옮긴이〕

65 이 꺾쇠괄호만은 옮긴이가 아니라 저자의 것이다. 〔옮긴이〕

66 Husserl, *Formale und transzendentale Logik*, S. 5.

감염시킨다.[67] 무한성들 속에 도달할 수 없게 자리를 잡고 있는 대답들에 희망을 걸 수 없는 질문들을 말이다. 이 질문들은 본성상 이론적 유예를 참지 못하고, 철학적으로 만회할 수 없는 인간 행위, 즉 '자신을 미리 포착하기Sich-Vorweg-Greifen'를 자극하는데, 바로 후설이 이것을 기술의 본성으로 밝혀 냈다.

후설이 없는 자리에서 들리는 말은 그에게는 "역사적 의미가 완전히 결여되었다"는 것이다.[68] 이런 말을 하는 사람들은 후설이 '철학적 문제에 몰두하기'의 역사적 형상들을 자기 자신의 요구 층위에 투영시킬 수 있었을 뿐이라는 점에서 그 결점을 인식할 수 있다고 믿었던 반면, 사실상 그 결점은 후설이 자기 자신의 현상학의 역사적 역할과 지위를 제대로 인식하지 못했다는 점에서 오히려 드러난다.

그는 환원과 자유변형을 방법적 도구로 이용하여 본질적으로 불가피하게 불변적인 것을, "일체의 사실성에서 자유로워진 본보기"를, "'다르게'와 '항상 다시 다르게'〔의 영역〕에서 쉽게 부서지지 않고 동일한 것을, 모든 것에 공통적인 본질을" 탐색했다. 이로써 그는 목적의 필연성보다는 오히려 수단의 자유를 표현했고, 근대정신을 근대에 저항하게 한다는 사견私見에서 근대정신을 다름 아닌 "변형으로서" 집행했다. "순수한 환상의 자유와 임의성의 순수한 의식 속에서 〔…〕 실행되는 변형으로서" 말이다. "이로써 변형은 항상 새로운 변이형들을 위해 열려 있을 뿐만 아니라 끝없이 다양하기도 한 자유로운 가능성들의 지평으로도 동시에 뻗어나간다."[69]

"미리 통용되고 있는 사실들에 전혀 구속되지 않고 완전히 자유로운 변

67 특정 질문들에서도 예컨대 이해되지 못하는 자명성은 없어야 한다고 보게 한다는 뜻이다. 〔옮긴이〕

68 Hannah Arendt, *Sechs Essays*, Heidelberg 1948, S. 52.

69 Husserl, *Formale und transzendentale Logik*, S. 219.

형"에 대한 이야기는 이미 순수 언어적으로 근대의 열정적 해방 정식의 성질을 갖고 있다. 해방 정식은 모두 본질적인 것을 위하여 사실적인 것에서 벗어난다는 환상에 관여하지만, 결과적으로는 사실적인 것을 극복할 수 없는 불쾌함만을 항상 강조했다. 이로써 우리는 후설의 사유 활동에서 이상화된 "생활세계"를, 현상학을 통해서 우연성을 높이기 위한 이해되지 않는 보충개념이자 교정수단으로 여겨도 될 것이다. 이때 우연성을 높이는 일은 눈에 띄지 않게 기술화 과정에 함께 작용한다.[70]

기술화의 현상학적 분석이 보여 주는 현재적 현실Aktualität은 매우 현재적인 문제이자 후설이 전혀 고려하지 않았던 문제를 통해, 개관할 수 없을 정도로 확대되었다. 이 문제가 그려 내는 것은 전체적 복합체를 거의 실험적으로 격리하는 것이다. 즉, 유럽의 학문과 기술을 예전의 이국적 민족과 문화세계 들에 이르기까지 전 세계적으로 이식하는 것이다. 생활세계와 더불어 토대를 놓는 연관관계에 있는 것이 이론적 실행들의 연속인 만큼, 여기서 기술화는 그 연속으로부터의 도약으로 나타나지 않고, 종종 거의 건드리지도 않은 생활세계들의 외적 성층成層으로, 생활세계들의 자명성에 포함된 이해규범집과 태도규범집의 외적 성층으로 등장한다. "문명의 초조함"으로 불려 온 동기부여는 거기서 "무한 과제"의 의식으로부터 자라난 것이 아니라, "국제적 과시 효과"로 명명되어 온 것을 통해 귀납된 것이다. "저개발"로 불리는 증후군에서 순전히 기술적으로 필요하게 된 엄청난 속도경쟁이 긴장을 조성한다. 이 긴장들은 후실이 말하는 이념, 즉 역사를 만

70 "생활세계"의 개념에 대해서는 Aron Gruwitsch, "The last Work of Edmund Husserl II: The Lebenswelt", in: *Philosophy and Phenomenological Research* 17(1957), S. 370-398 참조. 루트비히 비트겐슈타인의 "자연적 세계관"과 신실증주의에서의 자연언어의 문제들에 대한 유추들은 뤼베Hermann Lübbe의 다음 글에서 언급된다. "'Sprachspiele' und 'Geschichten'. Neopositivismus und Phänomenologie im Spätstadium", *Kant-Studien* 52(1960/61), S. 220-243.

회하는 의미실행의 이념을 통해 이해하기 쉽게 되지만, 동시에 이데올로기와의 친화력을 이해하기 쉽게 만들기도 한다. “만회하는 산업화”를 정당화하는 것으로 자신의 적합성을 극적으로 입증했고, 항상 되풀이하여 자신의 적합성을 과시하는 바로 그 친화력을 말이다. 후설의 입장에 대한 우리의 내재적 비판의 양상에서 보면, 만회하는 개발의 문제는 기술적 수단과 문명적 행동방식의 외적 공급에 있다기보다는 오히려 이 공급을 받아들이고 동화同化하는 내재적 동기부여의 결핍에 있다. 동기들 자체는 외부로부터 함께 제공되지만, 틀림없이 그 동기들은 내부에서 발전했을 것이다. 유럽의 근대를 위한 우리의 연구 결과로서 발견될 수 없었던 것은, 말하자면 “기술의 병리학”을 위한 하나의 단초는, 기술화의 후기 단계에서도 여전히 세계 표준에서 시급히 필요한 것으로 입증될 수 있을 것이다.

현상적으로 기술은 메커니즘들의 제국이다. 기술을 “사태 자체”로 이해하기 위해서는 이 제국을 분류하고, 제국의 효과와 부작용을 묻고, 제국이 가능하게 하는 것을 자연법칙들의 인식으로 환원하는 것으로는 충분하지 않다. 모든 메커니즘은 결국 유한하게 미리 주어진 수용력을, 말하자면 인간 현존재의 수용력을 높이도록 설계되어 있다. 모든 메커니즘은, 이렇게 말해도 된다면, 각 현존재의 세력 범위를 시간적으로 및 공간적으로 넓히고, 우리에게 단계를 밟는 대신 도약을 하도록 허용한다. 후설이 그 문턱에까지 분석을 추진했던 질문의 철저성은 그 본질이 유한성을 이처럼 상승시키려는 동기와 의지의 역사적 돌출에 물음을 던지는 데에 있다. 기술화는 무한한 것으로 드러나는 이론적 과제와 불변의 것으로 주어졌다고 미리 생각된 인간 현존재의 수용력 사이의 긴장관계에서 생긴다. 기술의 이율배반은 수행과 통찰 사이에 있다. 현상학은—후설이 현상학에 부여한 형태에서의 현상학은—이 이율배반을 해결하지 않고 첨예화했으며, 우리의 정신적 상황을 위해서 감지할 수 있게 그리고 효과적이게 만들었다.

“자연의 모방”

‘창조적 인간’ 이념의 전사前史에 대하여

I

인간은 세계 안에서 그리고 곁에서 자신의 힘과 숙련된 솜씨로 무엇을 할 수 있을까? 거의 2천 년 동안 이 질문을 종결짓는 최종적 답변은 아리스토텔레스가 “예술Kunst”[1]은 자연의 모방이라 했을 때 제시된 것처럼 보였다. 이로써 그는 그리스인들이 실재의 것에 작용하는 인간의 능력을 종합적으로 포착할 때 사용한 개념을 정의하려 했는데, 그 개념이 바로 테크네였다. 그리스인들은 이 표현으로 오늘날 우리가 “기술”이라고 부르는 것보다 더 많은 것을 나타냈다. 작품을 설정하고 형성하는 데 효과적인 인간의 온갖 숙련된 솜씨를 위하여, “인공적인 것das Künstliche”과 “예술적인 것das Künstlerische”을 포괄하는 총괄 개념을 사용했던 것이다(오늘날에는 포괄된 두 가지가 엄격히 구분되고 있다). 이 넓은 뜻에서만 “예술”이란 표현을 테크네의 번역으로 사용해도 된다. 아리스토텔레스에 따르면, 이제 “예술”의 본질은 “한편으로는 완성하는 데에, 한편으로는 (자연이 준 것을)

1 “Kunst”는 보통 ‘예술’로 번역되지만 때로 ‘기술’로도 번역된다. 그 이중적 의미를 나타내려고 할 때에는 본문에서처럼 큰 따옴표를 이용할 것이다. 〔옮긴이〕

모방하는 데에" 있다.[2] 이중 규정은 "자연" 개념의 중의성, 즉 생산하는 원칙으로서의 "자연"(나투라 나투란스)과 생산된 형상으로서의 "자연"(나투라 나투라타)의 의미와 밀접한 관련이 있다. 하지만 "모방"의 요소에 다른 영역의 것도 포착하는 성분이 있음은 쉽게 알 수 있다. 왜냐하면 자연이 놓아둔 것을 받아들이는 일은 자연의 밑그림을 따르고, 주어진 것의 엔텔레케이아[3]에서 시작하여 이 엔텔레케이아를 실행하는 것이기 때문이다.[4] "예술"이 잠시 자연을 대신한다는 것이 지나쳐, 아리스토텔레스는 다음과 같이 말할 수 있게 된다. 자연이 집들을 이른바 "자라나게" 한다고 가정할 때, 집을 짓는 사람은 자연이 하게 될 일만 한다.[5] 자연과 "예술"은 구조적으로 같다. 왜냐하면 어느 한 영역의 내재적 본질 특징들은 다른 영역의 그 특징들을 대신해서 투입될 수 있기 때문이다. 그러므로 아리스토텔레스 자신이 이미 사용한 바와 같이, 전통적으로 그의 정의를 "아르스는 자연을 모방해야 한다ars imitatur naturam"는 정식定式으로 줄여 왔다면, 이는 즉물적으로 정초되고 있는 것이다.[6]

2 Aristoteles, *Physik* II, 8; 199a 15-17: "일반적으로 테크네는 때로는 자연이 마무리 짓지 못하는 것을 완성하고, 때로는 자연을 모방한다."

3 '엔텔레케이아ἐντελχεια'는 질료 안에서 자신을 실현하는 형상을 말한다. 따라서 그것은 내부에서 목적을 지향하는 활동적인 힘, 생산과정에서 목표를 달성하게 하는 힘을 갖는다. [옮긴이]

4 *Politik* IV, 17; 1337a 1-2의 표현 참고. "기술과 교육이 채우려고 찾아나서는 것은 자연의 결점들이다."

5 Aristoteles, *Physik* II, 8: 199a 12-15. 자연은 소위 자동기술적이며, 자신의 능력을 자기 자신에게 응용하는 의사와 비교될 수 있다(199b 30-32). 그러한 자동기술성이 통찰력 있는 의도와 동일할 것이라는 가정은 거부된다(199b 26-28). 아리스토텔레스는 아직 아무것도 없거나 특정한 특수성을 지닌 것도 아직은 없는 근원상황을, (최소한 가설적으로는) 우리를 피할 수 없는 근원상황을 보여 주지 않는다. 모든 것은 자신의 특수성에 따라 항상 현존하기 때문에, 무엇인가를 최초로 "생각해 내야" 하고 그것을 표상으로부터 실재성으로 "옮겨야" 했을 동인이 아리스토텔레스에게는 존재하지 않는다. 사유활동은 원칙적으로 오로지 존재하는 것에 따라 사유한다.

우리가 이 정식의 전제들과 역사적 변천들을 추적해야 했다고 할 때, 그 현재적 의의는 이제 어디에 있을 수 있을까? 근대인은 오래전부터 자신을 "창조적" 존재라고 주장하고, 자연에 대해 구성을 강력하게 맞세워 오지 않았는가? 그리고 파르미자니노[7]가 1523년, 형태를 일그러뜨리는 볼록거울에 비친 자신의 자화상을 그려 낸 이후로—즉 인공적인 것 속에서 자연적인 것이 보존되고 강화되는 것이 아니라, 부서지고 변형될 수 있게 된 이후로[8]—, 자신의 능력을 아는 사람으로서 창조하는 인간의 서명署名은 점점 더 뚜렷하게 예술작품에 표현되고 있다. 근대인의 진정한 존재 위세를 스스로 검증하고 증명하는 것으로서 예술은 근대인에게서야 비로소 "이 생활의 원래 형이상학적 활동"[9]이 되었다. 그리고 이 활동의 절대성에 대한 의식은 예술작품에 대한 자연의 의무를 묻는 질문에 본질적으로 응축되어 왔다. 예술적 자유의 활동공간을 측정하는 일, 사실적인 것의 유한성에 맞서 가능한 것의 무한성을 발견하는 일, 예술 과정 내에서는 예술이 예술 옆에서 그리고 예술로부터 항상 다시 생성된다고 할 때,[10] 이 과정의 역사

---

6 Aristoteles, *Physik* II, 2; 194a 21f. *Meteorologie* IV, 3; 381b 3-7.
〔옮긴이〕 이때의 "ars"가 'Kunst'이지만, 이를 "예술"로 옮기지 않은 까닭은—나중에 보게 되듯—출처 표시의 구실도 하기 때문이다.

7 이것은 이탈리아의 기교파 화가 마졸라Girolamo Francesco Maria Mazzola(1503- 1540)의 예명이다. 〔옮긴이〕

8 "Der Triumph des europäischen Manierismus"(Amsterdam, Rijksmuseum, 1955), Nr. 88의 전시 목록 참고.

9 Friedrich Nietzsche, "Die Geburt der Tragödie aus dem Geiste der Musik. Vorwort an Richard Wagner", in: F. N., *Gesammelte Werke*, Musarion-Ausg., hrsg. von Richard Oehler, Max Oehler und Friedrich Christian Würzbach, Bd. 3, München 1920, S. 20.

10 Vgl. Werner Hoffmann, "Maier und Stil in der Kunst des 20. Jahrhunderts", *Studium Generale* 8(1955), S. 9. 이미 칸트는 모방의 동인을 예술에서 예술로 계속 생산하는 관계로 미룬 반면, "천재들"의 매체를 통해 나오는 자연은 예술의 〔근원적 심급, 즉〕 원심급原審級이지만, 더 정확히 말하면 최종적 생산의 원심급이지만, 모방이 아니라 "자유를 통한

주의적 자기 대상화를 통해 자연과의 연관을 없애는 일—이것들은 아리스토텔레스의 정식과 더 이상 아무런 관련이 없어 보이는 기본 과정들이다. 자주 말해지고 제시되고 있듯이 우리가 살고 있는 세계는 자연을 의식적으로, 실로 열정적으로 능가하고, 그 힘을 뺏고, 그 형태를 뺏는 세계, 주어진 것에 대한 심한 불만족의 세계이다. 앙드레 브르통[11]이 우선은 초현실주의를 위해 "존재론적" 정식, 즉 존재하지 않는 것은 존재하는 것과 마찬가지로 "현실적"이라는 정식을 제시한 것은 현대적 예술의지의 가능성 전체에 대한 정확한 표현, 그 전인미답의 상태가 〔창조적〕 정신의 소유자들을 유혹하는 **탐구되지 않은 영역**terra incognita에 대한 정확한 표현이다. 작품은 지시하고 보여 주면서 자신에 선행하는 또 다른 존재와 관련되지 않으며, 인간 세계에서 자신의 존재가 차지하는 몫에서 참신하다. "하나의 새로운 그림은 하나의 일회적 사건, 하나의 탄생이고, 이 탄생이 새로운 형식을 하나 추가하여 인간정신이 포착한 대로의 세계상을 풍부하게 한다."[12] 새로운 것을 보고 만들어 내는 일은 더 이상 중세의 **쿠리오시타스**curiositas라는 의미에서의 충동적 "호기심"의 문제가 아니라, 형이상학적 욕구가 되었다. 왜

생산"을 함축하는 의미에서 그렇다(《판단력 비판》, §§ 43, 46). 천재는 "모방정신과 완전히 대립되게 설정되어야 한다." 천재가 반드시 "주체 안에 있는 자연"으로 이해될 때에는 어떠한 설명가치도 더 이상 갖지 못하는 구속성, 곧 자연의 최종적이고 형식적인 구속성이 전제된다. 역사적 과정만이 아직까지도 이에 대한 본보기로 인식될 수 있다. 이 과정에서는 예컨대 "어떤 천재의 생산품"이 "또 다른 천재를 위한 후임"이 되고, "이것이 또 다른 천재를 일깨워, 자신만의 독창성 감각을 갖게 한다." 그래서 예술은 "학파"를 만든다—"그리고 그러는 한 순수예술이 이 학파에게는 곧 어떤 천재를 통해 자연으로부터 규칙을 받았던 모방이다"(같은 책, § 49).

11 프랑스의 시인 브르통André Breton(1896-1966)은 초현실주의의 대표적 이론가이다. 〔옮긴이주〕

12 앙리 마티스의 말인데, Werner Haftmann, *Malerei im 20. Jahrhundert*, München 1954, S. 113에서 재인용.
〔옮긴이〕 마티스Henri Matisse(1869-1954)는 프랑스의 표현주의 화가이다.

냐하면 인간은 자기 자신에 대해 가지고 있는 상像을 참인 것으로 입증하려 하기 때문이다. 필요에 의해 상상력이 풍부해지는 것은 아니기 때문에, 현대 세계에서 "발명"은 의미 있는 행위이다. 그리고 우리의 현실에는 기술技術구조들이 그렇게 산재해 있기 때문에, 기술구조들이 시대의 예술작품들에 모사되어 나오지 않는다. 오히려 이 작품들에서는 인간의 철저한 자기이해를 분명하게 표명하도록 압박하는 동질적 충동의 영향력을 감지할 수 있다. 하지만 이 자기이해가 스스로에게 변죽을 울리려 할 때 사용하는 힘과 영향력은 어디에서 오는 것일까?

근대의 인간 개념이 무엇에 맞서 스스로를 관철해야 했는지에 주시한다면, 위 물음에 충분히 답변할 수 없을 것이다. "자연의 모방"이라는 공리의 대단한 영향력에 직면하여 격렬한 열정이 투입되었고, 이 열정 때문에 주체는 '창조적'이라는 속성을 추가로 얻고 있다. 이 대결이 아직도 끝나지 않은 상태인 반면, 새로운 정식들은 이미 승리를 구가하는 듯이 보인다. 그러나 승리의 순간에 승자에게 패자는 적에서 담보로 변한다는 것, 그것은 정치적 교훈만은 아니다. 전력투구해서 맞서야 했던 저항이 누그러지면, 동원되었던 에너지는 추구하던 입장에서 쉽게 벗어난다.

II

나는 우선 위의 대결이 벌어지는 역사적 공간을 좀더 정확하게 규정해 보려 한다. 모든 역사적인 것에서 "시작들"이 일단 한 번은 그렇듯이, 내가 선택하는 기점起點 · terminus a quo도 분명하게 인식될 수는 없지만, 그 기점은 이미 우리의 문제가 현저하게 조숙해 있음을 보여 주는 하나의 형상이다. 왜냐하면 나는 지금 1450년에 나온, 니콜라우스 쿠자누스의 세 편의 대화에 등장하는 인물 이디오타Idiota를 말하고 있기 때문이다.[13] 대화에 반영되고 있는 바와 같은 15세기 "문외한"의 새로운 자의식을 성직자와의 대립으로부터 사회학적으로 끌어 내는 것은 이 인물을 특징짓기에 충분하지 않다. 쿠자누스는 자신의 이디오타를, 스콜라 철학을 대리하는 철학자는 물론 인문주의 유형을 대변하는 수사학자와도 대결케 한다.[14] 분명 쿠자누스의 "문외한"은 당시의 학파와 학식의 교만함에 맞서던 신비주의와 혁신운동devotio moderna의 영향을 받고 있었다. 하지만 이 무학자illiteratus가 학계의 권위자들을 마주할 때 보인 어조의 아이러니는, 전제조건들이 같지 않음을 고려하지 않고 자기도 대화에 끼워 주도록 요구하는 데에서 나타나는 말하자면 민주적 양식樣式은 또 다른 기반을 가지고 있다. 그 사람은 자기가 하는 것과 할 수 있는 것을 토대로—달리 말하면, 자신의 "수행遂行"을 토대로—자기 자신을 이해하고 자신의 가치를 정당화하는데, 이 새로운 각인이 눈길을 끈다. 수행과 자의식의 결합은 역사적으로 결코 자명하지 않지만 쿠자누스의 이디오타에게서 포착될 수 있다. 더 정확히 말하면, 우리가 여기에서 몰두하는 바로 그 관점에서 포착될 수 있다.

정신에 대한 대화의 제2장에서[15] "문외한"은 대화의 상대자들인 철학자

13 모젤 강가의 "Cues"가 나중에 라틴어 "Cusa"로 표기되기 때문에, 니콜라우스 쿠자누스Nicolaus Cusanus(1401-1464)는 "Nikolaus von Cues"를 가리킨다. 저자는 그를 독일식 이름으로 언급하고, 이어지는 설명에서는 환칭법을 사용하여 "쿠자 사람der Cusaner"으로 부르고 있는데, 앞으로는 그를 '쿠자누스'로 옮기기로 한다. 한편 '이디오타Idiota'는 전문지식이 없는 문외한이나 직책이 없는 평신도를 뜻하며, '일반인'으로도 옮길 수 있는 보통명사이다. 세 편의 대화는 《지혜에 대한 문외한》, 《정신에 대한 문외한》, 《저울 실험에 대한 문외한》을 말한다. 〔옮긴이〕

14 아래 책에 실린 "이디오타" 대화들에 대한 입문 참고. Nikolaus von Cues, *Die Kunst der Vermutung*, Auswahl aus den Schriften, bes. und eingel. von Hans Blumenberg, Bremen 1957, S. 231ff. 본문의 내용은, 같은 책, 272쪽 참고.

15 즉, 《정신에 대한 문외한》의 제2장에서. 〔옮긴이〕

와 수사학자에게 자신의 수작업이, 즉 이 직업의 종사자를 근근이 먹여 살리고 있을 뿐만 아니라 일반 직업 순위에서는 그렇게나 낮은 등급으로 매겨지는 숟가락 만들기가, 자신의 자기이해와 자기평가를 위하여 자신에게 무엇을 뜻하는지를 설명한다. 물론 이 "예술"도 모방이긴 하지만, 자연의 모방이 아니라 신 자신의 무한한 아르스infinita ars의 모방이다. 이 아르스가 참신하고 자연발생적이고 창조적인 한에서는 그렇지만, 사실상 이 세계를 창조해 온 한에서는 그렇지 않다. "우리 정신의 이념 밖에 있는 숟가락은 표본을 안 갖고 있다." 숟가락이 곧 예술의 고품위 생산품은 아니지만, 절대적으로 새로운 무엇이고, 자연에 미리 주어져 있지 않은 하나의 형상形相이며, 단순한 "문외한"은 그 형상을 만들어 내는 사람이다. "왜냐하면 나는 여기서 자연의 사물로부터 그 형태를 모방하지 않기 때문이다." 숟가락, 냄비, 접시 등 "문외한"이 만드는 형태들은 순수하게 기술적인 형태들이다. 그리고 그가 이러한 정황에 대해 기뻐하는 단계에서 현대 "산업 디자인"의 기본 특징인 생산품 자체의 부각 단계에 이르는 데에는 더 이상의 도약이 필요하지 않다. 인간은 존재하는 것에서 자신의 지위를 읽어 내기 위하여 더 이상 자연을, 우주를 바라보지 않고, 오로지 인간의 아르스에 의해서 생겨난 사물세계를 바라본다.[16] 우리의 자리에서[17] 또 중요한 것은 이

16 쿠자누스의 "준세적" 양상에서 대단히 특징적인 것은 여기서 말해지고 있는 이디오타의 진술에, 아리스토텔레스에게서 나타나는 "예술"의 이중 정의에 대한 은폐 관계가 여전히 포함되어 있다는 것이다. "나의 아르스는 형태를 만들어 내는 모방자의 아르스라기보다 오히려 완성자의 아르스이고, 이런 점에서 무한한 아르스와 비슷하다." 여기서 가정되는 것은 아리스토텔레스의 정의에 나오는 두 부분들이 (특수한 차이점 대신에) 일반적 차이점을 함축한다는 점, 그리고 그것들이 대안적으로 통용된다는 점이다. 그러므로 이디오타가 모방자의 아르스를 자신의 아르스로 여길 수 없는 이상, 그에게 남아 있는 일이라곤 자신의 아르스를 완성자의 아르스와 연결시키는 것뿐이다. 왜냐하면 그는 용어상으로 제3의 가능성에 전혀 접근할 수 없기 때문이다. 비록 그가 하는 일에 대한 묘사가 미리 주어져 있고, 이 묘사가 그의 완성 행위에 대한 객관적 근거를, 즉 그가 사용하는 것이 질료가 아

디오타가 자신의 "수행"을 특히 화가와 조각가가 완성하는 것과 대비시킨다는 점이다. 이들은 사물에서 표본을 가져오겠지만, "나는 아니"라고 이디오타는 말한다. 여기서 창조적이고 참신한 인간의 모든 파토스 그리고 모방원칙과의 결별이 예술적 인간이 아니라 기술적 인간에게서 드러난다는 것은 평가할 수 없을 만큼 중요한 의미를 갖는다. 이 차이점은 아마도 여기에서 처음 실증적으로 강조되고 있을 것이다. 근본적으로 증명서[18]의 가치는 바로 이 점에 있다. 창조적인 것을 입증하려는 이후의 태도, 즉 거의 전적으로 조형예술과 시문학에 집중하는 태도를 현재에도 취한다면 말이다. 거기서 작가가 자기 자신에 대해 그리고 창조하는 자발성에 대해 말하기 시작한다는 것은 중세 말 이후부터는 예술의 출현형식에 속한다. 반면에 기술 정신의 역사에서는 역사 담지자들의 그러한 자기증명서들이 훨씬 빈약하다. 이것은 구성상[19] 즉물적 인간을 특징짓는 유형학적 현상만은 아니다. 그것은 프랑스의 《백과전서》[20]를 통해 기계적 아르스들artes mechanicae[21]을 고려함으로써, 비로소 기술적 생산품의 정신적 출처 영역에 공개적으

니라면, 그는 자연이 완성시키지 못하고 놓아둔 것을 받아들여 "완성시킨다"는 것에 대한 근거를 전혀 제공하지 못한다고 하더라도 말이다. 여기서는 인간 정신의 역사가 정의들을 통해서 (그리고 최종적 타당성에 대한 요구를 통해서) 어떻게 조정될 수 있는지가 나타나고 있다.

17 《정신에 대한 문외한》의 제2장을 말한다. 〔옮긴이〕

18 카시러의 "이론"을 "서류뭉치"라 하는 데에서 보듯, 이것은 쿠자누스의 대화편을 지칭하는 것으로 보인다. 〔옮긴이〕

19 후설의 구성적 현상학을 떠올린다면, 여기서의 "구성상"은 '존재와 인식가능성의 동일성 차원에서 볼 때'라는 말로 풀이할 수 있을 것이다. 구성의 여러 의미에 대해서는 조셉 J. 코켈만스, 《후설의 현상학》, 임헌규 옮김, 청계 2000, 226-240쪽 참조. 〔옮긴이〕

20 1751년부터 시작하여 1780년에야 출간이 완료된 총 35권의 이 백과사전은 "과학, 예술, 수작업들에 대한 체계적 사전"을 부제로 달고 있다. 〔옮긴이〕

21 중세의 분류에 따르면, 직조 · 항해 · 전쟁 · 무기제조 등이 기계적 아르스에 속한다. 〔옮긴이〕

로 주목하고 평가하는 사회적 현상만도 아니다. 그것은 무엇보다도 기술의 "할 말 없음" 현상이다. 이미 고대에서는 시인이자 예술가를 위해서 범주와 은유에서부터 일화적인 것에 이르기까지의 언어표현을 저장하는 창고가 마련되어 있었다. 그 저장고는 지양되는 가운데에서도 최소한, 창조적 과정이 이전과는 달리 어떻게 이해되는지를 말하도록 허락했다. 어떤 언어도 다가오는 기술세계를 위해서 사용될 수 없었고, 언어를 창조할 수도 있었을 사람들도 기술세계에 거의 모이지 않았다. 이 상황은 결국 오늘날에야 비로소—기술 영역이 "사회에서 인정받는" 최고의 영역이 되었기 때문에—극명하게 눈에 띄는 상황에 이르렀다. 즉, 우리 세계의 얼굴을 가장 강력하게 규정짓는 사람들은 자기들이 무엇을 하는지를 정말 조금밖에 모르고, 그것을 말할 줄 아는 이도 정말 조금밖에 없는 지경에 이르렀다. 위대한 발명가들의 자서전들은—현대 예술가가 세련되게 자신을 드높여 해석하는 것과는 달리—자기들이 이해시키고자 하는 현상 앞에서 종종 눈물이 날 정도로 언어가 무력하다. 예를 하나만 들어 보겠다. 오빌 라이트[22]는 최초의 비행기 발명 과정을 〔기술세계의〕 전형적인 표현 양식으로 나타냈다. 이에 따르면, 라이트 형제는 키티 호크에서 최초의 비행을 하기 6년 전 조류학 서적 한 권을 입수했고, 이때 이들은 인간이 물리적 메커니즘의 표준에 따른 모방을 통해서 습득할 수 없는 능력을 왜 새는 가지고 있는지의 문제에 부닥쳤다.[23] 이것은 레오나르도 다빈치가 4백 년 전에 사용했던 바로 그 토포스Topos다.[24] 다빈치는 물론 릴리엔탈[25]까지도 그 토포스를 사

22 오빌 라이트Orville Wright(1871-1948)는 라이트 형제 중 동생이다. 〔옮긴이〕

23 Orville Wright, "How we invented the Airplane", in: *Harper's Magazine* 6(1953).

24 Leonardo da Vinci, *Tagebücher und Aufzeichnungen*, übers. u. hrsg. von Theodor Lücke, Zürich 〔usw.〕 1952, S. 307. "너는 새의 날개들과 더불어 가슴 근육들을, 이 날개들을 움직이는 것들을, 해부학적으로 조사해야 한다. 그리고 인간이 날개를 치며 공중에 머물려 할 때, 그에게 어떤 가능성이 있는지를 그려 내기 위하여, 그에게서도 똑같은 것을 조사해야

용했는데, 이는 옳은 일이었다. 실로 이들은 준동형準同型[26]을 가리키는 구성 하나를 얻으려고 노력했기 때문이다. 그러나 릴리엔탈과 라이트 사이에는 간극이 있다. 왜냐하면 비행기는 새의 비상을 모방한다는 예전의 꿈같은 생각에서 벗어나, 이 문제를 새로운 원칙으로 푼다는 점에서 현실적 발명품이기 때문이다. 이때 내연기관의 전제는 (내연기관도 자기 쪽에서는 현실적 발명품의 하나이지만) 아직 프로펠러의 사용만큼 결정적이지도 않고, 특징적이지도 않다. 왜냐하면 회전하는 기관들이 자연에게 낯선 것임에 틀림없는 이상, 회전 요소들은 순수하게 기술적인 특성에서 끌어낼 수 있는 것이지, 모방이나 완성으로부터 끌어낼 수 있는 것이 아니기 때문이다. 비행기가 기술적 과정에 내재되어 있는 만큼, 새 한 마리가 공중을 활기차게 만들지 않았다고 할지라도 키티 호크의 날은 왔을 것이라고 주장한다면, 지나치게 대담한 것일까?

하지만 신이 부여한 방식대로 날고 있는 기존의 새를 〔비행기의 발명을 계기로〕 끌어들이는 것은 발생의 역사를 설명하는 기능을 갖지 못한다. 오히려 그것은 인간이 그때 자신을 위해 요구하는 것이 부당하다는 느낌, 많건 적건 갖게 되는 그런 특정한 느낌의 표현이다. 자연의 모방이라는 토포스는 인간 본연의 속성을 이해하지 못하는 것에 대한 일종의 은폐이며, 이 은폐는 형이상학적 폭력행위로 오해받고 있다. 그러한 토포스들이 우리 세계에서는 마치 현대의 예술전시회에서 추상화 밑에 자연주의식 제목이 붙

한다." 여기서는 모방자의 아르스와 완성자의 아르스가 직접 연결되고 있는데, 후자의 작용이 더 유효하다. 그러므로 이것은 완전히 아리스토텔레스의 사고방식을 따르고 있다.

25 Otto Lilienthal, *Der Vogelflug als Grundlage der Fliegekunst*, München ^{2}1910.
〔옮긴이〕 릴리엔탈(1848-1896)도 날개 형태의 중요성을 인식하고, 폭을 달리하며 "도약"을 시도했고, 1891년부터는 본격적으로 "비행"을 시도했다.

26 "준동형Homomorphismus"이란 대수구조들 사이에서 구조를 보존하는 사상寫像을 말한다. 이 사상을 가리키는 구성이 곧 날개 그림이다. 〔옮긴이〕

어 있는 것처럼 기능한다. 〔내용에 맞게〕 표현할 수 없는 것은 대신할 수 없는 것이다. 모든 것에 대해 하나의 이름을 알고 있고, 그 이름을 통해 자신을 사랑스럽게 만드는 것, 그것은 낙원이었다. 로고스 주기(그 이중적 의미에서!)[27]가 말을 듣지 않을 때, 우리는 사태의 "마력"[28]에 대해 말하는 경향이 있다. 많이 사용되는 〔표현〕 "기술의 마력"이 우리의 주제에 대해 증명해 주듯이 말이다. 현대 기술의 문제와 같은 그런 문제를 특징짓는 것은 우리가 어떤 "문제"를 느끼고는 있으나, 그 문제를 내용에 맞게 표현하려 할 때면 끊임없이 당황한다는 것이다. 바로 이 당황이 여기서는 자연의 모방으로서의 "예술"에 대한 정식의 유효성으로 환원되어야 할 것이다. 이를 위해 나는 인간의 진정한 작품을 구상하기 위한 활동공간이 전혀 남아 있지 않을 정도로, 이 이념이 우리의 형이상학적 전통을 지배해 왔다는 사실과 지배해 온 까닭을 보이고자 한다. 중세와 근대의 경계에서 분출된 창조적 자의식은 존재론적으로 표현될 수 없었다. 회화가 자신의 "이론"을 추구하기 시작했을 때, 회화는 아리스토텔레스의 시학에 동화되었다. 창조적 "발상"은 은유화되어 열광enthusiasmo으로 나타났고, 은유화 작업은 세속화된 영예illuminatio의 표현들에서 이루어졌다. 형이상학적 이미타티오imitatio 전통[29]의 압도적인 우위에 직면하여 표명되는 당황, 그리고 르네상스시대의 반란의 몸짓은 동류의 것이다. 존재론적으로 의심의 여지가 없게

27 "로고스 주기λόγον διδόναι"의 이중적 의미는 다른 사람들에게 주는 로고스가 정확한 로고스냐 아니면 은폐의 로고스냐에 따라 생긴다. 〔옮긴이〕

28 "마력Dämonie"은 마귀의 힘을 뜻하기도 한다. 후자의 의미를 같이 떠올렸을 때라야, 앞의 글에서 본 "기술 저주론"(19쪽)을 이해하게 되고, 곧 나올 동일시 경향도, 기술을 신의 적대자의 것으로 보는 것도 이해하게 된다. 〔옮긴이〕

29 블루멘베르크는 여기서 모방을 뜻하는 라틴어 '이미타티오'를 사용하고 있는데, 이는 이 어휘가 사용되던 상황도 함께 제시하기 위한 것이다. 그럴 경우 "이미타티오 전통"은 라틴어를 사용하던 중세의 모방 전통을 뜻하게 된다. 〔옮긴이〕

된 것이 합법성의 구역을 형성하며, 이 구역에서는 새로운 이해방식들이 강압적으로만 관철될 수 있다. 18세기 독창적 천재Originalgenie[30]의 "분출"을 생각해 보라. 관념론을 통해 그 분출이 소위 체계적으로 저지되었지만 말이다.

역사적으로 나중의 것을 들여다보고 나서야 비로소 쿠자누스의 시도가 무엇을 뜻할 수 있었는지를 이해하게 된다. 그는 숟가락을 만드는 이디오타의 아이러니를 이용하여, 존재가 참신한 피조물로서의 인간에 대한 충격적 이념이 특정 신학적 견해의 필연적 결과이자 적법한 설명으로 드러나도록 표현하려 했다. 이 신학적 견해에 따르면, 인간은 신이 원했던 신의 모상模相, 즉 (연금술에서 미리 표현했던) 제2의 신alter deus이다. 역사적 효과를 평가해 보건대, 근대를 이른바 중세의 내재적 생산물로 제시하려는 그의 시도는 성공하지 못했다. 인간을 위해서 창조적이란 속성을 형이상학적으로 정당화하는 것이 계획의 구성요소 하나가 된다고 할 때의 계획은 성공하지 못했던 것이다. 우리는 쿠자누스의 이디오타를 역사적 지표로 여겨야 하지, 역사를 형성하는 에너지로 여길 필요는 없다. 왜냐하면 근대 정신사의 총합은 구성과 유기체의 길항, 예술과 자연의 길항, 형성의지와 형성소여성의 길항, 노동과 존립의 길항이기 때문이다. 인간의 창조활동은 주어진 것 때문에 자신의 작용공간을 빼앗겼다고 본다. 니체는 이 정황 역시 가장 날카롭게 표현했다. 그는 차라투스트라의 입을 빌려 다음과 같이 말한다. "선과 악에서 창조자이려는 사람은 일단 파괴자여야 하고, 가치들을 부숴야 한다. 따라서 최고의 악은 최고의 선에 속한다. 최고의 선이 창조적 선이기 때문이다."[31] 여기서 허무주의는 존재가 참신한 인간의 요구에 기

30 "독창적 천재"는 질풍노도 운동 시기에 예술가의 원형으로 생각되었다. [옮긴이]

31 Friedrich Nietzsche, *Also sprach Zarathustra*, in: F. N., *Gesammelte Werke*, Bd. 13, 1924, S. 149. 여기서의 인용은 니체 스스로가 《이사람을 보라*Ecce homo*》(같은 책, Bd. 21, 1928, S. 277)

능상 귀속되어 있다. 하지만 이때 지체 없이 묻지 않을 수 없는 것은 여기서 존재법칙처럼 말해지고 있는 것이 오히려 역사적 상황을 특징짓는 것은 아닌지의 여부다. 이 역사적 상황에서 인간은 어느 특정한 (이 자리에서 더 자세히 탐구되어야 할 바로 그) 형이상학적 전통에 의해 자신의 창조적 자유가 왜곡되었다고 느낀다. 어떤 성가신 조건지평 때문에 인간의 진정한 생산성이 제약받는다는 이 느낌이 19세기의 반反자연주의를 떠받치고 있다. 노동의 새로운 열정은 자연에 맞서는 쪽으로 정위定位한다. 콩트는 "Antinatur"란 표현을 각인시키고, 마르크스와 엥겔스는 "Antiphysis"에 대해 말한다.[32] 자연은 본보기로서의 구속력을 상실했을 뿐만 아니라, 이론적 및 실제적으로 습득됨으로써 그 의미를 다하는 객체로 강등되었다. 자연은 오히려 기술적이고 예술적인 의지의 대항심급과 같은 것이 되고 말았다. 자연이 인간의 정서적 감수성에 끼치는 작용은 불신을 일으킨다. 왜냐하면 자연이 자신 속에 토대를 두고, 성숙하며, 자신으로 돌아간다는 것은 인간의 명백한 제작의지를 꺾으려는 유혹의 성격을 지니고 있기 때문이다.[33] 게다가 20세기의 경험은 한편으로는 자연의 재료가, 한편으로

에서 조금 다르게 인용한 것을 따온 것임.

32 두 표현 모두 '반자연'을 뜻한다. 이때의 '자연'을 나타내기 위해 콩트Auguste Comte(1798-1857)는 라틴어를, 마르크스와 엥겔스는 그리스어를 이용하고 있다. 〔옮긴이〕

33 어느 누구도 이 정황을 베르톨트 브레히트보다 더 잘 포착할 수 있도록 비유적으로 묘사할 수 없을 것이다. 그는 《코이너 씨의 이야기들》 중 〈K 씨와 자연〉이란 제목의 이야기에서, 코이너 씨로 하여금 다음과 같이 말하게 한다. "가끔은 집 밖으로 나가 〔…〕 나무 몇 그루를 보면 좋을 텐데." 비현실 화법은 유사 전원묘사에 숨어 있는 올가미와 같다. 이제 이 유사 전원묘사는 사용 대상의 단순한 상대성에 견주어 자연 구조물의 "특별한 실재성 정도"가 찬미되는 곳에서 펼쳐진다. 나무들의 〔실재성 정도를 보여 주는 것, 즉〕 "진정하면서 독립적인 것, 나를 외면하는 것"이 찬미되고 있는 것이다. 정말이지 결국엔 물질적인 것이 아니라 이용할 수 없는 것이 이 나무들에 있을 것이라는 희망이 피력된다. 하지만 자연의 은밀한 욕구를 날카롭게 꿰뚫어 보는 이 현상학은 질서의 외침 하나로 끝이 난다. 부수적 현상을 향한 이 외침의 표현은—겹문장의 마지막 문장은 괄호 속에 들어 있으며, "K

는 인간의 물리적 장비가, 기술적 작업이 성가시게 제기하는 요구사항들에 부응하지 못한다는 것이다. 독특한 타성은 유기적인 것의 속성으로 드러난다. 타성을 극복하기 위한 구상은 에른스트 윙거의 《노동자》[34]에 나타난 "유기적 구성"의 이념에서 처음으로 가차 없이 전개되었다.

암시되고 있는 바와 같이 그것은 역사적 과정의 종점terminus ad quem이며, 우리는 여기서 이 과정의 형이상학적 기점을 고찰하려 한다. 더 자세히 밝혀지겠지만, 자연 개념의 형이상학적 배타성은 진정으로 인간적인 작품의 적법한 활동공간을 삭제해 왔거나, 더 정확히 말한다면, 예견하지 못한 채 방치해 왔다. 강압적 역습이 끝날 무렵, 기술과 예술에서 나온 제작물의 절대적 요구는 자연 자체와 그 작용영역을 두고 싸움을 벌였다. 그리고 관념론 이후의 철학에서 "존재"가 무엇인지를 사람들이 물을 수 있다고 믿는 곳이면 어디서나, 예술은 고대에서 그리고 고대에 의존하는 형이상학에서 자연이 누렸던 바로 그 모범적 지위를 차지해 왔는데, 이는 우연이 아니다.

이제 우리의 명제는 독자에게 사고의 도약을 부당하게 요구하지 않고서도 다음 두 가지가 표현될 수 있을 만큼 명확하게 규정되었을 것이다. 하나는 예술과 기술에서 진정으로 인간의 생산 활동의 근대적 파토스가 형이상학적 전통인 존재와 자연의 동일성에 대한 저항에서 나온다는 것이오, 하나

씨는 〔…라고〕도 말했다"로 시작한다—단지 교육적 전략이다. "우린 자연을 아껴 쓸 필요가 있습니다. 사람들은 일하지 않고 자연에 머물기 때문에 쉽게 병적 상태에 빠집니다. 열과 같은 것이 누군가를 엄습하지요." 따라서 일하지 않고 자연에 머무는 것은 (만약 마르크스주의에 물든 사람이 있다면 그 사람뿐만 아니라) 동시대인도 혐오하며 거절한다. 그것을 현대의 노동정원庭園이 보여 준다. 명목상 자연을 필요로 하는 것이 대동하는 다양한 형식들이 자연의 인상을 중화하는 기술적 도구를 통해 보여 주듯이 말이다.

34 1932년에 나온 윙거Ernst Jünger(1895-1998)의 이 작품은 노동자를 당시의 다양한 정치적, 예술적, 철학적 경향들의 중심 유형으로 본다. 그 경향들이 보수 혁명으로 집약되고 있으므로, 노동자가 그 혁명의 영웅이 된다. 작품의 온전한 제목은 《노동자—지배와 형태》이다. 〔옮긴이〕

는 인간의 제작물을 "자연의 모방"으로 규정하는 것이 이 동일성의 정확한 결과였다는 것이다. 물론 이제는 역사적 토대를 보다 철저하게 탐구하는 일이 불가피하게 된다.

III

플라톤의 《국가》 제10권을 보면서 탐구를 시작하는 것은 그만한 가치가 있다. 잘 알려진 바와 같이 플라톤은 거기서 시문학과 조형예술 일반에 대해 심하게 공격한다. 더 정확히 말하면, 시문학과 조형예술의 부정적 작용을 겨냥한 논증이라기보다는 오히려 이것들의 유래를, 존재론적 정초 맥락을 포착하려는 논증을 통해 공격한다. 예술이 자연을 모방한다는 것은 이때 하나의 확인일 뿐만 아니라, 이미 결정적 반대이유이기도 하다. 이 반대이유를 별도로 강하게 부각시키기 위해, 플라톤은 두 가지 기본적 일용품인 침대와 책상을 범례로 택한다. 직공職工[35]은 이것들을 만들어 내고, 화가는 단지 그려 낸다.[36] 그렇다고 직공이 침대와 책상의 "발명자"는 아니다. 어떤 직공도 두 대상의 이데아 그 자체를 만들어 내지 않기 때문이다.[37] 여기서 발명의 정의는 부정에서 전제되고 있다. 발명은 이데아 자체를 만들

35 이는 'Handwerker'의 번역인데, 이 독일어 표현은 'δημιουργός'의 번역이다. '데미우르고스'로 읽히는 이 낱말은 장인이나 제작자로 옮길 수도 있지만 저자는 《국가》의 데미우르고스를 시종일관 직공으로 옮겨, 곧 보게 될 《티마이오스》의 데미우르고스와 대비시키고 있다. [옮긴이]

36 저자는 직공과 화가의 활동을 "herstellen"과 "darstellen"의 차이로, 더 정확히 말하면 분리전철 'her-'와 'dar-'의 차이로 나타내고 있다. 이를 지적하는 것은 사유와 표현의 관계가 기본적으로 언어의 문제로 환원될 수 있음을 보이기 위해서다. [옮긴이]

37 Plato, *Politeia* X: 596 B: "왜냐하면 이들 직공 어느 누구도 이데아 자체를 만들어 내지 않았기 때문이다."

어 내는 것이기 때문이다. 직공이 침대와 책상의 이데아들을 스스로 만들어 내지 못하고, 그런 종류의 기본 형상들을 주어진 현실에서 찾지도 못한다면, 그는 어디서 이데아들을 가져오는 것일까? 이에 대한 대답은 다음과 같다. '이데아의 세계에는 기존 세계 사물들에 대해서와 마찬가지로 책상과 침대에 대한 이데아가 있다.'[38] 직공이 그런 물건들을 만들어 낸다면, 그는 자신에게 미리 주어져 있는 어떤 것으로서 그 이데아들을 정신적 시선 속에 갖고 있는 것이다. 하지만 화가는 이데아 자체를 보는 것이 아니라, 이데아를 이미 모사한 것을 본다. 그런데 화가에게 이 점을 비난하고, 이로부터 모사하는 예술들에 대한 비판을 끌어내는 것은 모방이 부정적인 것이라는 전제를 반드시 함의한다. 비록 플라톤이 "모방"이란 표현을 "관여"라는 표현 대신에 쓰기도 하고, 이 표현과 섞어 쓰기도 하며, 때로는 동일한 정황에 대해 두 표현을 동시에 쓰기도 하지만, 분명히 인식할 수 있는 것이 있다. 메텍시스〔= 관여〕는 실제 사물이 자기 이데아의 원래 상태와 연관된다는 점을 강조하면서 긍정적인 것을 예시하는 반면, 미메시스〔= 모방〕는 오히려 원상原象과 모상模像의 차이점이 갖는 부정성을, 이데아적인 존재에 비해 현상적現象的 존재가 갖는 결점을 부각한다는 것이다.[39] 모방이란 모방된 것 자체가 아님을 뜻한다.[40] 그러므로 예술은 단지 존재로부터

38 "하지만 이 가구들을 위한 이데아들이 〔…〕 있다"(위의 책, 같은 곳).

39 물론 아리스토텔레스는 명사적 차이 하나만을 허락한다. *Metaphysik* I, 6; 987b 10-13. 하지만 플라톤이 적절하게 판단하고 있는 정황 알력도 그에게는 더 이상 현재와 관련이 없다.

40 데모크리토스에게는 이것이 너무나 명백하다. "사람은 선해야 하거나 〔선한 사람들을〕 모방해야 한다"(*Die Fragmente der Vorsokratiker*, griech./dt., hrsg. von Hermann Diels und Walther Kranz, Bd. 1, Berlin [8]1956, fr. 39.). 데모크리토스는 모방을 통해 동물의 수행들로부터 인간의 수행들을 끌어내는데(보기: 피륙 짜기, 뜨개질 하기, 집짓기, 노래하기—같은 책, fr. 154), 이것 자체에서도 자연으로부터 뭔가를 점유하는 사람의 우위는 그 뭔가를 인수하는 사람의 빈곤과 견주어 명백히 인식될 수 있다.

파생된 것이고, 모사된 기술적 대상의 예에서는 심지어 "원래 존재하는 것으로부터 멀어져 세 번째 자리에 있는" 것이다.[41] 직공은 자신의 제작물이 채워 주는 욕구로 용서받을지도 모르지만, 화가는 무엇으로 자신의 행위를 정당화할 수 있을까?

이데아 미메시스의 이 부정적 양상을 이어지는 플라톤주의 역사가 강화하는 바람에 결국 최초의 모방도, 세계 제작자에 의한 가시적 우주의 정초도, 부정적 징후로 받아들여져야 했다. 신플라톤주의의 이 편파성에 주목할 때만, 예술작품을 위해서 중세 후기의 바로 그 플라톤주의가 미메시스 정식을 극복하는 일에 그렇게나 열성적으로 관여하게 된 동기를 이해하게 된다. "자연의 모방"이 인간 작품의 품위를 의심스럽게 만드는 규정일 수 있을 것이라는 생각은 (무엇보다도 미메시스 정식을 자기 것으로 만들었던) 아리스토텔레스 전통에서 볼 때 결코 이해되지도 않았고, 이해될 수도 없었다.

물론 플라톤 자신은 메텍시스 표상과 결부된 긍정적 양상에 틀림없이 우위를 부여할 것이다. 이는 소크라테스와 플라톤의 이데아론이 소피스트 철학에 대해 원래 취했던 적대적 태도를 고려하면, 쉽게 이해할 수 있다. 그리스의 소피스트 철학에서는 절대적 정립이, 미리 주어진 것에서 정초되지 않는 테시스θέσις가 처음으로 사유되었다.[42] 하지만 이 표상에는 "창조적"이라는 개념의 특성을 보여줄 모든 것이 여전히 결여되어 있다. 국가, 언어, 관습은 여기서 인간의 정립을 통해 생겼고, 인간의 테크네에 지배되

---

41 Plato, *Politeia* X; 599 A.
〔옮긴이주〕 세 번째 자리란 책상의 이념을 만드는 "창조자phytourgos"와 이 이념에 따라 실재의 책상을 만드는 "직공demiourgos"에 뒤이은 자리, 그러니까 실재의 책상을 그려 내는 "모방자들mimetes"의 자리를 말한다.

42 소피스트 철학을 끌어들이다 보면, 디터 헨리히Dieter Henrich와 벌인 내 주제의 토론으로 돌아가게 된다.

고 있다. 그리고 "역사"는 소피스트 수사학에서 처음으로 인간 활동의 생산물로 파악된다. 그러나 이 수행에는 뛰어나게 하는 그 무엇도 할당되지 않는다. 오히려 그 수행의 "기술적" 특징은 인간에게 무엇이 필요하다는 것, 자연의 선물이 부족하다는 것, 현존하는 질서구조가 부족하다는 것을 나타내는 표현이다. 또한 소피스트 철학에는 그러한 형이상학적 "영예"를 받을 수 있게 했었을 정신적 주체의 개념이 없었다. "정립"이 비록 "자연"의 대립개념이긴 하지만, 바로 이로 인해 정립은 단순한 우연τύχη의 근처에 이르게 되고, 우연에서 이 대립은 일반적으로 표현된다. 인간 행위의 절대적 자발성의 표상은 여기서 처음으로 형성된다. 이 표상이 형이상학적 위엄을 갖추도록 하기 위해서는 무슨 일이 벌어져야 했을까? 대답은 나중에야 쉽게 줄 수 있다. "정립"은 신학적 개념으로, 신적인 것의 속성으로 발견된다는 점을 통해서 비로소 형이상학적 품위를 받기 때문이다. 어떤 표상을 신학의 토양으로 이식하는 일은 정립이 인간의 자기이해 역사에서 모종의 매력을 발산하도록 하여 위험하게 작용할 소지를 만들어 준다. 신을 닮아감[43]에 대한 신비주의의 동경에서부터 르네상스의 오만이라고 하는 것 속에 들어 있는 신적인 속성의 뻔뻔스런 찬탈에 이르기까지 의지를 움직이는 매력을 말이다. 그러므로 여기서 일차적으로 중요한 물음은 인간의 제작물 정립〔내지 설정〕의 진정성[44]이 어디서 처음 구상되었느냐가 아니라,

---

43 이것은 'ὁμοίωσις θεῷ'를 우리말로 옮긴 것인데, 영어로는 'likeness in God', 'Assimilation to God' 등으로, 독일어로는 'Gottähnlichkeit', 'Verähnlichung mit Gott' 등으로 옮기기도 한다. 이 표현의 출처는 플라톤의 《테아이테토스》, 176b이다. 〔옮긴이〕

44 '진정성'으로 옮긴 'Authentizität'은 신빙성이나 인증으로도 번역될 수 있지만, 대체적으로 내포되는 의미는 '동일성 입증'이다. 철학에서는 이 개념을 "예술적 구조 자체에서 벌어진 내재적 실행 때문에 그 구조에 포함된 개인적 진리이긴 하나, 사회적 및 역사적으로 중재된 진리의 반대개념"으로 받아들이기도 한다. *Historisches Wörterbuch der Philosophie*, hrsg. v. Joachim Ritter, Bd. 1, Basel 1971, S. 692-693 참조. 〔옮긴이〕

그 진정성이 어디서 유일무이한 형이상학적 지위에, 한 시대의 사유 활동을 이 이념을 중심으로 정리할 수 있었던 지위에 이르렀는가 하는 것이다. 격언이 말하듯, 예전부터 필요가 해결책을 찾을 수 있게 했지만, 그렇다고 해서 필요가 발명의 이념에 영광을 줄 수는 없다. 질적인 면에서 내심 불안한 자기 확인으로 몰아 대는 그 영광을 말이다.

소피스트 철학의 테시스는 존재가 아니라 외양을 정초하며, 진리와는 아무런 관련이 없다. 테크네와 알레테이아[= 진리]는 서로 낯선 상태에 있다. 토대가 없는 인간의 활동에 토대를 마련해 주고, 존재와 연결시켜 주고, 구속력을 마련해 주는 것, 그것이 이데아론과 이와 상관관계에 있는 미메시스 표상의 동기였다. 침대와 책상을 만드는 직공은 현상現象세계를 고려할 때에만 뭔가 새로운 것을 만들고 있지, 이 물건들의 이데아들이 언제나 이미 있는 이상적 우주를 고려할 때에는 새로운 것을 만드는 것이 아니다. 이제 플라톤이 그 이데아들이 자연에 있는[45] 침대 내지 책상을 뜻했다고 말한다면, "자연의 모방" 정식과 관련하여 플라톤 특유의 원래 의미가 포착될 수 있다. 이 의미에 따르면, 자연을 모방한다는 것은 이데아를 모사한다는 것이다. 그러면 이제 어떻게 계속해 나갈까? 이데아 자체는 아직도 근원과 관련하여 문제될 수 있을까? 아니면 이데아는 근원이 없는 절대적인 것 그 자체일까? 창조적 행위의 표상은 플라톤의 형이상학에 낯선 것일까?

어쨌든 전통의 플라톤주의는 이 인상을 일깨워 왔다. 이제는 어떻게 해서 그렇게 되었는지를 밝힐 것이다. 하지만 우리의 자리에서, 《국가》 제10권에서 강조되는 것은 다름 아닌 신이—어떤 임의의 직공이 만들어내는 바와 같은 어떤 임의의 침대가 아니라—원래 존재하는 침대의 실질적 생산

---

45 Plato, *Politeia* X; 597 BC.

자이고자 했으며, 자기 자연의 통일체 안에서 침대를 "이데아"로서 그렇게 정초했다는 것이다.[46] 플라톤은 간격을 조금 두고 연달아 세 번 이 진술을 주장하고, 본질을 정초하는 신을 **퓌투르고스**φυτουγός[47]라 부른다. 여기서 처음으로 **창조**는 본질의 첫 생산 행위로 포착되고, 신성神性의 속성으로 만들어진다. 창조 개념의 이 철저한 구상은 고대 형이상학의 수단들을 이용하여 성서의 창조이념을 표명하는 것과 이것을 전통이 될 수 있게 만드는 것이 중요했던 순간에, 늦어도 그 순간에 인식되고 인정되었음이 틀림없다고 생각해야 할 것이다. 그러나 충분히 자주 입증되어 오다시피, 플라톤의 작품의 또 다른 요소가 이 기능을 발휘해 왔다. 《티마이오스》의 데미우르고스 신화가 그것이다. 성서의 창조주를 미리 비유한 것은 데미우르고스에게서 보게 된다. 하지만 데미우르고스는 **창조적**이지 **않다**. 그는—형이상학적 지위가 아니라 행위구조를 기준으로 할 때—《국가》 제10권에 나오는 목공과 마찬가지로 직공이다. 《티마이오스》의 데미우르고스는 존재론적이 아니라 우주론적 정초 기능을 가지고 있다. 왜냐하면 그는 대체 무엇 때문에 이데아의 우주 외에 이 우주의 현상적 짝이 더 있는지를 설명해야 하기 때문이다. 그러니까 아리스토텔레스가 그렇게나 오랫동안 못마땅하게 받아들였던, 플라톤 철학을 당황케 하는 문제를 하나 극복해야 하기 때문이다. 데미우르고스의 기능은 이데아들의 절대적 존재에 종속된 **사용될 준비가 된** 기능이다. 형이상학의 중점은 이 "창조자"에 있지 않고, 창조자의 제작물 모형에 있다. 데미우르고스는 원래 존재하는 것만을 (신플라톤주의자들이 해 왔던 바와 같이, 원래 존재하는 것은 자기전달을 압박하는 것으로 생각되어야 한다) 포착 가능한 현상現狀으로 가져가서 감각의 언어로 번역한다. 원상이 그러한 "고지告知"를 필요로 하는지는 중요하지 않은 질

46 위의 책, 597 D.

47 이 낱말은 정원사, 창조자, 저자 등을 뜻한다. 〔옮긴이〕

문이다. 물론 데미우르고스가 선善의 원칙으로서 정당화되어야 하는 신 자체가 아닌 한에서만 그렇다. 하지만 바로 이처럼 데미우르고스를 신과 동일시하는 것은 이미 기원전 1세기에 도입되어 기독교의 플라톤주의를 지배한다. 역사적 수용에서 《국가》의 퓌투르고스가 반향을 얻지 못하고, 그 대신 《티마이오스》의 데미우르고스가 표준적인 표상이 되는 것은 "창조"의 개념이 "모방"의 구조도식에 나오는 범주적 수단들을 이용하여 해석해야 했음을 의미한다. 여기서는 이미 인간의 자발성에 대한 이해가 거의 중요하지 않았다. 주체성을 스스로 포착하는 개념적 요소들이 신학적으로 부화하는 전형적 과정을 고려하면, 이 이해도 여기서 본질적으로 미리 결정되었다. 데미우르고스의 표상을 신의 개념으로 전이하는 것은 "자연의 모방" 원칙의 결정적 승인을 함의한다.

하지만 또 다른 점에서도 《티마이오스》는 《국가》 제10권에서 그려진 입장을 수정하는데, 이 수정이 중요하다. 아리스토텔레스는 우리에게—지금까지 설명된 것과 관련해서—놀라운 정황을 보고한다. 아카데미학파의 견해에 따를 경우, 집이나 반지 같은 인공적 사물들을 위한 이데아들이 없다는 것이다.[48] 기술적 대상들의 이데아들이 플라톤이나 그의 학파에서 다시 지양되어 버린 것은 어찌된 일인가? 이는 《티마이오스》로부터 쉽게 알 수 있다. 데미우르고스는 미리 주어진 질료 안에서 미리 주어진 원상들을 모사한다. 하지만 그의 모사는 임의로 하는 것도 아니고, 선택해서 하는 것도 아니다. 그에게는 최적효과의 원칙이 중요하다. 그에 의해 완성된 우주는 생성될 수 있었던 최상의 것(생성된 것 중에서 가장 아름다운 것)이고, 데미우르고스는 자신의 제작물을 통해 원인들 중 최고[49]의 자격을 부여받는

48 Aristoteles, *Metaphysik* I, 9: 991b 6 이하. 긍정적으로 표현한 것은 *Metaphysik* XII, 3: 1070a 18-20 참조.

49 《티마이오스》를 독역한 비드라는 이 부분을 "der Beste unter den Ursachen"으로 옮

다.[50] 이데아론의 이중적 기능, 즉 존재론적 기능과 윤리적 기능에서 볼 때, 이 확인을 불가피하게 만드는 것은 이데아론 자체이다. 이데아들은 이 제작물이 어떻게 만들어질 수 있는지를 보여 주는 본보기들일 뿐만 아니라, 동시에 그 제작물이 그렇게 만들어져야 한다는 의무적 규범들이기도 하다. 이로부터 플라톤은 실재하는 우주의 유일성은 물론 그 이상적 모형을 고려한 우주의 완벽성도 결론으로 끌어낸다.[51] 이제 이것이 뜻하는 바는 데미우르고스가 이데아들의 잠재력을 소진시킨다는 것, 실재하는 것이 이상적인 것을 남김없이 드러낸다는 것이다. 가능한 것은 모두 이미 현존하고, 인간의 제작물을 위해 실현되지 않은 이데아들은 하나도 남아 있지 않다. 《국가》 제10권으로부터의 이 파격적 일탈로 인해, 인간 제작물의 유래에 대한 물음만 나오면 플라톤주의는 늘 당황한다. 아리스토텔레스는 유일하게 가능한 결론을 끌어냈다. 이에 따르면, 만들어진 "새로운 것" 모두는 이미 현존하는 것으로 환원된다. 가능성과 현실의 완벽한 일치 이념은 인간이 정신적으로 참신하게 작용할 수 없게 한다. 존재론적으로 이것은 존재하는 것이 인간의 제작물로 인해 "풍부해질" 수 없음을 뜻한다. 달리 말하면, 인간의 제작물 속에서는 본질적으로 아무 일도 일어나지 않음을 뜻한다. 인간의 생산물은 자기에게 고유한 실제적 진리를 갖지 못한다. 그러므로 그것이 전통적 형이상학에게 해 줄 말이 없었다는 것은 결코 놀라운 일이 아니다.[52]

긴다. 이것의 자구적 의미는 "원인들 중에서 최고 인물"인데, 이는 아리스토텔레스의 원인 유형 중에서 "작용인causa efficiens"을 염두에 둔 것으로 보인다. 왜냐하면 그가 최고의 '원인'이었다면, 정관사 'der'가 'die'로 바뀌었을 것이기 때문이다. Platon, *Werke in acht Bänden*, Bd. 7, bearb. von Klaus Widdra, Darmstadt 1972, S. 35 참조. 〔옮긴이〕

50 Plato, *Timaios* 29 A.

51 위의 책, 30 CD, 31 A. Francis M. Conford, *Plato's Cosmology*, London 1937, S. 40f.에서도 같은 내용이 나온다. "예지叡智적 '살아 있는 피조물'은 전체는 전체대로, 부분은 부분대로 그것과 일치한다."

IV

아리스토텔레스가 구상 전체에 전통적으로 통용되는 정식을 찾아냈지만, 그 구상은 이미 플라톤이 마련해 놓고 있었다. 원상들의 영원성은 실재세계 자체의 영원성이 되고, 이데아들과 현상들 사이의 일치의 완벽성은 가능성 개념과 관련해서 우주의 유일성과 완벽성이 된다. 아리스토텔레스의 이 변형으로, 모범성 관점이 약화되었다. 실재세계가 정말 가장 잘 정초된 제작물로 나타나는 한, 그러니까 이 제작물에 맞세울 다른 제작물을 떠올리는 것이 무의미할 게 틀림없는 한, 자연이 왜 모방되어야 하는지는 플라톤의 입장에서 더 잘 이해할 수 있었다. 이 점에 착안해서 스토아철학이 다시 활동하기 시작한다. 플라톤에게서보다 아리스토텔레스에게서 더 명백하게 나타나는 것은 제작물이 항상 자연의 반복일 수밖에 없는 필연성이다. 자연은 '전반적으로 가능한 것'의 총괄개념이다. 정신은 '이미 존재하는 것'의 총체와 관련된 능력으로 규정될 수 있을 뿐, 달리 규정될 수 없다. 자신의 모르페μορφή〔=형태〕에 따라 이미 현실적으로 존재하는 것만이 항상 가능적으로 존재한다. 그래서 우주는 현실적인 것인 동시에 가능한 것의 총체이다. 이처럼 모든 운동의 (변화의 개념이 아리스토텔레스에게서 가지는 가장 넓은 의미에서의 운동의) 내재적 법칙은 존재의 영원한 자기 반복이다. 이 기본구조에 사물과 정신, 자연과 "예술"이 포함된다. 그 기

---

52 빌리 타일러(Willy Theiler, *Die Vorbereitung des Neuplatonismus*, Berlin 1930)가 보여 준 것처럼, 고대의 플라톤주의는 이 저당권과 결부된 노력을 꺼리지 않았다. 실재하는 자연을 위한 이데아들, 바로 이 이데아들의 배타성에 고대의 플라톤주의는 매달린다(이를테면 *Chalcidii Plato Timaeus*, hrsg. von Johann Wrobel, Leipzig 1876, 333, 8에 다음 문장이 나온다). "이데아들은 자연의 사물들의 본보기들이다." 모든 "스콜라 철학"에서처럼, 강구되는 자구책은 개념이 막히지 않는 명사적 분화들, 그러니까 이미 플라톤에게서 느낄 수 있는 이데아와 에이도스의 구별을 이용한다. 에이도스는 작품에 투입된 이데아다.

본구조는 결국 아리스토텔레스의 형이상학에 나오는 절대적 존재자의 내적 구조인 것이다. "부동不動의 원동자原動子"[53]는 노에시스 노에세오스νόησις νοήσεως[54]에 나타나는, 즉 자기 속에서 자신을 사유하는 그런 사유하기에 나타나는, 자기반복의 순수한 정신적 형태이기 때문이다. 이처럼 자신 속에 폐쇄된 절대자의 자족성은 내적으로 생산적이지 않은 것과 마찬가지로 외적으로도 창조적이지 않다. (그런데도 기독교 신학이 이 자족성을 모델로 삼았다는 것은 얼마나 놀라운 일인가!) 우주에서는 절대자의 자기반복이 "모방"의 구조로 옮겨 간다. 이미 이 원칙은 제1 지역운동의 거침없는 순환 형태[55]를 전적으로 자기 자신으로 회귀하는 최상의 것과의 편애하는 동화同化로 설명한다. 또한 그 원칙은 기상학의 물의 순환에서 반영된다.[56] 나아가 그 원칙은 모든 생성과정의 기본법칙인데, 이 과정들에서 생산자는 항상 다시 자신의 고유한 본질형태만을 생산한다. 결국 가장 일반적으로 말하면, 존재하는 것은 존재하는 것에서만 나온다.[57] 테크네는 이 우주적

53 "부동의 원동자der unbewegte Beweger"란 자신은 움직이지 않으면서도 움직임을 일으키는 근본이 되는 것이다. 슈바르츠F. F. Schwarz가 독역한 《형이상학》(Stuttgart 1984, 312-313)에서는 부동의 원동자를 "das bewegende Unbewegliche"로 옮긴다. "첫 번째 하늘der erste Himmel", "욕구의 대상", "사유의 대상" 등이 부동의 원동자에 속한다. 〔옮긴이〕

54 이를 '사유 활동에 대한 사유 활동'으로 옮기기도 한다. 〔옮긴이〕

55 여기서 언급되는 "지역"은 아리스토텔레스의 《기상학》에 나오는 "지구를 직접 둘러싼 지역"(I, 9)을 뜻한다. 따라서 '지역'은 대기권 중의 최하층인 대류권으로 옮길 수도 있겠지만, 반드시 일치하는 것은 아니다. 왜냐하면 아리스토텔레스는 땅의 습기가 태양의 움직임에 따라 비치는 빛에 의해 "더 높은 지역"으로 올라간다고 하기 때문이다. 그렇지만 그의 설명이 비, 구름, 안개 등에 국한되고 있음을 볼 때, 대류권으로 옮기는 것도 큰 무리는 없을 것이다. 만약 지금의 지역을 아리스토텔레스의 《형이상학》(XII, 7; 앞의 독역본 313쪽)과 연관시켜서 보면, "제1 지역"은 '첫 번째 하늘'이요, 제1 운동은 원운동이다. "장소운동이 변화들 중 으뜸이고, 장소운동 중에서는 원운동이 으뜸"으로 여겨지고 있으므로, 지역운동은 장소운동과도 연결시킬 수 있다. 〔옮긴이〕

56 Aristoteles, *Meteorologie* I, 9; 346b 16-347a 5.

57 Aristoteles, *Metaphysik* XII, 2; 1069b 19. XII, 3; 1070a 8. 이에 대해선 Hans Blumenberg,

과정의 서열에서 아주 낮은 위치에 있다. 생산자는 사실 자기 자신을 반복하지 않는다. 간접적으로만—"모방"에 의존하지 않을 수 없다는 바로 그 점을 통해서 간접적으로만—기술적 행위는 우주의 기본구조와 다시 연결되어 있다. 이 행위는 단순한 힘βία이나 우연τύχη이 아니다. 이런 식으로 해서 "예술"도 여전히 우주를 위해 "구원되어" 있고, 우주에 기능적으로 합체되어 있으며, 우주의 유일성과 완벽성을 입증한다. 우주의 신학적 설명은 스토아철학에 가서야 비로소 실행되지만, 근본적으로는 여기서 이미 결정된 상태다. 전체인 것으로서 존재자가 절대적인 곳에서는 존재를 "더 풍요롭게 하는 일"이 있을 수 없고, 신을 통해서도 그렇게 할 수 없다. 의지에는 존재의 힘이 없다. 의지는 이미 존재하는 것만을 원할 수 있고, 신도 마찬가지지만, "운동을 유지하게" 할 수 있을 뿐이다. 아리스토텔레스 형이상학의 전체 구조 안에서, 그의 인식론의 동질성은 자명하다.[58]

"Das Verhältnis von Natur und Technik als philosophisches Problem", in: *Studium Generale* 4 (1951) S. 463f. 참조.

58 버처Samuel H. Butcher는 *Aristotle's Theory of Poetry and Fine Art*, London ^{4}1927, S. 126에서, "상상력Imagination"이란 낱말에서 재현되는 것은 "이미지를 만드는 힘"이라며, 아리스토텔레스의 표현 판타시아φαντασία를 저 낱말로 정확히 번역할 수 없다고 지적하는데, 이는 옳은 말이다. 〔판타시아를〕 "판타지Phantasie"로 훨씬 더 직접적으로 재현하는 것에서, 더 비슷하게 분화되는 의미증식을 얻을 수 있다. 이 의미증식의 존재론적 가능성이 우리에게는 지금 중요하다. 증식된 의미의 어떤 것도 아리스토텔레스에게로 도로 흘러가게 해서는 안 된다. 더더욱 이해하기 힘든 것은 같은 책, 127쪽 각주 1에 나오는 버처의 불가사의한 수식이다. "사람에게 있는 창조력은 경험세계가 제공한 물질들을 변형시킨다. 이 창조력의 이념이 플라톤이나 아리스토텔레스에게 알려지지 않지는 않았지만, 그 이념은 분리된 능력이 아니다. 혹은 변별적 이름에 의해 지시되지 않는다." "판타지"의 의미 역사에 특징적인 것은 근본적으로 참신한 관점들이 뒤늦게야 비로소 〔판타지로〕 흘러 들어간다는 것이다. 이에 못지않게 특징적인 것은 판타시아를 "창조적 상상력"(*A Greek Lexicon*, comp. by Henry G. Lidell and Robert Scott, Oxford 1925ff.)으로 새롭게 정의한 인물이 바로, 기원후 3세기의 소위 "제2 소피스트 철학"의 대표자였다는 것이다. 그가 바로 필로스트라투스다. 그는 아폴로니우스의 생애에 관한 글(*Flavii Philostrati Opera*, hrsg. von Carl Ludwig Kayser, 2 Bde., Leipzig 1870/71, VI, 19)에서 그와 같이 정의하며, 특히 "판타지"를 "모방"에 맞세운

아리스토텔레스의 미메시스 해석에서는 동역학적 자연 개념의 의미가 거듭 지적되고 있다. 이 개념은 주어진 형상形相의 존립 전체를 뜻한다기보다 어느 때든 이 존립의 조건이 되는 생성과정들의 총괄개념을 뜻한다. 즉, "우주의 창조력, 생산원칙"[59]을 뜻한다. 이는 다름 아닌 나투라 나투란스〔= 생산하는 원칙으로서의 자연〕와 나투라 나투라타〔= 생산된 현상으로서의 자연〕의 고전적 구분이다. 그렇다고 해도 나 역시 존재론이 플라톤과 견주어 결정적으로 성장했다고 볼 수 없다. 왜냐하면 플라톤 이론의 최종적 형태를 고려하지 않고 정역학Statik을 이데아 세계에 종속시킨다고 할지라도, 촉발하는 동역학Dynamik은 데미우르고스의 기능에 집중되어 있기 때문이다. 아리스토텔레스는 이 모든 것—이데아, 질료, 데미우르고스—을 자연 개념 속에 자리를 잡도록 하고 있음이 틀림없다. 이로 인해 미메시스 표상으로 옮겨 가는 다의성이 생긴다. 그렇다 보니 "자연의 모방"은 형상적 존립의 재생산뿐만 아니라 생산적 과정의 취득 역시 의미한다. 즉, "예술 일반은 자연의 방법을 모방한다."[60] 나는 우리가 제기한 문제를 풀기 위한 이 구별에 결정적 의미를 부여할 수 없다. 왜냐하면 아리스토텔레스에게서는 자연의 모든 생성과정이 부동의 형상적 존립에 의해 조절되고 있기 때문이다. 자연은 자기생산을 영원히 반복한다. "창조력"을 자연 고유의 것으로 허락하는 것은 무엇인가? 여기에는 분명 진화를 통해 규정된 현대적 자연 개념의 함의들이 들어와 있다. 그 결과, 완성시키다ἐπιτελεῖν〔의 의미〕가 아리스토텔레스의 "예술" 정의에 첨가된다. 도대체 자연에는 어

다. 더 정확히 말하면, 피디아스라는 사람 또는 프락시텔레스라는 사람의 신상神像들에 포함된 초과와 관련하여 안 보이는 것에서의 초과 내지 미리 주어지지 않은 것에서의 초과와 관련하여, 그렇게 한다. "왜냐하면 모방은 하나의 형상εἶδεν을 만들어 낼 것이지만, 판타시아는 하나의 형상조차 만들어 내지 못할 것이기 때문이다."

59 Butcher, *Aristotle's Theory of Poetry and Fine Art*, S. 116.

60 위의 책, 117쪽.

느 정도까지 완성이 필요할 수 있을까? 어쨌든 여기서의 결핍은 "빈자리"와 같은 무엇을 뜻하는 게 아니라, 사실상 아직까지 달성하지 못한 생성목적만을 뜻한다. 아리스토텔레스가 자연의 사물들을 마땅히 있어야 하는 그대로 모방하는 것이 예술가의 일이라고 말할 때,[61] 그의 말은 이 대상들을 초월하는 규범의 지시를 뜻하는 것이 아니라, 생성과정에서 생성목적으로의 "외삽外挿 · Extrapolation",[62] 게네시스γένεσις에서 그 텔로스τέλος로의 외삽을 뜻한다. "예술"을 그때그때 나타나는 존재자의 사실적 상태에서 다른 것을 단념하도록 하기 위해서가 아니라 그 안에서 형성되고 있으면서 효과적인 생성목적, 즉 엔텔레케이아ἐντελχεια[63]를 겨냥하기 위해서는, 자연 개념의 생성적 면이 미메시스에 결정적으로 중요하지만, 이는 오로지 다음 이유에서이다. 즉, 무엇이 인간을 그의 제작물에서, 특히 무엇이 그를 예술작품에서 규정하는지를 이해하기 위해서는 이데아가 제거된 후에도, 그리고 제거되었는데도 "이상적 존재방식Idealität"과 같은 그 무엇이 여전히 필요하다는 이유에서이다. 자연이 일단 자신의 형상적 불변성을 잃게 될 경우, 아리스토텔레스의 "예술" 이론 역시 그 토대를 상실할 것이다. 영원히 반복되던 유한한 개체발생 대신에 돌연변이와 선택이 일으킨 무한한 계통발생이 나투라 나투란스 개념을 규정한다면, 당위적 존재의 형태는 자연 어디서 획득될 수 있을까? 더 나중의 것을 언급함으로써 여기서만큼은 벌써, 철학적 기본표상들이 임의의 르네상스를 맞이할 수 없음이 감지될 것이다.

아리스토텔레스의 테크네 이론의 핵심은 제작물을 정립하는 인간에게

---

61 Aristoteles, *Poetik* XXV; 1460b 11.

62 "외삽"이란 어떤 영역에서 타당성이 입증된 명제를, 자신이 타당성이 아직 입증되지 않은 다른 영역에 가설적으로 적용하는 절차를 말한다. 따라서 본문의 표현은 생성과정에서 입증된 명제를 꺼내 생성목적에 적용하는 절차를 뜻하게 된다. 〔옮긴이〕

63 엔텔레케이아는 질료 안에서 자신을 실현하는 형상이므로, 생산과정에서 목표를 달성하게 하는 힘을 갖는다. 〔옮긴이〕

어떠한 본질적 기능도 배정될 수 없다는 것이다. "인간의 세계"로 부르게 될 것이 여기서는 근본적으로 없다. 제작물을 정립하고 행동하는 인간은 자연의 목적론의 결과로 가서 정렬한다. 인간은 자연이 완성하게 될 것을, 자신의 내재적 당위가 아니라 자연의 내재적 당위를 완성하기 때문이다. 테크네와 퓌시스φύσις〔=자연〕는 같은 의미의 구성 원칙들이고, 전자는 후자가 내부로부터 완성하는 것에 외부로부터 작용하여, 그것을 만들어 낸다.[64] 제작은 성장과의 일치와 결부되어 있다. 그렇기 때문에 기술적이고 미학적인 제작물은 지시하는 의미만 항상 가지고 있을 뿐, 자신의 존재에 독특한 진리내용을 가지고 있지 않다. 예술작품에서 오로지 그때 떠오르는 무엇인가를 경험할 가능성은 아직 생각되지 않고 있으며, 그 작품은 아직 인간의 자기인식과 자기확인의 매체가 아니다.

헬레니즘시대에는 아리스토텔레스의 것으로 여겨지고 있는, 그리고 헤라클레이토스의 관점이 수용되어 있는 〈우주에 대하여〉라는 글이 미메시스 표상의 중요한 변형Variation을 제공한다.[65] 미메시스는 자연의 형상적 존립보다는 오히려 자연의 형식적formal 구조에 일차적으로 관련된다(이때의 "formal"을 아리스토텔레스와 스콜라 철학에서 말하는 "forma"의 의미로 이해할 필요는 없다).[66] 헤라클레이토스에 따르면, 도시국가가 빈자와 부자, 젊은이와 늙은이, 약자와 강자, 나쁜 사람과 착한 사람 들로 하나의 통

64 Aristoteles, *Metaphysik* XII, 3; 1070a 7f. "자연은 어떤 사물 자체에 있는 원칙이지만, 기술은 〔그 사물과는〕 다른 사물에 있는 원칙이다."

65 Aristoteles, *De mundo* 5; 396a 33-b 22. 미하엘리스Carl Michaelis가 《신학사전》(*Theologisches Wörterbuch*, hrsg. von Gerhard Kittel 〔u.a〕, Bd. 4, Stuttgart 1943, S. 662)의 "모방하다" 항목의 기술에서 했던 바처럼, 이 맥락의 미메시스 요소도 헤라클레이토스의 것으로 보는 것은 확실히 잘못된 것이다. 아마도 Hermann Diels, *Zwei Fragmente Heraklits*, Berlin [1901], 22 B 10에 나오는 인용 전체가 미하엘리스를 그렇게 생각하게 만들었을 것이다.

66 이는 어근의 동일성이 초래할 수도 있는 오해를 없애려는 진술인데, 그 오해는 'forma'를 '질료'와 연결되는 '형상'으로 보는 데서 출발한다. 〔옮긴이〕

일체를 구성하듯, 우주는 서로를 지양하지 않는 대립들로 이루어진 구조이다. 자연은 남성적인 것과 여성적인 것, 마른 것과 축축한 것, 따뜻한 것과 차가운 것처럼 대립들 속에서 자신을 실현한다. 그리고 바로 그 점에서 "예술"은 자연을 모방한다. 이를테면 회화가 대립되는 색들을 사용할 때, 고음과 저음으로 구성된 음악이 조화를 만들어 낼 때, 서법書法이 자음과 모음을 연결할 때가 그렇다. 여기서 제작물의 진정성을 위한 "활동 공간"은 의심의 여지없이 미메시스의 형식화를 통해 획득되어 있지만, 그 어떤 자연 과정에 대해 음악이나 언어가 (또는 글이) 갖는 이질성은 아직 인식되지 못하고 있다.

스토아철학은 우주의 완전성과 완벽성을 신학적 위엄의 술어들로 고양시키면서, 미메시스의 형이상학적 토대를 명백히 강화했다. 그런데도 인간의 지위는 목적론적 사고를 보편적으로 파악함으로써 상승했다. 자연이 인간을 목표로 삼고 있고, 이러한 성향의 인수와 집행이 곧 인간의 제작물이기 때문이다. 이를테면 포세이도니오스[67]가 염색공의 수작업을 태양으로 환원할 때, 즉 새의 깃털과 꽃과 광물의 화려한 빛깔을 만들어 내어 인간의 "예술"을 이른바 작동시키는 태양으로 환원할 때, 그때 테크네는 심지어 종교의 재가를 받는다.[68] 자연과 기술 사이에는 정의될 수 있는 경계가 더 이상 없고, 유례없는 에네르게이아ἐνέργεια〔=작용〕가 시작되고 있다. "예술"은 다른 수단을 가진 자연이기 때문이다. 어떻게 다시 기독교의 창조 개념을 통해서 신의 제작물로서의 자연과 인간의 제작물로서의 "예술" 사이에 경계가 설정될 수 있는지는 염색공의 수작업 예에서 마음에 쏙 들

67 포세이도니오스Poseidonios(기원전 135-51)는 감정이론에 깊은 관심을 가졌으며, 기후를 기준으로 민족을 구별한 것으로도 유명하다. 〔옮긴이〕

68 "태양의 물리적 작용은 종합적 기술들을 모방하게 해 왔고, 〔…〕 자연의 세 가지를 만들도록 해 왔다"("Poseidonios", in: *Diodori Biblia historica*, griech./dt., Bd. 2, Paris 1878, 57, 7.).

게 제시될 수 있다. 교부철학의 입장을 따르는 일부 저자들은 특별한 직조 기술을 공격하면서, 신이 인간에게 다채로운 옷을 입히고자 했다면 양羊을 다채롭게 창조했을 것이라는 점을 근거로 든다. 테르툴리아누스[69]는 이 논지를 아르스에 대한 아주 특징적인 논박으로 확대한다. "신은 자신이 스스로 만들지 않은 것에 대해서 전혀 호의를 갖지 않는다. 신이 자주색이나 암청색 양들도 창조할 수는 없었을까? 이 일을 할 수 있었다면〔그런데도 하지 않았다면〕, 신은 그 일을 〔아직까지〕 원하지 않고 있는 것이다. 신이 만드려고 하지 않았던 것을 정말이지 인간도 만들어서는 안 된다. 〔…〕 신으로부터 나오지 않는 것은 반드시 신의 적대자로부터 나왔음에 틀림없다."[70] 그러니까 여기서 이미 "기술의 마력"이 미리 각인되고 있는데, 이때 자연과 "예술"은 이원론적 도식에 들어오고 있다. 물론 이처럼 들어오게 하려면, 자연을 우선 신의 의지표현으로, 아직 묵시적인 다른 존재 가능성들의 전제도 '그렇게 의도된 사실적' 존재가능성들로, 완전히 새롭게 파악할 필요가 있었다.

하지만 나는 특별히 특징적인 차이점 때문에 이 문제를 미리 다루었다. 포세이도니오스에게 자연의 모방은 자연과 인간을 관통하는 그 어떤 전체 과정의 동질성 양상 하나, 즉 하나의 외부 양상만을 뜻했다. "모방 이론으로부터는 본질 관계에 대한 이론이 나오고, 발명하기로부터는 자연에 기술되어 있는 것을 읽어 내기, 판단하기, 구분하기가 나온다. 자연은 인간 때문에 비로소 본보기가 되는 것이 아니라, 이미 자기 자신 때문에 본보기가 된다. 그리고 인간은 자연의 우연한 가능성이 아니라 본질적 가능성에 따라서 자연의 요구에 부응한다."[71] 자연의 밑그림 찾기로서의 "발명"

---

69 다작을 남긴 테르툴리아누스Quintus Septimius Florens Tertullianus(대략 155–230)는 초기 기독교의 지도자였다. 〔옮긴이〕

70 Tertullian, *De cultu feminarum* I, 8(übers. von Heinrich Kellner).

은 현자의 직무가 되고, 그 결과 처음으로 고전 이론은 곧바로 제작물의 정립으로 넘어가며, 철학은 물질문화의 뿌리로도 나타난다. 포세이도니오스에 대한 세네카의 논박은 이 기본 구상을 향한다기보다는, 자연 자체의 최상의 결과들로서 숙련된 기술적 솜씨들이 옮겨 가는 "높은 위치Höhenlage"를 향한다. 이 이동으로 인해 이론적 이상은—키케로에게서도 마찬가지지만—그 절대적 지위를 상실한다. 세네카는 똑같은 목적론 원칙을 이용하여 정확히 반대방향으로 논증한다. 완전히 인간에 중심을 둔 자연은 충분한 만족을 주고, 기술과 노동을 잉여적으로 만들며, 기술과 노동에 사치성을 부여한다는 것이다.[72] 자연은 필요한 모든 것을 보장하기 때문에, "자연의 모방"은 필요 없게 된다. 자연에서 "예술"로의 적법한 이행이 없다. 이미 여기서 "예술"과 오만은 근본적으로 하나이고, 자연의 섭리providentia와 신의 섭리에 대한 불만에서 나온다. 인간 자신은—인위적 욕구 때문에, 삶의 평이함facilis actus vitae에 대한 권태 때문에—아르스들을 추구한다. "우리는 태어날 때부터 모든 것을 준비하고 있었다. 우리는 우리에게 어려운 모든 것을 더 쉬운 것에 대한 싫증 때문에 만들어 왔다. 〔…〕 자연은 그것에게 그것이 요구하는 바를 제공한다."[73]

이 대립에서 교훈적인 것은 하나의 똑같은 형이상학적 원칙에서 완전히 상반되는 추론들이 얻어진다는 것이다. 포세이도니오스에 의해 그 내

---

71 Karl Reinhardt, *Poseidonios*, München 1921, S. 400. 수사학과 관련하여 이 맥락을 위해 압축한 정식은 Cicero, *De ratione ad C. Herennium* 참고: "그러므로 아르스가 자연을 모방하게 하고, 자연이 원하는 것을 찾게 하고, 자연이 지시하는 방향을 따르게 하자"(*Opera*, Bd.1, hrsg. von Friedrich Marx, Leipzig 1925, III, 22, 37).

72 Seneca, *Epistulae morales ad Lucilium* XC, 16: "조금만 주의하면 필요한 것들을 얻지만, 사치스러운 것들을 얻으려면 노력이 든다. 자연을 따른다면, 예술가들을 아쉬워하지 않아도 될 것이다."

73 위의 책, XC 18.

재적 전제들로부터 지나치게 고양된 미메시스 이념은 자기 자신을 모방하는 어떤 자연[74]의 순환표상을 통해, 거의 스스로 지양될 지경에 이른다. 반면에 세네카는 자연의 목적론적 배려가 불만족스럽다는 '진정으로 인간적인 것', 스스로 강화되는 욕구들의 무한성, 잉여적인 것에의 쾌락을 처음으로—물론 부정적 징조를 띠고—기술적 노동 의지와 제작 의지의 근원으로 여긴다. 여기서 "모방"은 근본적으로 자신의 의의를 상실해 왔다. 왜냐하면 "예술"로 향하는 원동력은 자연의 구속력을 거절하는 데에서, 자연의 완전성을 부인하는 데에서 관찰되기 때문이다. 종종 그래 왔듯이, 여기서는 부정적인 태도가 본질적인 것을 위한 바라봄의 방식을 개선하고 있다.

V

포세이도니오스에 반박하는 세네카의 예에서 추정될 수 있었듯이, 미메시스 이념의 분해와 근절의 역사는 이념 내부의 모순이 터져 나오는 과정이 아니다. 오히려 그것은 새롭고 외적인, 곧 신학적 이념들을 통해 도입된 과정이다. 물론 성서의 창조론이 이 과정에 완전히 새로운 전제들을 들여왔다고 말하는 것으로는 충분치 않다. 오히려 내보일 것은 이 외부 자극이 기존의 존재파악에 아주 잘 수용될 수 있었다는 점이다. 미메시스 표상의 구성요소로 점점 더 분명하게 인식되고 있는 두 가지—자연의 모범적 구속력과 핵심적 완전성—는 일단 창조의 개념과 아주 잘 맞아 보인다. 테르툴리아누스의 예가 이미 입증했듯이, 주어진 자연의 구속력은 창조자의 의지가 자연에 표명된다는 생각에 의해 강화되고 있다고 말하지 않을 수 없다. 그리고 처음에는 구속력의 토대를 의지행위에 두는 것이 가능한 것을 남김

74 앞에서 본 '제1 지역'이 그런 자연이다. 〔옮긴이〕

없이 실현한 것으로서의 주어진 세계, 바로 이 세계의 필연성을 문제 삼는 것임을 전혀 알지 못한다. 그래서 테르툴리아누스는 위의 인용에서 자연적 정황에서의 신의 의지표명을, 신은 원하지 않았던 것을 창조하지 않았다고, 창조되지 않은 것을 원하지 않는다고 나타낼 수밖에 없다. 하지만 이 원하지도 않고 창조되지도 않은 것은 무엇일까? 자연에 나타나지 않은 하나의 존재가능성일까? 아직은 이 필연적인 결과를 예측할 수 없다. 그 결과가 자연의 사실성과 불완전성을, "인공적 것"을 위해 가능한 것이 활동할 공간을 함축하기 때문이다. 이 예는 창조 개념에 들어 있는 의지의 동인이 어떤 존재론적 결과에 이르게 되는지를 보여 줄 수 있다. 자연에서 신은 자신의 의도를 명령한다. 원치 않았던 가능성들이 논란거리일 수 없다는 것은 자연의 구속력을 엄격히 정초하는 것과 어쩔 수 없이 상관 개념을 이룬다. 물론 처음에는 경건하지도 않고 왜곡된 호기심이 이 상관 개념에 높은 관심을 보일 것이다.

창조 개념에서 자양분을 공급받은 새로운 기독교적 존재이해가 아우구스티누스[75]에 의해 처음으로 온전하게 설명되었다는 테제가 자주 발표되고 있지만, 이 맥락에서 보면 맞는 말이 아니다. 오히려 창조 사고의 내재적 결과들을 고대의 존재론에서 찾은 사람이 바로 이 사상가였다. 물론 그가 일차 질료materia prima를 절대적 무無로 환원함으로써, 각 방면에서 이원론에 맞서 무로부터의 창조creatio ex nihilo를 보호해 왔다는 것은 맞는 말이다. 하지만 정말로 본질적인 문제를 여기서 본다는 것은 틀린 말이다. 결정적인 것은 창조적이고 신적인 정신이 이제 플라톤의 가상계可想界·mundus intelligibilis[76]와 동일시된다는 점이다. 이데아와 데미우르고스의 능력이 이제

75 아우구스티누스Aurelius Augustinus(354-430)는 《고백록》, 《신국론》 등 많은 저작을 남긴 교부다. 〔옮긴이〕

76 '코스모스 노에톤'이라고도 하는 가상계는 감각에 의해서는 지각될 수 없고 사유에 의

하나의 심급에서 합쳐지고 있지만, 그렇다고 해도 온전하게만 감각계mundus sensibilis로 전환될 수 있는 하나의 전체—플라톤의 가상 동물ξῷον νοητόν—를 가상계가 그려 낸다는 점에는 변함이 없다. 여기서 아우구스티누스는 신플라톤주의가 자연계와 가상계의 일치를 철저하게 연습할 때 내보였던 지나치게 엄밀한 태도에 사로잡혀 있다.[77] 창조를 결심하는 신의 의지행위는 그 어떤 이데아 우주의 고정된 총체성에만 관련될 수 있다. 그러므로 창조의 내용Was이 아니라 창조의 사실Daß만이 사실적faktisch이 되고 있다. 아직까지 아우구스티누스에게서는 전능의 개념이 무한성의 개념과 접촉되지 않고 있다. 이로써 그는 존재와 자연이 일치하는 고대의 토양에 머물러 있다. 창조가 〔이미〕 주어져 있다는 것에 대해서도, 창조자에 대해서도, 대안이 없다. 그리고 창조 행위 이후에는 본질적으로 근원적인 어떤 것도 더 생산될 수 없다. 신의 힘의 무한한 잠재력과 유한한 세계, 존재의 가능성과 존재의 현실이 서로 어떤 관계에 있을 수 있을까? 이에 대해 철저히 사유하고 결론을 도출하는 일은 중세에 맡겨져 있었다. 가장 어렵고 가장 많이 논란을 야기한 주제들 중 하나로서 말이다.

아우구스티누스의 존재론이 갖는 고대의 성격을 확정하는 이 명제에 대해, (내가 뮌헨에서 강연했을 때) 헨리 데쿠[78]가 반박했다. 그는 자신의 주

해서만 파악되는 세계를 말하며, 곧 보게 될 "감각계"와 개념상으로 대립한다. 〔옮긴이〕

77 이를테면 Plotin, *Enneaden* V, 8, 3에서가 그렇다. 여기서는 세계를 배로 늘이는 일이 너무나 세밀하게 진행되어, 이데아 제국의 본디 논리적 구조가 물리적 세계 설계의 정확성을 기하기 위해 완전히 사라질 정도가 된다. 빌리 타일러(Willy Theiler, *Die Vorbereitung des Neuplatonismus*, Berlin 1930, S. 30)는 이데아들과 데미우르고스 사이의 서열 교체 과정을 기술했고, 이 과정을 통해 이미 필로Philo는 로고스 사변思辨의 도움을 받아 도구ὄργανον로서의 이데아들을 창조의 신에 종속시킨다. 하지만 그 과정은 하나의 통합적 존립으로서 이데아들이 갖는 절대적 모범의 특성을 건드리지 못했다.

78 유대인이라는 이유로 학위논문을 출간하지 못했던 데쿠Henry Deku(1909-1993)는 1938년 미국으로 건너가 미군이 된 뒤, 다시 독일로 건너온 특이한 이력의 철학자인데, 그

도면밀한 연구에서 **논리적 가능성**possibile logicum[79]의 역사가 아우구스티누스에게서 시작되게 한다.[80] 우리가 여기서 창조적 근원성의 "활동 공간" 일반으로 여기는 영역, 그러니까 이상적이고 실재적인 우주를 포괄하는 존재 가능성 영역을 형성해 가는 역사를 말이다. 데쿠는 자신의 입장을 정당화하기 위해 특히 아우구스티누스의 〈정신과 편지에 대하여〉를 끌어들인다. 실제로 이 글의 초점은 **가능성**possibilitas 개념의 사용에 맞춰지고 있다. 하지만 이 개념은 여기서—아우구스티누스에게서 전반적으로 그렇듯이—오로지 펠라기우스[81]와 벌이는 논쟁의 맥락에서만, 그러니까 은총신학의 틀에서만 나온다. 문제되는 것은 인간의 무죄 가능성에 대한, **죄를 짓지 않을 가능성**possibilitas non peccandi에 대한 질문이다. 말하자면 인간의 행위가 자발적으로 갖출 수 있는 가능적 속성에 대한 질문, 은총으로부터 생기는 구원 상태와 구분되는 **자연적 가능성**possibilitas naturalis에 대한 질문이다.[82] 그러니까 신은 **구원**의 토대로 관찰되지, **존재**의 토대로 전혀 관찰되지 않으며, 마찬가지로 인간의 "능력"도 단지 구원받을 만한 인간의 자질과 관련해서만 관찰된다. 〈정신과 편지에 대하여〉는 앞선 편지 〈장점과 용서에 대하여〉의 수신자였던 호민관 마르켈리누스에게 보내는 것으로, 앞선 편지에 대해 호민관이 제기한 이의에 답하고 있다.[83] 그가 제기한 이의는, 인간이 "어느

의 활동은 1950년대에 뮌헨대학교를 중심으로 활발히 펼쳐졌다. 〔옮긴이〕

79 라틴어 표현의 자구적 의미는 '가능하게 논리적인 것'이지만, 영어권에서는 이를 'logical possibility'로 옮긴다. 선사가 이 글의 흐름에 맞는 번역이지만, 여기서는 일반적으로 수용되고 있는 번역을 택한다. 스코투스Johannes Duns Scotus(1266-1308)에 따르면, 논리적 가능성이란 순수한 가능성들을 명제로 만드는 것이다. 〔옮긴이〕

80 Henry Deku, "Possibile Logicum", in: *Philosophisches Jahrbuch* 64 (1956) S. 10.

81 아일랜드 수사 펠라기우스Pelagius(대략 354-420/440)는 원죄와 예정설을 거부하고, 아우구스티누스의 은총이론에 맞서 인간의 자유의지를 대변한다. 〔옮긴이〕

82 Augustinus, *De natura et gratia* XLIV, 52.

83 두 글은 모두 412년의 것이고, 마르켈리누스Flavius Marcellinus(?-413)는 아우구스티누

누구도 그렇게 완벽하고 정의로운 삶을 살았던 적도 없고, 살고 있지도 않으며, 살지도 않을 것"이라는 것을 인정해야 한다면, 그와 동시에 인간이 원칙적으로는 은총의 호의와 도움을 받아 무죄 상태에 이를 수 있다는 것을 어떻게 주장할 수 있느냐는 것이다. 달리 말하면, 현실적인 것으로 나타나지 않는 것을 어떻게 가능한 것으로 주장할 수 있느냐는 것이다.[84] 어쨌든 이 호민관은 완전히 고대 존재론의 지평에서 생각한다. 가능성이 현실을 통해서만, 더 정확히 말하면 이데아들이 "원래 존재하고 있다"는 것을 통해서만 입증되기 때문이다. 이 논증은 창조에 대해 이의를 제기하는 루크레티우스의 논증과 밀접하게 연관되어 있다. 루크레티우스는 이미 현실적인 자연이라야 비로소 줄 수 있는 본보기exemplum가 신들에게 없다면, 어떻게 그들이 자연의 창조자들일 수 있느냐고 이의를 제기한다. "바로 그 생산하는 자연이 종種을 포기한다면" 말이다.[85] 아우구스티누스가 다음과 같이 쓸 수 있었음에 비추어 우리에게 전승되지 않은 마르켈리누스의 항변에도 틀림없이 이 입장이 관련되어 있을 것이다. "만들어질 수 없는 것의 표본은 없다고들 하는데, 그건 자네에게 불합리한 것으로 보이기 때문이네."[86] 이제 명시되는 것은 성서의 계시가 신에게 쉬운 것들apud Deum facilia을 위하여 새로운 길잡이를 제공한다는 점이다. 왜냐하면 여기서 신은 자신에게 가능한 것 자체에 대해 직접 알리고 있으며, "말씀"이 고유한 방식의 증거로서 "사태"를 대신하기 때문이다. 바늘귀를 통과할 수 있는 낙타 이야

스로부터 《신국론》의 첫 세 권을 헌정받았을 정도로, 교분이 두터웠다고 한다. 축자적으로 번역한 "장점"은 '좋은 일'의 환칭법인데, 신학에서는 보통 초자연적 장점을 뜻한다. 즉, 신이 '영생'이라는 초자연적 보상을 주겠다고 약속하는 일을 뜻한다. 〔옮긴이〕

84 문제제기의 일반성은 *Retractationes* II, 27에서 가장 또렷하게 표명된다. "생산될 수 없는 것, 〔…〕 어째서 그것은 표본이 없을까?"

85 Lukrez, *De rerum natura* V, 181-186.

86 Augustinus, *De spiritu et littera* I, 1.

기, 산들을 움직일 수 있는 믿음에 대한 이야기가 그것이다. "그것은 우리가 그런데도 어느 곳에서도 읽은 적도, 들은 적도 없는 사실이다."[87] 그런데도 가능성들을 이와 같이 신학적으로 숙고하는 것은 아우구스티누스 형이상학의 존재론적 토대에 영향을 끼치지 못한다. 왜냐하면 이 글의 곳곳에서는 신이 자기 자신의 창조물인 인간을 그 본연의 구성적 존재에서—플라톤식으로 말하자면, 자신의 이데아에 일치시켜—복원할 가능성만 언급되고 있기 때문이다. 이상적으로 미리 형성된 우주의 지평이 인간의 구원 가능성에 대한 물음들에 의해 확대되는 것이 아니라 단지 재통합된다. 그러니까 "가능한 모든 것은 신으로부터 나온다"[88]는 말이 확인될 때, 이때의 모든 것은 사실상 창조된 것과 관련하여 있을 수 있는 과잉의 어떤 징후도 아직은 포함하지 않는다. 오히려 가상계와 감각계의 상관관계는 단지 인간의 원죄에 의해 그리고 인간 때문에 손상되었고, 따라서 이 손상의 회복 가능성이 문제가 된다. 이때 인간이 죄를 짓지 않을 수 있다는 생각을 고수하는 것은 논리적 필요조건이다. 이 가능성이 없다면, 죄를 지을 수 있다는 것에 대해 더 이상 의미 있게 말할 수 없을 것이기 때문이다. 이제 인간은 자신의 이데아 자체와의 일치 관계를 〔마음대로〕 이용할 수 있는 존재로 정의될 수 있다. 그러나 이 자유는 전적으로 이상적 존재방식의 경계 안에서만 보인다.

이제 의심할 수 없는 것은 이미 헬레니즘 이후에 우주진화론에 도입되었고, 아우구스티누스에 의해 완전히 위험한 작용을 하게 된 의지의 인자가 고대 존재론의 유효성을 유지시키는 데 1등급의 "방해개념Störbegriff"[89]이라는 점, 그리고 그 인자가 "현실이 된 것에 작용하여 그 필연성을 제거

---

87 위의 책, XXV, 62.

88 위의 책, V, 7.

89 이것은 헨리 데쿠의 간략한 표현이다.

하는 영향력"[90]을 행사했다는 점이다. 하지만 존재를 이해하는 과정에서, 미리 주어진 바라보기 지평을 정말로 자신이 어디선가 돌파했을지도 모른다는 생각 때문에 그렇게나 철저히 자신이 방해받고 있다는 것을 인식했던 사람은 아우구스티누스가 아니었다. 나는 이에 대한 근거도 제시할 수 있다고 생각한다. 일차 질료의 삭제와 이와 필연적으로 결부된 이원론 경향의 삭제는 마니교[91]에 의해 활성화된, 당시에 부각되던 문제였기 때문이다. 아우구스티누스의 창조된 것creatum과 창조될 수 있는 것creabile의 구분을 보는 사람들은 이것이 우리의 문제제기와 아주 밀접하다고 생각한다. 그래서 이들은 창조될 수 있는 것이라는 표현이, 아우구스티누스의 표현 당신께서 만드셨다tu feciti에 포함되기를 바라는 물질적 기체基體와 관련된다는 점을 확인하고 실망한다.[92] 아직은 존재하지 않지만 존재할 수 있는 것이 문제되는 곳에서는 아리스토텔레스의 '존재할 수 있음Seinkönnen'이 항상 중요하다.[93] 이것은 형태적 부정성不定性으로서, 질료와 동일시된다. 창조 개념에서의 의지 강조는 창조를 합리적 행위로 파악하도록 요구하는 반反그노

---

90 이것도 헨리 데쿠의 간략한 표현이다.
〔옮긴이〕 참고로 그의 원어 표현은 "ent-necessitierenden Einfluß auf das Wirklichkeits-gewordene"이다.

91 마니교는 인간 영혼의 타락과 구원의 신화를 세 단계로 나눈다. 과거의 대립 시기, 현재의 혼합 시기, 미래의 재설정 시기로 나눈다. 〔옮긴이〕

92 Augustinus, *Confessiones* XII, 19, 28. "창조되고 형성된 것뿐만 아니라 창조될 수 있고 형성될 수 있는 모든 것도 당신께서 만드셨으며, 모든 것이 당신으로부터 나온다는 말은 참말입니다"(이 대목을 귄터 가블리크Günter Gawlick가 지적해 주었다).

93 Augustinus, *De vera religione* XVIII, 36. "그러므로 그것이 존재하는 한 존재하는 것 전부, 그리고 그것이 존재할 수 있는 한 아직까지 존재하지 않은 것 전부를, 그것은 신으로부터 받아서 가지고 있다." 이 문맥은 위에서 논의된 〈정신과 편지에 대하여〉의 맥락과 관련해서도 유익하다. 안녕하다salus의 신학적 개념이 여기서 좋다bonum의 신학적 개념과 일치하고, 고대의 전제들을 토대로 하여 자연의 순수함integritas naturae으로—플라톤식으로 말하면, 이데아와의 일치로—해석되는 한에서 그렇다.

시스파의 입장에서 한계를 맞는다. "〔…〕 누가 감히, 신이 모든 것을 더 불합리하게 만들었다고 말하는가?"[94] 그런데 여기서 "합리적"이라는 말이 무엇을 뜻할 수 있는지는 사유될 수 있는 세계와 실재적인 세계의 일치를 길잡이로 할 때만, 그러니까 플라톤의 데미우르고스의 모델을 따를 때만 해석할 수 있다. 하지만 이로써 "전능" 개념과 "무한성" 개념은 어쩔 수 없이 분리된 채로 남아 있게 된다. 왜냐하면 고대의 이해에 따르면, 인피니툼infinitum은 합리성과 하나가 될 수 없고, 질료의 아페이론ἄπειρον이기 때문이다.[95] "무한성"은 아직 신의 속성들 중 하나로 등장하지 않는다. 하지만 신의 능력potentia을 무한능력potentia infinita으로 볼 때야 비로소, 더 이상 능력을 (그리고 능력에 함축된 이데아들을) 기준으로 하여 가능하게possibile를 정의하는 것이 아니라, 그 반대로 가능하게를 기준으로 하여 능력을 정의할 논리적 필연성이 나온다.[96] 이로써 처음으로 가능성 개념의 논리적 외연이 표준적이 된다. 이와 동시에, 전능全能 · omnipotentia의 외연으로서 전omnia이 무엇을 뜻하느냐는 질문이 나오더라도 이데아의 우주는 상관없게 된다. 그 결과로 합리성의 개념이 무모순성Widerspruchslosigkeit의 개념으로 환원되는 반면, 아우구스티누스에게서는 아직 라티오ratio[97]의 개념이 모범적 이데아의 개념과 분리될 수 없었다. 그러니까 라티오 개념에는 유한성 그리고 대

94 Augustinus, *De diversis quaestionibus* LXXXIII, q. 46.

95 '인피니툼'과 '아페이론'은 무한성을 지칭하는 라틴어와 그리스어다. 〔옮긴이〕

96 〔동사〕 'posse'〔=할 수 있나〕에서 〔부사〕 'possibile'를 끌어오기 위하여, 나는 네메시우스Nemesius von Emesa의 〈인간의 본성에 대하여〉의 "라틴어 버전"(*Bibliotheca Scriptorum*, graec. et rom., hrsg. von Karl Burkhard, Leipzig 1917), 제34장을 인용할 것이다. "그러므로 이것들이 서로에게 갖고 있는 것은 세 가지다. 즉, 'potens'〔=할 수 있는〕, 'potestas'〔=힘, 가능성〕, 'possibile'이다. 'potens'는 본질이고, 'potestas'는 우리가 갖고 있는 'posse'에서 나온 것이지만, 'possibile'는 제2의 가능성을 태어나게 하는 것이다."

97 지금의 자리에서 아우구스티누스의 언어사용 문제를 떠나면, 이 낱말 또한 합리성으로 번역할 수 있다. 〔옮긴이〕

상과의 관련이 함축되어 있었던 것이다. 창조적인 것의 존재론적 "활동 공간"에 대한 우리의 질문에 이제야 처음으로 결정적인 자리가 마련될 수 있다. 왜냐하면 유한하다고 생각된 우주Kosmos가 존재가능성들—즉, 신의 전능에서 나오는 가능성들—의 무한 우주를 모조리 이용하지도 못하고, 모조리 이용할 수도 없기 때문이다. 유한 우주는 필연적으로 무한 우주의 사실적 단면일 뿐이고, 무한 우주는 실현되지 않은 존재의 활동 공간으로 남는다. 물론 이 공간은 오랫동안 질문을 받지 않은, 신의 영역일 것이고, 인간이 자기 자신의 가능성을 묻는 질문과는 아직 관련되지 않는다. 하지만 이 활동 공간은 전능 개념 논의에서 처음으로 주로 존재론적으로 함축되고, 세계의 실재성의 배경으로 함께 이해된다. 세계의 사실이 그 자명성을 상실했을 뿐만 아니라, 〔세계의〕 내용도 이제 신의 특별한 결정 행위로 이해될 수 있는 한, 그것은 일차적으로 지극히 종교적인 생각이다. 그런데 동시에 여기서는 철학적 비판의 토대도 확장되고 있는데, 점차적으로 의식을 형성하는 질문들이 이 토대 위에서 풍성하게 생긴다. 사실로서의 세계—그것은 실현되지 않은 것의 활동 공간에서, 그러니까 사실적인 것을 통해 채워지지 않은 것의 활동 공간에서, 참신하게 인간적인 것을 정립하는 일, 진정으로 "새로운 것을" 실현하는 일, "자연의 모방"에의 의존에서 벗어나 자연의 손길이 닿지 않은 곳으로 진출하는 일, 바로 이런 일들에 대해 숙고할 수 있도록 하고, 결국에는 이런 일을 하도록 자극하고 유혹하는 존재론적 전제이다.

VI

물론 중세에는 이런 면에서 유혹적인 것이 전혀 없었다. 인간의 가능성들이 아니라 신의 가능성들을 극단에 이르기까지 추적하는 데에 모든 사변적 대담함이 동원되었기 때문이다. 인간이 신학적으로 발견된 '존재와 자연의 불일치'를 창조적 독창성의 가능성으로서 자신을 위해 인식하고 파악할 수 있었다고 하기 위해서는 또 다른 결정적 동기가 필요할 것이다.

전능 개념과 무한성 개념을 접촉시킨 기폭제는 신학이 베랑가르[98]와 같은 "변증론자들"의 공격, 특히 성체변화이론에 대한 공격을 받고, 신의 전능 개념을 체계화할 필요가 있었을 때인 11세기에 나온 것으로 보인다. 특히 페트루스 다미아누스[99]가 《신의 전능에 대하여》로 주도적인 역할을 담당한다.[100] 나는 이 글의 12장에 나오는 특징적인 수사적 의문문만을 인용하겠다. "신이 새로운 창조를 통해 만들 수 없는 것은 무엇일까?" 세계의 존재는 중세 말에 가서야 비로소 세계존재의 사실성에 대한 불안으로 인해 논리적 요소에서 정서적 요소—즉, 인간에 의해 자기 자신과 관련되는 요소—가 되는 독특한 우연성, 철회 가능성, 가설적 대체 가능성을 얻는다. 나는 이 변형과정을 설명할 능력이 없다. 내게 중요한 것은 존재와 자연의 불일치가 착근하는 것에 대해서, 그럼으로써 창조적 근원성의 활동공간이 갖는 중요성에 대해서 뭔가를 설명하는 것이다. 이 과정을 "유기적"이라고 생각해도 안 되고, 그 과정에 역사적 필연성의 당당한 걸음을 인정해 줘도 안 된다. 그 과정은 '보다 이후의 것으로부터a posteriori'—게다가 그런 식

98 프랑스의 신학자 베랑가르Berengar de Tours(약 999-1088)는 변증론의 방법을 전통신학에 적용하다가, 빵과 포도주가 실체에 따라 예수의 살과 피로 변화된다는 성체변화이론이 이성과도, 옛 기독교 이론과도, 성서와도 모순된다는 점을 깨닫고, 빵과 포도주를 그 실체에 따라 있는 그대로 두고, 여기에 정신적 의미를 첨가하자는 의견을 내놓는다. 〔옮긴이〕

99 이탈리아의 교부 다미아누스Petrus Damianus(약 1006-1072)는 이 글에서 신의 전지와 전능 및 편재를 말한다. 〔옮긴이〕

100 가능성 개념의 역사에 대한 이 저자의 의미는 파우스트(August Faust, *Der Möglichkeitsgedanke*, Bd. 1, Heidelberg 1931, Kap. 2, S. 72-95)가 그려 내고 있다.

의 어떤 연구라도 의존하고 있는 선택적 표본에서—역사적 필연성을 지니게 되는 것으로 보인다. 존재론의 전제들을 변형하는 이 과정에서 쉽게 알 수 있는 것은 스콜라 철학의 역할이 "역사적 필연성"의 구상에 거의 들어맞지 않는다는 것이다. 아리스토텔레스를 수용해서 다시 고대를 모방하는 작업을 지나치게 무리한 역행으로 생각해서도 안 된다는 결과는 아우구스티누스를 위한 통찰에서, 즉 고대의 함의들이 어쨌든 얼마나 강력하게 지속되었었는지를 통찰하는 데에서 벌써 나온다. 고대 형이상학이 전성기 스콜라 철학에 의해 새롭게 부흥되는 바로 그 과정에서, 종종 눈에 띄지는 않지만 중요한 것으로 인식할 수 있는 형태 변화들을 지각한다는 것은 더욱더 매력적이다. 이 변화들은 무엇이 이미 더 이상 철회될 수 없었는지를 증명한다.

아우구스티누스에게서 명시적으로 표현될 필요가 없을 만큼 유효했던 존재론의 전제들은 이제 스콜라 철학 특유의 방식에 따라 "논란거리를 잉태할 만큼 성숙하게quaestionsreif" 된다. 아우구스티누스에게서 얻은 결과를 고려할 때 유익한 정보는 알베르투스 마그누스[101]의 글에 나온다. 이를 보여 주는 대목은 형이상학적 빛의 원칙과 의지를 동일시하는 아비케브론(이븐 가비롤[102])의 〈생명의 근원〉에 논박조로 맞선다. "의지가 첫 번째 것일 수 없다."[103] 신의 의지의 기능은 오로지 세계의 실존에만, 그러니까 생

101 마그누스Albertus Magnus(약 1200-1280)는 아리스토텔레스의 철학을 기독교에 끌어들인 독일 철학자이자 신학자이다. 〔옮긴이〕

102 스페인 태생의 유대인 작가이자 철학자인 가비롤Solomon Ibn Gabirol(약 1021-1058)은 아비케브론Avicebron으로도 불리는데, 신플라톤주의와 유대신학을 접목시키려 했다. 〔옮긴이〕

103 Albertus Magnus, *De causis et processu universitatis* I tr. 3 c. 4. "왜냐하면 작품의 시작과 그 다음은—그 처음 것에는 활동하는 능력이 있는데—작품에 형상을 주는 것이지, 작품을 만드는 것을 명령하고 종결짓도록 하는 것이 아니기 때문이다. 반면에 보편적으로 활동하는 '인식능력의 빛'은 작품의 형상이며, 작품을 방법과 형상으로 구분하는 것이다. 반면에

겨라와 같은ut fiat 명령에만 관련되지, 작품의 형상forma operis에는, 본질적 존립에는 관련되지 않는다. 이 존립이 여기서도 이상적으로 미리 형성된 전체의 자명성을 갖는다.

토마스 아퀴나스에게서도 이 입장은 아직 경계를 넘지 않고 있다. 그런데도 자연의 모방 원칙을 위한 어떤 느슨함이 보인다면, 그것은 이 원칙 외에 신의 모방 이념이 또 따른 정초 맥락으로 등장하는 한에서 그렇다.[104] 형식상으로 보면, 이런 일은 이미 아리스토텔레스에게 있었다. 사실 그에게는 제1 지역의 순수한 원운동이 '부동의 원동자'의 모방이었다. 그러나 이로써 이 관계가 거둘 풍성한 수확도 모조리 사용된 셈이다. 그렇기 때문에 아리스토텔레스는 이를테면 집의 탄생사를 설명할 때, 자연도 생기게 할 수 있었을 것을 건축가가 〔어렵지만〕 만들어 낸다고 할 수밖에 없었다. 이 가설적 표상을 모방하기 위해서, 우선 건축가는 인공적 구조물을 자연의 생산물로 생각해야 한다고 말이다. 이런 식으로 미메시스의 보편적 효용성이 인식되었다. 토마스는 자연의 모방을 자연이 실제로도 생산할 수 있는 것에 국한시킨다.[105] 바로 그 집이 순수한 '예술물Kunstding'이다. "모든 집이 아르스에서 나오듯, 그것은 항상 아르스에서 생긴다." 물론 아직까지 여기서는 대립이라곤 전혀 없지만, 강조되는 것은 다르다. 이는 자연학 해설에서 보다 명백해지는데, 해설〔서〕에서는 도입부에 인용된 중요한 자리

의지는 '생겨라'와 같은 생성을 준결짓는 것〔즉, 명령〕이 아니라면 존재하지 않는다."
〔옮긴이〕 스콜라 철학자들의 구별(예: "자연적 빛"과 "은총의 빛", "열등의 빛"과 "우등의 빛")을 염두에 둘 때, 여기서의 '인식능력의 빛lumen intellectus'은 각 예의 후자에 속한다. 철학사에서는 '자연적 빛'이 나중에 아프리오리로 바뀌었다고 보기도 한다.

104 Albertus Magnus, *Summa theologica* I, q. 9a. 1 ad 2. "〔자연모방의〕 유사성을 〔신의 지혜는〕 최고의 사물에 이를 때까지는 항상 흩어 놓는다. 왜냐하면 그 어떤 모방을 통해서 신의 지혜로 나아가는 것이라곤 아무것도 있을 수 없기 때문이다."

105 Albertus Magnus, *Summa contra Gentiles* II, 75 ad 3. "그러나 생성될 수 있는 것과 아르스들과 자연에서는 아르스가 자연을 모방해야 한다."

(II, 8: 199a 15-17)가 언급된다. 토마스에게 제시되는 라틴어 버전은 〔우리말로 옮길 경우〕 다음과 같다. "왜냐하면 어떤 종류의 아르스는 자연이 이룩할 수 없는 것을 완성하기 때문이다." 이에 대한 〔토마스의〕 해설은 다음과 같다. "이는 자연이 만들 수 없는 것을 어떤 아르스가 만든다는 걸 말한다."[106] 이 해설 내용은 아리스토텔레스에게서 생각될 수 있는 것보다 더 철저하게 표현되고 있다. 아리스토텔레스는 인간이 완성하는 작업에 대해 이야기할 때면 언제나 자연이 이미 계획한 것을, 자연이 이미 생성하고 있는 것을 전제한다. 하지만 무엇 때문에 자연의 모방이 그렇게 인식될 만큼 불가피성을 상실했는지, 무엇 때문에 "예술"이 자연과의 맥락에서 벗어날 수 있는지, 이런 점들이 토마스에게서는 명백하지 않다.

하지만 그와 동시대 인물인 보나벤투라[107]에게서는 그런 점들이 명백할 것이다. 보나벤투라는 아리스토텔레스의 원동자 형이상학의 도움을 받아 창조 개념을 해석하려는 시도에 동참하지 않는다. 이 구상의 역학을 따를 경우, 자신의 작품에서 자신을 전달하려는 신의 의지의 관점이 사라질 위험이 있기 때문이다. 말하자면 "전달"은 신의 무한한 힘이 이른바 "자동적으로" 시행됨을 뜻하지 않고, 유한하고 포착 가능한 것 속에서 자신을 제약하고, 유한한 존재가 자신을 들을 수 있게 만드는 것을 뜻하기 때문이다.[108]

---

106 *In octo libros physicorum Aristotelis exposito* II. lect. 13 n. 4(hrsg. von Mariani Maggiòlo, Turin 1954, S. 126). 아리스토텔레스의 의미가 얼마나 더 신빙성 있게 나올 수 있는지를 보이기 위하여, 아기로필로스(*Johannes Agyropylos*, hrsg. von Immanuel Bekker, Berlin 1831, III, 109b)의 번역도 인용해 보겠다. "심지어 어떤 아르스는 모든 것을 위해서 자연이 완성할 수 없는 것을 완성하고, 어떤 아르스는 모방을 통해 자연을 만든다."

107 보나벤투라Saint Bonaventure of Bagnoregio(1221-1274)는 중세의 뛰어난 신학자이자, 프란체스코 수도회의 "제2 창시자"이다. 〔옮긴이〕

108 Bonaventura, *Breviloquium* II, 1,1. "전체 세계기계machina mundalis는 독특한 제1 원리, 유일하고 최고인 원리에 의해 존재에서, 시간으로부터, 무로부터 생산되었다. 그 권능은 무한한데도 모든 것을 일정한 무게, 수량, 척도로 배열했다." 나중에 측정하고, 나중에 세

세계에서 표명되는 것은 가능한 모든 것이 아니라 특정한 어떤 것을 암시하려는 표현의지다. 피조물에게 자신의 위대함 속에서 자신을 보여주기 위하여, 신은 자신의 가능성들의 보고寶庫에서 "multa, non omnia", 즉 모든 것이 아니라 많은 것을 꺼내 온다.[109] 순전히 느낌에 따라 해석하는 사람은 많은 것과 모든 것의 차이가 여기서는 단지 "나머지"로, 신이 아마도 인간을 아끼고 배려하는 마음에서 인간에게 주지 않았을 "나머지"로 이해되고 있다고 말하고 싶겠지만, 어쨌든 그 차이가 존재의 점유와 존재에로의 접근에서 단축된다고 느낄 필요는 없다. 하지만 프란체스코 수도회의 전통을 일관되게 강화시켜 나가는 오캄[110]이 이미 저 많은 것을 다른 쪽으로, 즉 원하지 않은 것이자 실현되지 않은 것 쪽으로 옮기면서, 보나벤투라의 정식을 환위한다. "신은 원하지 않는 많은 것을 창조할 수 있다."[111] 심지어는

어 보고, 나중에 저울질하는 "매력"이 존재론적으로는 이 사실적 정형성에 뿌리를 내리고 있는데, 그 매력이 경험적으로 인식하는 길을 연다.

109 Bonaventura, *II. Sententiarum* I,2,1,1 concl. "무한 계시 때문에 〔신은〕 자신의 보물 전부가 아니라 〔일부를, 즉〕 많은 보물을 만든다. 왜냐하면 〔신의 덕의〕 효과는 제1 원인의 덕virtus 자체와 같을 수 없기 때문이다"(*Opera theologica selecta*, hrsg.v. Leonardi M. Bello, Collegium Sancti Bonaventura, Quaracchi 1934ff., Bd. 2, S. 39f.). 완전히 이질적인 정황을 위하여 아리스토텔레스식 설명을 도입하고 있다는 점이 특징적이다. 그런데도 아리스토텔레스와의 차이점은 토마스에게서보다도 보나벤투라에게서 더욱더 분명하게 나타났다. 정말이지 보나벤투라는 이미 "역사적으로" 생각했기에, 아리스토텔레스가 세계의 영원성 문제에서 일관되게 그리고 자신의 고유한 원칙에 따라 사유했다는 점을 칭찬할 수 있었다.

110 오캄William of Ockham(1285-1349)은 신에 대해서 우리가 아는 것은 아무것도 없고, 단지 믿어야 할 뿐이라고 주장한다. 〔옮긴이〕

111 Wilhelm von Ockham, *Quodlibeta Septem* VI, q. 1. "신은 자신이 만들려고 하지 않는 많은 것을 만들 수 있다"(Zit. nach: Reinhold Seeberg, *Lehrbuch der Dogmengeschichte*, Bd. 3, Nachdr. der 4. Aufl. 〔Berlin 1930〕, Darmstadt 1960, S. 175). 여기서 우리의 문제와 오캄의 "유명론"과의 연관관계를 포착할 수 있다. 보편들의 실재론은 무로부터의 창조의 엄격한 개념과 합치될 수 없는 것으로 입증된다. 구체적인 것에서 임의로 반복된 것이자 반복될 수 있는 것으로서의 보편적인 것은 하나의 의미만을 갖는다. 존재 가능한 것의 우주가 (가상계처럼) 실존을 "공급받을" 뿐인 하나의 유한한 전체인 한 그렇다. (이는 현실적 구별distinctio realis이

성가시고 귀찮은 사실성 의식이 어떻게 해서 여기서 생겨야 하는지도 감지된다. 무엇 때문에 다른 세계가 아닌 이 세계가 존재하게 되었느냐는 부풀어 오르는 물음이 말이다. 그것은 아우구스티누스의 노골적인 질문, 즉 무엇 때문에 〔신이〕 원했겠는가라는 질문을 재빠르게 '답 아닌 답Un-Antwort'으로 받을 수 있었던 질문이다. 합리적이긴 하나 불쾌한 언행이 이 사실성을 참을 수 없다는 의식을 일깨운다. 왜냐하면 뜻밖에도 강조의 대상이 창조된 것에서 느껴진 신의 의지표현에서 창조되지 않은 것에 함축된 유보의 성격으로 바뀌기 때문이다. 우리는 이 강조 변화과정을 여러 시도에서, 즉 만나려는 시도, 붙잡으려는 시도, 심지어 과정에 적극성을 부여하려는 시도 등 배려하는 시도들에서 가장 먼저 읽어 낼 수 있다.

이 노력은 니콜라우스 쿠자누스의 작품에서 가장 다양하게 반영되고 있을 것이다. 그는 초기 단계에서 라이프니츠의 시도를 미리 해 보았다. 즉, 현실 세계를 실재성의 최고 형식으로, 창조원칙의 자기낭비로, 창조된 신Deus creatus으로 가정함으로써, 창조되지 못한 것이 창조되지 않은 채 있음

다.) 그런데 절대적 능력의 개념에는 이제 '가능한 것'의 무한한 일체All 하나가 함축되어 있다. 이것이 개별적인 것을 어떤 보편적인 것의 "반복"으로 해석하는 일을 무의미하게 만든다. 어떤 피조물에게나 이제 창조는 피조물의 본질이 무로부터의 것임을 뜻한다. 이런 방식으로 해서만 윌리엄이 논증하듯, 신이 하나의 존재자를 창조함으로써 자신의 능력을 제한하는 일은 배제된다. 보편적인 것을 설정하면, 동일 영역에서는 모방만 가능할 뿐 창조는 가능하지 않을 것이기에 그렇다. 창조가 가능하지 않을 것이란 이유는 다음과 같다. "창조는 단순히 무로부터 나온다. 무란 사물의 본질적이거나 내적인 어떠한 것도 실재하는 존재에서 보여 주지 않는 것이다." 그래서 보편의 실재론은 다음 내용을 뜻할 것이다. "시간이 경과되면서 1차적으로 만들어진 것 다음에 만들어진 모든 것들은 창조되지 않는다. 이것들은 무로부터 나오지 않는다"(Bonaventura, *I. Sententiarum*, dist. 2 q. 4 D). 가능한 것의 제국이 얼마나 많은 공간을 이미 제공하는지는 윌리엄이 자신의 선구자인 둔스 스코투스에게 맞서면서, 신만이 창조 능력을 갖고 있다는 명제를 증명할 수 없는 것으로 천명하는 데에서 나타난다(Wilhelm, *Quodlibeta Septem* VII, 23). 이것은 아직 인간에게 창조적이라는 속성을 부여하는 것이 아니다. 하지만 그것은 '창조적'이란 개념을 배타적인 신학적 특성으로부터 잠재적으로 분리시켜, 그 개념이 이식 가능한 것으로 입증되기를 기대하게 한다.

을 정당화하려고 시도했다.[112] 그러나 기독교에 귀화한 이 신플라톤주의에는 사변적 신학의 두 요소들의 내재적 길항작용이 포함되어 있다. 창조자와 작품의 완전성 개념을 최대한 포착하려면, 더 완전한 것은 만들어질 수 없다고 말할 필요가 있다. 반면에 신의 권능 개념을 최대한 포착하려면, 이 창조자의 어떤 실제 작품도 그가 크기와 완성도에서 수행할 수 있었을 것의 최종적 모습을 실현하지 않는다고 말할 필요가 있다. 이 딜레마로부터 빠져나올 수 있는 길이 없는 것이다. 거의 20년 뒤에 쿠자누스는 〈에메랄드에 대하여〉에서 실증적 법규 모델에 따라 창조를 고찰했다. 이때 그는 《학설휘찬學說彙纂》[113]을 두 번 인용한다. 인용에 따르면, 지배자의 의지는 법의 힘을 갖고 있다.[114] 쿠자누스는 사유 과정의 끝에서, 〈천체의 게임에 대하여〉에서, 자신의 초기 두 입장을 〔관점에 따른〕 양상들의 차이로 환원하면서 조화시키려고 했다. 신 쪽에서 보면 가능성의 활동 공간이 있는

112 Nikolaus von Cuse, *De docta ignorantia* II, 2. "그 무한한 형상이 유한하게 회복되자마자, 창조된 모든 것은 무한성과 유사한 유한성일 수 있거나 창조된 신일 수 있다. 신의 방법에 의해 더 좋은 형상이 있을 수 있다. 더욱이 창조자가 '생겨라!'와 같이 말했더라면, 더욱 그럴 수 있다. 왜냐하면 신은 영원성 자체인 것을, 만들어져 있는 것을 〔즉, 사실인 것을〕, 신에 의해 더 유사하게 만들 수 있는 것을 만들 수 없기 때문이다."

113 《학설휘찬*Digesta*》은 고전기 법률가들의 저술을 모아 편찬한 것으로, 《로마법 대전》의 주요 구성 요소이다. 〔옮긴이〕

114 "지배자를 기쁘게 하는 것은 법의 힘을 갖고 있다"(Ulpianus, *Digesta* I,4,1; Nikolaus von Cues, *De beryllo* XXIX). 명백하게 이것은 창조행위를 해석하는 데 무능력한 고대 형이상학을 빗대고 있다. "나아가 결정이 이런 식으로만 있고, 다른 식으로는 없을 이유가 없다. 그 때문에 그는 마침내 무엇에도 구속받지 않고 말하게 될 것을 알게 될 것이다. 지배자를 …"(같은 책, 제16장). 성서의 권위로 〈전도서〉 VIII, 17이 인용된다. "신의 작품 전체에 대해서는 이유가 없다"(같은 책, 같은 곳).
〔옮긴이〕 인용된 〈전도서〉의 라틴어 문구는 "Omnium operum Dei nulla est ratio"인데, 예컨대 1609년의 두아이 성경Douay Bible(http://www.newadvent.org/bible/ecc008.htm 참조)에서는 제시되는 문장이 다르다. 출처의 상이성에 따른 또 다른 번역 가능성은 대한성서공회의 《표준새번역》이 제공한다. "하나님이 하시는 모든 일을 두고서, 나는 깨달은 바가 있다. 그것은 아무도 이 세상에서 이루어지는 일을 이해할 수는 없다는 것이다."

데, 세계 쪽에서 보면 그런 공간이 없다는 것이다.[115] 이것의 토대는 가능성 개념의 형이상학화에 있다. 왜냐하면 신은 창조를 통해 가능한 것만 실현하거나, 가능한 것에서 가능한 것만 실현한 것이 아니라, 가능성 자체를 창조했기 때문이다. "그리고 생길 수 있음은 그 자체가 사실이다." 이는 분명 절박하게 파고들던 의문들을 논박하고 배제할 목적으로 규정된 것이다. 쿠자누스가 논리학의 형이상학화를 통해 아직도 그것을 시도한다면, 루터는 신학의 무제한성 요구를 철저히 함으로써 그렇게 한다. 오컴의 정식에 분명히 맞서면서 쿠자누스가 주장하는 바는 "전능"이 말 그대로의 것 외에 논리적으로 설명할 수 있는 의미를 갖고 있지 않으며, 바로 그렇기 때문에 신의 힘을, 즉 작용할 수 있는 많은 것에 작용하지 않는 힘을 의미하지 않는다는 것이다.[116] 신의 **절대적 능력**potentia absoluta을 포착할 수 없다는 것은 중세 후기 전체는 물론 젊은 루터도 불안케 했지만, 이제 이 능력은 신이 스스로 계시의 도구를 이용하여 **조절된 능력**potentia ordinata에 제한한 것으로 생각될 수 있다. 신의 은혜로운 자기제한을 넘어서서 질문하는 것은 은혜행위를 거절한다는 악평을 얻게 된다. 가능성의 무한한 활동공간에 대하여 질문하지 않으면서만, 이 공간이 열어 놓은 것이 보여 주는 위협적인 불확실성에서 벗어나게 된다.

---

115 Nikolaus von Cues, *De ludo globi* I. "신은 더 발전하고 더 둥근 세계와 덜 완벽하고 덜 둥근 세계를 만들 수 있었다. 있을 수 있는 것과 마찬가지로 이미 만들어진 것이 완벽하다고 할지라도 말이다."

116 *D. Martin Luthers Werke*, Krit. Gesamtausg., Bd. 18, Weimar 1908, S. 718. "진실을 말하자면, 내가 신의 전능이라 부르는 것은 그가 자기가 할 수 있는 많은 것을 만드는 능력이 아니라, 글이 그의 전능이라 부르는 바와 같이 모든 것에서 모든 것을 효과적으로 만드는 실질적 능력이다."

VII

하지만 일단 터져 나온 의문들의 힘을 막을 수는 없었다. 이 의문들이 어디에 이르게 되는지는 이미 데카르트가 거의 전 영역에 걸쳐 표명한 것에서 알 수 있다. 그에게서 철학은 가능한 것의 분류학이 된다. 존재가능성에서 볼 때, 이제 존재의 현실이 이해된다. 바로 여기에 가설의 새로운 의미가 근거를 두고 있다. 이 가설은 구성될 수 있는 가능적 존재 맥락에서 인식하려는 의지를 만족시키는 반면, 사실적 연결을 묻는 질문을 의미 없게 만든다. 자연이 우연히 모방되는지, 또는 거기서 실현되지 못한 어떤 해결책이 자리를 잡는지는 구성을 향한 의지에 중요하지 않다. 경제의 규범적 원칙은 자연의 수행이 아니라 인간정신의 수행을 위한 인간정신의 이념이다. 가능세계들의 원칙들은 무한하게 생산적이라서, 이 원칙들로부터 연역되는 가설적 구성들과 현실 세계의 일치는 단지 우연일 수 있다.[117] 합리적 정식이 사실적으로 주어진 것에 의존하지 않는다는 점, 바로 이 점에 자유의 이념이 어떻게 관련되는지는 이미 데카르트에게서 인식할 수 있다. 그는 매우 정교한 기계machina valde artficosa를 예로 들면서, 재능의 힘vis ingenii을 참신하게 존재할 수 있게 하는 것으로 증명한다. "어디서도 본 적이 없는 기계를 혼자 힘으로 고안해 낼 수 있었는지를 묻는 것과 같은"[118] 것으로 말이다. 신이 창조될 수 있는 세계 하나를 가능한 것에서 골랐듯이, 인간은 자신의 세계를 "고른다". 라이프니츠는 자신의 예정조화[119]를 통해 이 세

117 Descartes, *Principia philosophiae* III, 4. "〔…〕 원리들은 매우 광범위하고 매우 생산적이다. 따라서 이 원리들로부터, 우리가 알기로 이 가시세계에 포함되어 있는 많은 것들이 나온다."

118 위의 책, I, 17.

119 라이프니츠 철학에서 몸과 마음의 문제를 해명하기 위한 기본개념인 "예정조화"는 인과관계를 따르지 않는, 모든 사물에 내재해 있는 질서를 일반적으로 일컫는 표현이다.

계들을 함께 묶으려고, 그리고 형이상학적 낙관주의를 통해 무한한 가능성들의 압력을 균형 잡게 하려고, 다시 한 번 시도하게 된다. 그러나 밑바닥이 없는 이 낙관주의가 18세기 중엽에 붕괴되자, 존재가능성의 제국에서 존재현실은 단지 임의의 점이 갖는 가치라는 사실에 온갖 불쾌함이 표명된다. 가능한 것이 가능한 상태임을 정당화하기 위해서는 어떤 길이 또 있을까? 자연은 기계적 상황들 전체의 사실적 결과가 된다. 그렇다면 자연은 인간의 제작물을 통한 모방에 무엇을 구속력 있게 만들고, 무엇을 추천할 수 있는가? 자연적 형성물의 우연성에 대해 이제 인간의 제작물은—기술적 제작물로서는 물론 미학적 제작물로서—그 필연성을 내세운다.

라이프니츠의 "모든 가능세계들 가운데 최고의 세계"에서 존재론적으로 계속 영향을 끼치며 남아 있는 것은 "최고의 세계"가 아니라, 가능세계들의 무한성이다. 선택된 최고의 세계를 현실 세계가 더 이상 신빙성 있게 대표하지 못할 때, 바로 그때 그 무한성은 우리의 의식에 매력적인 것이 된다. 오스카 발첼[120]은 형이상학적 배경을 눈치 채지 못한 채, 라이프니츠에서 18세기 중엽의 창조적 천재의 이념으로 이어지는 연결선을 제시한 바 있다.[121] 특히 그는 신을 창조적 예술가와 비교하는 일이 어떻게 해서 예술가가 자신을 신과 비교하는 일을 이미 포함하는지를 분명하게 보였다. 논리적으로는 여기서 르네상스와 질풍노도 사이에 어떠한 것도 더 이상 덧붙일 수 없었다. 하지만 결정적으로 중요한 것은 문학Dichtung이 이제 그 비교에서 유일한 의미를 얻는 상황이다. 신을 건축가나 조형 예술가와 비교하는 것은 고대로 거슬러 올라가지만, 이제는 시인이 선호되는 "창조자"가

[옮긴이]

120 오스트리아 출신이나 독일에서 활동한 발첼Oskar Walzel(1864-1944)은 예술사의 개념들을 문예학에 적용한 인물이다. [옮긴이]

121 Oskar Walzel, *Das Prometheussymbol von Shaftebury zu Goethe*, München ^{2}1932.

된다. 그리고 이것은 우연한 것이 아니라—이제 우리에게는 쉽게 통찰되듯이—미메시스 이념의 분해를 근거로 한 것이다. 레오나르도는《그림에 관한 논고》에서 화가가 신을 닮았다고 주장하면서, 그 근거로 자신은 자연의 모방에서 자연의 창조자를 모방한다는 점을 제시했었다. 그리고 미메시스에 맞선 기교주의의 반란은 사실상 자연의 변형Deformation을 도발하는 것으로 그쳤다. 시학의 전통에서 이미타티오 거부는 일차적으로 문체 수단들을 고대의 규범에 연결시키는 것에 대한 반발이고, 이는 곧 아리스토텔레스의 시학 체계와 키케로주의에 반발하여 진술 형식의 개성을 고집하는 것이다.[122] 하지만 이미 율리우스 카이사르 스칼리거[123]도 자신의《시학》(1561)에서 문학과 다른 예술들의 차이점을 정의한다. 이에 따르면, 시인의 활동만이 정초하기condere이고, 나머지 예술가들 모두의 활동은 보고하기narrare, 즉 제2의 신으로서 제2의 자연을 정초할 수 있는 시인의 존재정립과는 달리 '자기 말로 재현하기Nacherzählen'이다.[124] 하지만 이 이념에는 아직 존재론적 토대가 없다. 라이프니츠를 통해서야 비로소 그 이념은 존재론적 토대를 갖게 되지만, 정작 라이프니츠 자신은 가능세계들의 무한성으로부터 아무런 결론도 끌어내지 않았고,[125] 자신의 형이상학적 낙관주의 때문에 그럴 수도 없었다. "스위스 사람들"이 비로소 창조적 시인의 표상과 "가능세계들"의 이념을 열광적으로 접촉시켰다. 이 접촉으로 예술의 의미는 후

122 Vgl. August Buck, *Italienische Dichtungslehren*, Tübingen 1952.

123 이탈리아의 인문주의 학자인 스칼리거Julius Caesar Scaliger(1484-1558)는 시적 장식에 영감을 줄 수 있는 주제는 무엇이든 잠재적으로는 시적인 것으로 허락했으며, 자신의《식물에 관한 대화》를 아리스토텔레스에게 헌정할 정도로 아리스토텔레스의 추종자였다. [옮긴이]

124 스칼리거의 정의 부분은 Walzel, *Das Prometheussymbol von Shaftesbury zu Goethe*, S. 45f.에서 자세히 논의되고 있다.

125 위의 책, 51쪽.

속 세대에게 "형이상학적 활동"으로 확정되었다. 요한 야코프 브라이팅거[126]가 1740년에 내놓은 두 권짜리 《비판적 작시법》은 "라이프니츠의 가능세계이론을 미학적으로 평가"한 것이다.[127] 시인은 가능한 것의 무한성 전체에 직면해서 세계의 창조를 앞두고 있는 신의 위치에 있는데, 이 무한성에서 그 세계를 선택해도 된다. 그렇기 때문에—그리고 이제 우리의 맥락에서 소망할 수 있을 가장 놀라운 표현이 나온다!—시문학Poésie은 "현실적인 것에서뿐만 아니라 가능한 것에서도 창조와 자연의 모방"이다. 형이상학적 전통에 뿌리를 두고 있는 "자연의 모방"이라는 원래 정식은 이처럼 영향력이 대단하다. 그래서 이 정식의 진정한 의미와 정확히 반대되는 것을 말해야 할 때조차도, 실로 "포고해야" 할 때조차도, 인간의 작품을 해석하기 위해서는 이 정식의 재가가 없으면 참으로 곤란하다. "모방"에 대한 이야기가 어떤 식으로든 아직도 의미를 가져야 한다면, 무한하게 가능한 것도 여기서 플라톤의 이데아들의 긴밀성을 받아들인다. 요한 야코프 보드머도 앞의 책과 마찬가지로 1740년에 나온 《시문학에서의 놀라운 것에 대한 비판적 논고》에서 거의 같은 말로, 문학이 "현재 세계보다는 오히려 가능세계로부터 항상 모방의 자료들을 취한다"고 한다.[128] 그는 밀턴을 예로 들면서, 시인이 주어진 것을 어떻게 넘어서는지, 심지어는 "일종의 형이상학적 행위를 통하여" 세계를 세계로 만드는 모든 것을 내던져 버림으로써 어떻게 무無를 그려 낼 수 있는지, 무를 어떻게 어떤 것으로 소개하는지를 보여 준다. 이 소개로 인해 시인은 "창조 이전의 창조를 미리 가져온" 셈이

126 브라이팅거Johann Jakob Breitinger(1701-1776)는 스위스의 문헌학자이자 작가였고, 창조적 판타지아를 위하여 전통 시학의 원칙에 반대함으로써 독일 문학이론에 지대한 영향을 끼쳤다. 〔옮긴이〕

127 위의 책, 39쪽. 이어지는 문장의 인용도 여기서 나온 것이다.

128 위의 책, 43쪽. 이어지는 문장의 인용도 여기서 나온 것이다.

된다. 그리고 여기서 다시 놀라운 표현이 나온다. 이에 따르면, 시인들은 "모방을 이용하는 자신의 예술에 따라 존재하지 않는 사물들을 만들어 낸다."

19세기에는 자연의 사실성[129] 특징들이 결정적으로 첨예화되었다. 자연으로서 우리 앞에 있는 것은 방향을 잡지 못한 기계적 과정들의 결과이자, 소용돌이치는 원原질료가 응축된 결과, 생존 투쟁의 가혹한 사실과 더불어 우연히 퍼진 돌연변이들의 변동 결과이다. 이것이 결과의 전부일지 모르지만, 이것이 미학적 대상만은 아닐 수도 있을 것이다. 우연은 어떻게 해서 미의 놀라운 명증성을 만들 수 있었을까? 그때까지 불가해한 것, 즉 자연이 추해진다는 것은 이렇게 이해할 수 있다. 프란츠 마르크[130]는 자연이 추해진다는 것을 다음과 같이 보고한다. "나무, 꽃, 땅, 모든 것은 해가 갈수록 내게 점점 더 추하고 점점 더 감정에 거슬리는 면을 보였다. 마침내 나는 갑자기 자연의 추함, 자연의 비순수성을 완전히 의식하게 되었다."[131] 프랑스의 화가 라울 뒤피[132]가 자신에 대한 비난, 자연을 지나치게 가볍게 다룬다는 비난에 대해, "자연은, 선생, [⋯] 하나의 가설이오"[133]라고 답했을 때, 그는 존재론적 배경을 더 정확히 말한 셈이다. 이제 미학적 자연체험에서는 무한하게 많은 가능세계들이 유보되었다는 생각이 벌써 떠오른

---

129 "사실성Faktizität"이란 무엇인가가 단순히 주어져 있다고 할 때, 이에 대한 사실적 내지 실재적 속성을 말한다. *HWP*, Bd. 2, S. 886 참고. '단순히 주어져 있다'는 것에서는 하이데거가 말하는 "실존으로 내던져짐"을 떠올릴 수 있다. 그렇기 때문에 '사실성'은 실존의 의미로도 쓰인다. [옮긴이]

130 마르크Franz Marc(1880-1916)는 표현주의 예술가들의 모임인 "청기사靑騎士 · Der Blaue Reiter"를 칸딘스키와 함께 창설한 독일 화가이다. [옮긴이]

131 이 증언과 또 다른 증언들은 Hans Sedlmayr, *Verlust der Mitte*, Salzburg 1948, S. 158에 나온다.

132 뒤피Raoul Dufy(1877-1953)는 앙리 마티스의 그림에 매료되어 "야수파Fauvismus"의 일원이 되었다가, 말년에는 본질적인 것을 중점적으로 다룬 화가이다. [옮긴이]

133 Zit. in: *Geschichte der modernen Malerei. Fauvismus und Expressionismus*, Genf 1950, S. 69 ff.

다. 왜냐하면 우리가 데카르트 이후 자연과학적으로 확실히 말할 수 있는 것은 더 이상, 이 가능성들 중 어떤 것이 자연에서 실현되어 있는지가 아니라, 이 가능성들 중 어떤 것을 우리가 기능적으로 완성하는지, 그것뿐이기 때문이다. 이 자연은 미메시스 이념과 연관되는 고대의 자연 개념과, 즉 생산할 수 있는 것 모두의 원상原像이면서 스스로는 생산할 수 없는 원상과, 더 이상 공통점이 없다. 이와 달리 모든 현상의 생산 가능성은 실험적 자연탐구의 보편적 예견이고, 가설들은 현상들을 생산하기 위한 갖가지 지침의 구상들이다. 결과적으로 자연은 기술이 만들어 낼 수 있는 생산품들의 총괄개념이 되었다. 이로써 모범적 구속력의 잔재는 자연에서 추방된다. 기술자에게는 점점 자연이 단순한 기체基體가 될 수 있었고, 기체의 주어진 구성은 구성목적들의 실현을 촉진한다기보다 오히려 그 실현에 방해가 된다. 자연을 순전히 자료 값과 에너지 값으로 환원할 때만, 순순한 구성과 종합의 지역 하나가 가능하게 된다. 이렇게 해서 첫눈에는 역설적으로 보이는 정황이 나온다. 즉, 자연에 관한 학문이 최고의 가치를 갖는 시대에서는 이 학문의 대상도 자신의 존재지위에서 인간에게는 같은 수준이 되고 있는 것이다.

VIII

이제야 비로소 존재와 자연의 동일성 해체에 배당되는 실증적 의미가 인정될 수 있다. "세계 전체와의 관계에서 가시적인 것은 고립된 예일 뿐이고, 다른 진리들은 대다수가 잠재적"이라는 믿음,[134] 그리고 이 세계가 "모든

134 Paul Klee, zit. nach: Werner Haftmann, *Paul Klee. Wege bildnerischen Denkens*, München 1950, S. 71.

세계들 중에서 유일한 세계가 아니"라는 믿음이 가능해졌기 때문에,[135] 오직 그 때문에 자연의 평가절하 과정은 허무주의적 과정이 아니다. 그렇게 해서 예술은 또 다른 모범적 존재를 더 이상 가리키지 않는다. 예술은 그 자체가 곧 인간의 가능성들에게 모범적인 존재이다. 예술작품은 더 이상 무엇인가를 의미하려고만 하지 않고, 무엇인가로 존재하려 한다.

하지만 이른바 자연과 나란히 놓여 있는 무한하게 많은 가능성들 중의 하나를 받아들이는 이 존재가 자연의 존재와 마찬가지로 사실적이고 임의적이지 않을까? 미메시스와의 결속을 극복함으로써 제시된 모든 의문들이 이 핵심을 맴돌고 있다. 우리에게는 특정 대답을 할 능력이 있다고 믿어도 될 정도로, 우리는 아마 투쟁적 극복 과정의 막바지에 있을 것이다. 우리는 "가설일 뿐"인 것에서 벗어나려 했던 바로 그 지점에서 가설들에 의존하고 있다. 하지만 많은 것은 구성적인 것이자 진정한 것의, "제작물"과 "노동"의, 난폭한 자기강조 단계가 과도기였을 뿐임을 지적한다. "자연을 나중에 측량하기"〔=자연의 모방〕의 극복은 "자연을 미리 측량하기"의 획득으로 흘러갈 수 있을 것이다.[136] 인간은 예술의 "형이상학적 활동"[137]에서 자신의 참신한 능력을 확인하는 데에 전적으로 몰두한 듯이 보이는 반면, 창조된 것에서는 '항상 이미 현존하는 것'에 대한 예감이 갑자기 "마치 단순한 자연의 산물인 양"[138] 나온다. 나는 파울 클레[139]의 필생의 작품처럼, 자신

---

135 Paul Klee, *Über die moderne Kunst*, Bern 1945, S. 43.

136 "모방"으로 번역되는 독일어 "Nachahmung"은 16세기 전까지만 하더라도 '〔다시〕 측량하다'란 의미를 바탕으로 하고 있었다. 본문에서는 이 어원적 의미를 '-ahmung'에 집중시켜, 이로부터 시간적 선후관계를 끌어내고 있다. 이런 상황에서라야 "Vorahmung"을 위와 같이 번역할 수 있다. 〔옮긴이〕

137 원문이 "metaphysischen Thätigkeit"으로 표기된 것으로 보아, 앞에서 본 스칼리거의 말을 따온 것으로 보인다. 즉, '스칼리거가 말하는'이라는 표현을 이 문구 앞에 붙여도 될 것이다. 〔옮긴이〕

138 Immanuel Kant, *Kritik der Urteilskraft*, § 45.

의 충동들이 인지된 상태에서 범례가 되는 필생의 작품을 생각하고 있다. 클레의 작품에서는 자유롭게 창조된 것의 활동 공간에서 어떻게 구조들이 생각지도 않게 결정結晶되는지를 보게 된다. 바로 이 구조들 안에서 자연의 궁극적 기반 하나의 태고의 것이자 항상 있어 온 것이 자신의 이름을 대고 있는데, 이것이 새롭게 설득력을 얻고 있다. 그래서 클레의 명명행위들은 추상적인 것들의 통상적 당황, 즉 친숙한 것에서 연상들에 호소하는 당황이 아니라, 충격적으로 재인식하는 행위들이다. 이 재인식 과정에서는 하나의 세계만이 존재가능성들을 유효하게 실현한다는 것도, 가능한 것의 무한성으로 가는 길이 미메시스의 부자유로부터의 도피일 뿐이었다는 것도 결국 드러나게 될 것이다. 라이프니츠가 미학에 선사한 무한한 세계들이 단지 존재의 기본형상 하나의 무한한 반영들일까? 우리는 그것을 알지 못한다. 또한 그것을 언젠가는 알게 될 것인지의 여부도 알지 못한다. 하지만 이에 대한 실험은 무한하게 다시 반복될 것이다. 혹 그것은 우리가 출발했던 정확히 바로 그곳으로 우리를 돌려보내는 일종의 순환이 아닐까? 그러한 순환의 징후들이 오늘날 수많은 사람들을 경악시킨다. 모든 대담함이 헛된 것이었을 수도 있다 싶어 두려워하는 사람들을 말이다. 하지만 바로 그것이 하나의 오류다. 주어진 것을 어쩔 수 없는 것으로 받아들여야 하는지, 아니면 주어진 것을 무한한 가능성의 활동공간에서 명증성의 핵심으로 다시 찾아내어, 이에 자유롭게 동의하며 인정할 수 있는지, 이것이 결정적 차이점이다. 최종적으로 문제가 되는 것은 "우연한 것을 본질로 만드는 일"[140]일 것이다.

139 독일 태생이나 사후에 스위스 국적을 취득한 클레Paul Klee(1879-1940)는 음악가, 교육자, 시인으로도 활동한 예술가이다. [옮긴이]

140 Paul Klee, zit. nach: Haftmann, *Paul Klee*, S. 71.

수사학의 현재적 현실에 대한 인간학적 접근

인간이 무엇인지는 정의와 비슷하게 규정하려는 수많은 시도에서 문장들로 표현되었다. 오늘날 '철학적 인간학'으로 불리는 것의 변종들은 하나의 양자택일로 환원될 수 있다. 즉, 가난한 존재로서의 인간이나 아니면 부유한 존재로서의 인간으로 환원될 수 있다. 생물학적으로 인간이 특정한 환경세계에 정착하지 않고 있음은 자기 보존을 위한 제대로 된 장비의 근본적 결핍으로, 아니면 더 이상 활력이 넘친다고만 강조되지 않는 세계의 풍성함에 대한 개방성으로 이해될 수 있다. 인간을 창조적으로 만드는 것은 욕구들의 긴박한 상황이거나 아니면 넘쳐 나는 능력들과의 유희적 교류이다. 인간은 목적이 없이는 어떤 무엇인가를 하지 못하는 피조물이거나 아니면 홀로 "불필요한 충동적 행위acte gratuit"를 할 수 있는 동물이다. 인간은 자기에게 결핍된 것을 통해서 정의되거나 아니면 자기 세계들에서 터전을 마련하게 해 주는 상징들의 창조적 사용을 통해서 정의된다. 인간은 세계의 중심에서 우주를 바라보는 관객이거나 아니면 낙원에서 추방되어 아무것도 뜻하지 않는 먼지인 땅 위에 있는 기인奇人이다. 인간은 자기 안에 층을 잘 이룬, 모든 자연적 현실의 수확을 숨기고 있거나 아니면 이해되지도 않고 기능도 없어진 본능들의 잔재에 대해 불평하는, 자연에 의해 곤란한 지경에 빠진 결핍존재이다. 대립들을 계속해서 열거할 필요는 없다. 열거를 이어갈 수 있는 원칙을 쉽게 알 수 있기 때문이다.

수사학에 관한 한, 수사학에 대한 전통적 기본 견해들도 위에서와 마찬가지로 하나의 양자택일로 환원될 수 있다. 수사학은 진리의 점유에서 나오는 결과들과 관련이 있거나 아니면 진리에 도달하기란 불가능하다는 데에서 나오는 당황들과 관련이 있다. 플라톤이 소피스트들의 수사학과 싸우면서 추정한 것은 이들의 수사학이 진리〔에〕의 〔도달〕 불가능성 테제에 근거를 두고서, 이로부터 참인 것 대신에 관철될 수 있는 것을 제시하는 권리를 끌어 낸다는 것이다. 우리의 전통에서 가장 영향력 있는 수사학, 즉 키케로의 수사학은 진리의 점유가 가능하다는 데에서 출발하고, 이 진리의 전달을 미화하는 기능, 진리전달을 명백하고 인상 깊게 만드는 기능, 간단히 말해서 사태에 맞게 진리전달을 다루는 기능을 화술Redekunst[1]에 부여한다. 기독교의 전통은 진리점유라는 전제로부터 나올 수 있는 두 결론 사이에서 흔들린다. 첫 번째 결론은 신의 진리가 수사학적 방식의 인간의 도움을 필요로 하지 않으며, 가능한 한 장식 없이 그 자체로 제공되어야 한다는 것인데, 이는 솔직함의 수사학 어느 것에서나 반복되는 범례다. 두 번째 결론은 바로 이런 진리도, 성인명부에 받아들인 수사규칙들을 보호하기 위한 꺼풀 안에서 더 인간답게 된다는 것이다. 근대 미학에서는 수사학의 함축이, 수사학이 긍정적이든 부정적이든 진리와 관련이 있다는 함축이, 수사학의 최종 승리를 찬미한다. 이 승리에서는 연관성 관계가 뒤바뀐다. 즉, 말의 예술, 문체, 미美로부터 진리내용을 추론하는 것이 허용되거나 아니

1 이것은 수사학의 또 다른 이름이다. 이 합성어의 앞부분 'Rede'는 '연설'이나 '말'로, 뒷부분 'Kunst'는—이미 앞 장에서 보았듯이—'기술'이나 '예술'로 옮길 수 있기 때문에, 합성어 자체는 '화술' 외에 '연설기술', '연설예술', '말 기술', '말 예술'로도, 심지어는 기술이 재주를 포함하므로 '말재주'로도 번역될 수 있다. 〔옮긴이〕

면 심지어 예술과 진리가 동일시된다. 플라톤이 정립한 철학과 수사학 사이의 적대감은 철학 자체에서, 최소한 철학의 언어에서, 철학에 대항하는 미학으로 명백히 나타난다. 미학으로서만 그럴까?

인간학의 철저한 양자택일과 수사학의 철저한 양자택일이 서로 명백히 종속될 수 있다는 점은 쉽게 알 수 있다. 부유한 존재로서의 인간은 수사적 "장식ornatus"의 작용수단들을 가지고, 자신의 진리점유를 마음껏 사용한다. 가난한 존재로서의 인간에게는 자신의 진리결핍을 잘 다룰 수 있게 해주는 외양의 예술로서 수사학이 필요하다. 인간학적으로 볼 때, 플라톤이 소피스트 철학에 종속시켰던 인식론적 상황은 자신을 철저한 방향으로 몰고 가서 〔결국〕 '결핍존재'의 인식론적 상황이 된다. 결핍존재에게는 모든 것이 생존을 위한 도구의 경제로 밀려 난다. 따라서 그는 〔큰 비용을 들여〕 수사학을 마련해야 하는 경우를 제외하고는 수사학을 위한 재정적 수단을 가지고 있지 않다. 출발 조건들을 인간학적으로 첨예화시키다 보면, 이 조건들에 배정된 수사학의 개념도 보다 근본적으로 이해되어야 한다는 결론에 이른다. 이때 말의 기술은 조절된 행동방식들에 대한 특수한 경우로 나타나며, 행동은 이해할 무엇인가를 주거나, 기호들을 설정하거나, 일치에 영향을 끼치거나, 모순에 도전한다. 침묵은, 행동문맥에서의 분명한 생략은, 민중이 지면으로부터 읽어 낸 분노의 외침과 마찬가지로 수사적이 될 수 있고, 플라톤의 대화는 플라톤이 문학적으로 맞섰던 소피스트의 강연에 못지않게 수사학에 마음을 쓰고 있다. 수사학은 입말이나 글말의 문턱 아래에서도 수단으로서의 형식, 기관으로서의 규칙성이다. 니체가 수사학에 대한 플라톤의 싸움을 수사학의 영향력에 대한 시기심에서 나온 것으로 이해할 수 있다고 확인한 것은 틀린 말일지 모르지만, 같은 자리에서 그가, 그리스인들이 수사학으로 '형식 자체'를 고안했다고 한 것은 옳은 말이다.[2]

플라톤이 크게 부정한 두 가지, 즉 원자론의 부정과 소피스트 철학의 부정은 플라톤의 작용을 보여 주는 역사, 즉 "플라톤주의"로 명명됨으로써 확인될 수 있는 역사에 대한 교조적 입장들보다도 영향력이 더 강했었을 것이다. 철학은 사물에 대한 언어의 의미론적 관계를 선호한다. 그러다 보니 수사학의 화용적 언어관에 대해서는 끊임없이 민감한 반응이 나오게 되었다. 스콜라 철학의 형식들을 빌린 개념 언어가 사물과 화용적 언어관의 관련을 믿을 수 없게 했을 때마다, 민감한 반응은 수사학을 위해서 일시적으로만 변했다. 플라톤의 소크라테스는 덕이 지식이라고 말한 바 있다. 일반 교양에 남아 있는 소박한 것들 중 하나인 이 명제는 제도 대신 명증성을 행동의 규범으로 만든다. 소크라테스가 그 명제로 하나의 이상理想을 표현했다는 것, 때로는 거만하게 때로는 절망하며 이 이상을 추적하지 않고서는 유럽의 전통을 생각할 수도 없다는 것은 어느 누구도 반박하려 하지 않을 것이다. 하지만 그의 요구가 지나쳤다는 것도 맞는 말이다. 체념들이 이 요구를 뒤이었다. 아카데미 회의론의 출현으로 인해 이데아 이론은 플라톤 자신의 학파에서 창시자의 서거 후 1세기가 못 되어 재앙에 가까운 갑작스런 사태악화를 겪었다. 바로 여기서 시작된 체념이 니체가 허무주의로 나타낸 것에서 끝난다. 절대적 목적들의 철학은 수단들의 이론을 정당화하지 않고, 그 이론을 몰아내 질식시켰다. 선善의 명증성에서 출발하는 윤리학은 선의 명증성이 사용될 수 없다는 전제하에서, 행동에 영향을 끼치는 이론과 실제로서의 수사학에게 어떤 공간도 허용하지 않는다. 이것은 수사학에서 형성되고 수사학에 몰두한 "인간학"과도 관련된다. 명증성을 떠난 채 이상적 존재방식의 외부에 있는 인간에 대한 하나의 이론으로서 인간학은 "철학적"일 가능성을 상실해 왔고, 철학의 마지막이자 늦둥이 분과학문이 된다.

---

2 Friedrich Nietzsche, *Gesammelte Werke*, Musarion-Ausg., hrsg. v. Richard Oehler, Max Oehler und Friedrich Christian Würzbach, Bd. 6, München 1921, S. 105.

수사학의 인간학적 의미는 고대 이래로 우세한, 우주론의 특징들을 간략히 보여 주는 형이상학을 배경으로 하여 가장 먼저 각인된다. 이 형이상학에 따르면, 이념들은 하나의 우주Kosmos를 형성하고, 출현하는 세계는 이 우주를 모사한다. 관객으로서 인간이 전체의 중심부에서 제아무리 선호되는 곳에 자리를 잡고 있다고 할지라도, 인간은 순수한 특수 경우가 아니라 오히려 낯선 실재성들의 교차점, 하나의 합성Komposition이다—물론 합성으로서 문제가 없는 것은 아니다. 서로 어울리기 힘든 약간의 것이 인간 곁에서 서로 다가갔다는 생각이 현대화된 층層모형에 잔존한다. 원칙적으로 이 형이상학은 인간의 생각들이 어떤 신의 생각들일 수도 있음을 뜻하고, 또 인간을 움직이는 것이 하늘의 지역이나 동물을 움직이는 것일 수 있음을 뜻한다. 한때 사람들은 순수하게 묘사되는, 우회로 없이 조절되는 자연의 복잡함 앞에 서 있었는데, 이 자연은 일찍이 이질적인 요소들의 사고事故나 혼합으로 설명될 수 있었다. 그랬을 때 행동의 문제는 이 요소들 중 하나에 다른 요소들에 대한 지배권을 부여하는 것, 일종의 실체적 결과를 만들어 내는 것이다. 간단히 말하면, 유일무이한 것으로 주장된 인간에 대해 형이상학적 전통은 근본적으로 어떠한 특별한 것도 말할 줄 몰랐다. 이는 놀라운 일이지만, 철학의 수사학 추방과 밀접한 관련이 있다. 왜냐하면 인간이 어떤 점에서 유일하다고 할 때, 수사학은 바로 그 점에서, 오직 그 점에서만 출발하기 때문이다. 더 정확히 말하면, 언어가 인간의 특수한 자질일 것이라서가 아니라, 수사학에서는 언어가 인간에게만 특수한 당황의 기능으로 모습을 드러내기 때문이다. 이 당황을 전통적 형이상학의 언어에서 표현하려 한다면, 인간이 이 우주에 (정말 이 우주가 있다면) 속하지 않는다고—더 정확히 말하면, 초월적 과잉 때문이 아니라 내재적 결핍 때문에 그렇다고—틀림없이 말할 것이다. 여기서 내재적 결핍이란 특정 맥락을 위하여, 즉 "우주"라고 부르게 할 가치를 얻는 맥락이자 그 맥락 안에서는 우주의 일부라고 불려도 될 맥락을 위하여, 주어지고 마련된 맞춤구조들과 규정들의 결핍이다. 현대의 생물학적 인간학의 언어에서도 인간은 자연의 질서들의 성능들에〔서 떨어져 나와〕 뒤처진 존재이고, 이 존재를 위해서 행위들은 그에게 결여된 규정들 또는 교정해야 하는 규정들, 길 잃은 부정확성을 받아들인 규정들을 대체해야 한다. 행위는 인간이라는 존재의 "부정성不定性"에 대한 보상이고, 수사학은 행위들이 가능해지도록 하기 위하여, 규정들의 "실체적" 기초를 대신해서 나와야 하는 〔의견〕일치들을 공들여 만들어 내는 것이다. 이 양상에서 보면, 언어는 지식이나 진리를 전달하기 위한 도구가 아니라, 일차적으로는 행위자가 의존하고 있는 이해나 동의나 인내의 생산이다. 합의consensus는 "현실적"인 것에 대한 개념을 위한 토대로서 여기에 뿌리를 내린다. "모두가 확신하고 있는 것, 그것을 우리는 현실적이라 한다." 아리스토텔레스가 이렇게 말할 때,[3] 그 배경 속에는 합의를 위한 목적론적 논거가 항상 들어 있다. 이 지지기반을 회의적으로 파괴함으로써 비로소 합의의 화용적 하부토대가 다시 보이게 된다.

내가 알기로 "회의懷疑"라는 표현은 현재 높은 평가를 누리지 못하고 있다. 이에 대해서는 너무나 많은 것을 다시 한 번 너무나 정확하게 알게 될 것이데, 그때가 되면 〔지금의 정황평가에〕 기꺼이 훼방꾼이 되려는 사람도 없을 것이다. 나는 인간학의 형이상학적 배제를 국지화하려고 시도해왔지만, 영원한 진리들이 그 다음 믿을 만한 것들의 척도에 적합해야 했을 때마다, 그리고 인간이 순수 정신의 위장된 변형으로 더 이상 나타나지 않았을 때마다, 인간학은 가끔씩만 깜박거리는 잠재된 회의주의 전통에서 가장 일찍이 강렬하게 되었고, 지금도 강렬하다. 철학적 인간학이란 이름을 부여

3 Aristoteles, *Metaphysik*, 1172b 36ff.
〔옮긴이〕 블루멘베르크의 인용에 나오는 《형이상학》은 《니코마코스 윤리학》의 오기일 것이다.

받은 최초의 것은 근대 초에 나온 몽테뉴의 〈레몽 스봉을 위한 변명〉[4]이다. 인간을 초월하여 질문하는 것을 제지할 줄 아는 한 회의주의자의 손 아래에서, 주로 관습적이던 자료는 새로운 응집상태로 빠진다. 이 상태에서 인간의 유일한, 아직도 가능한 대상은 모든 것이 이 대상의 징후일 뿐이라고 강요한다. 이 전통이 도덕론을 넘어, 칸트에 의해 오해의 여지없이 명명된 인간학에 이른다.

(후설의 현상학은 물론) 인식론들의 초기 단계에서 회의를 최종적으로 해결할 목적으로만 축적된 회의는 인간학적으로 회의를 수확할 기회를 놓치고 만다. 이 수확은 인간이 순수한 명증성을, 절대적 자기 정초를 포착하는 데 실패할 경우에 무엇이 인간에게 남아 있는지를 묻는 질문에 매달린다. 이 정황에 대한 증거가 방법이다. 즉, 철저한 방향으로 몰고 갔던 이론적 의심뿐만 아니라 **잠정적 도덕**morale par provision[5]의 문제도, 이론적 인식이 완성될 때까지 **최종적 도덕**morale définitive이 될 수 있는 도덕〔의 역할〕을 대신해야 했던 잠정적 도덕의 문제도, 데카르트가 어떻게 해결했었는지를 보여 주는 방법이다. 아직도 여전히 유익한 데카르트의 환상은 물리학이 재빠르게 완성될 수 있을 것이기 때문에 **최종적 도덕**이 틀림없이 금방 나올 것이라는 데 그 본질이 있다기보다는 오히려, 과도기가 예전부터 구속적인 것을 꼭 붙잡는 정적靜的 단계일 수 있다는 데 있다. 데카르트는 이론적

---

4 몽테뉴Michel Eyquem de Montaigne-Delecroix(1533-1592)는 아버지의 부탁을 받아들여, 스페인 성직자 레몽 스봉의 《자연 신학》(1568)을 번역하여 출판한 적 있다. 본문의 저서에는 당시의 종교적 갈등에 대한 몽테뉴의 혐오감이 잘 드러나고 있다. 그는 인간이 확실성에 도달할 수 없다는 믿음에서 이 책을 집필했다고 하는데, 다음 문구는 몽테뉴의 회의주의를 읽어 내기에 충분하다. "나는 무엇을 알고 있는가?" 〔옮긴이〕

5 "잠정적 도덕"은 지금까지의 모든 것을 파괴하고 새롭게 시작하려는 학문의 프로그램에서 나온 것이다. 예컨대 집을 새로 지을 때에는 건축자재와 기술자는 물론 임시거처도 신경 써야 하는데, 이때의 임시거처가 곧 잠정적 도덕이다. 데카르트는 《방법서설》에서 이 도덕을 세 가지 격률로 나타낸다. 〔옮긴이〕

과정이 잠정적 도덕의 과도기라 하는 것에 끼치는 역작용에 대해 아무것도 인식하지 못했다. 나오지 않는 과학적 종말론을 전제하여 이 잠정적 도덕 이념의 결과들을 숙고하는 것, 그리고 항상 다시 실망시켰던 최종 기대감들이 과학에 맞서 생산하는 공통점들 중 많은 것을 종말론에서 다시 인식하는 것은 매우 이상하다. 데카르트는 일시적인 것을 정체상태로 연출하려 했고, 그럼으로써 이 상태의 인간학적 함축들을 철저히 숙고할 필요가 없게 했다. 그래서 그는 숲에서 길을 잃은 사람을 잠정적 도덕의 본보기로 설정할 수 있었다. 어떤 숲이든 유한하기 때문에, 또 생각된 상황을 위해서는 숲이 불변적이라고 생각해도 되기 때문에, 숲을 빠져나오기 위해서는 오로지 한 방향으로만 갈 필요가 있는 사람을 말이다. 잠정적 도덕을 위해서 형식적 단호함을 추천한다는 것은 불확실한 방향설정의 상태에서 벗어나기 위한 인간의 성향을 비롯하여, 상황의 구체적 특징들 모두와 상황의 변화들에도 주의를 기울이지 말라는 것을 뜻한다. 이미 알려진, "방법"의 최종 성과는 인간이 현재의 자신을 이해시키는 것을 방해하고, 모든 최종적 진리와 도덕 들에 앞서 잠정적으로 해결책을 찾는 기술로서의 수사학도 방해한다. 수사학은 명증성이 결여된 곳에서 제도를 만들어 낸다.

철학과 수사학의 이원론이 균형을 이루도록 하는 일은 항상 다시 실패하고 있지만, 이 이원론을 특정한 역사철학적 구상에서 싹트게 할 수는 있을 것이다. 잠정적 도덕의 조건들을 회의적으로 수정하면서, 데카르트의 설계를 변경하는 구상에서 말이다. 과학적 인식의 완성가능성뿐만 아니라, 이 인식 분야에서는 항상 그렇지만, 하나의 최종적 도덕을 위해서 그러한 완성이 거둘 수 있는 수확도 미심쩍은 것으로 남아 있다. 데카르트는 과도기를 위해서 잠정적 도덕을 생각했었는데, 바로 이 과도기의 생활형식, 지속적으로 설정된 생활형식이 곧 "전진"임은 거의 잊히고 있다. 데카르트가 옳았던 것은 일시적으로나 미리 허락되어 일 전체의 성공에 참여하는 것과 같은 무엇이 없다는 점에서다. 달리 말하면, 철학의 프로그램은 이득을 보거나 손해를 보지만, 수익을 할부로 거두지는 못한다. 이런 면에서 명증성에 남아 있는 모든 것이 수사학이다. 수사학은 잠정적 도덕의 기관器官이다. 무엇보다도 이 확인은 수사학이 적법한 수단들의 총괄개념임을 뜻한다. 수사학은 회의적 전제들의 신드롬에 어울린다. 수사학이 진리의 수단인 척하면서 "단순한 수단들"이란 평결에 단지 맞설 수 있었다고 해서, 위 사실을 기만할 수는 없다. 왜냐하면 수사학은 승리를 거두었을 때에도 "수사학적으로" 절차를 밟아야 했기 때문이다. 수사학이 기원전 4세기에 철학의 요구들을 사실상 배척했을 때, 이소크라테스[6]는 소피스트의 책략을 이용하여 자신의 소피스트 철학을 "철학"이라 불렀다. 야코프 부르크하르트[7]에게는 그리스인들이 현실 대신 작용을 위하여 했던 생각이 "잠깐 동안"은 "국가의 달변"으로 비약했고, 나머지 경우에서는 "법정에서의 성공을 위해 교육"되던 수사학의 토대다. 하지만 설득을 정복과 대립시킨 것은 그리스인들 자신이다. 이소크라테스의 말에 따르면, 그리스인들이 자기들끼리 교류하는 데에는 설득이 적합하고, 야만인들과 교류하는 데에는 힘의 사용이 적합하다. 정말이지 이 차이는 언어와 교양의 차이로 이해되고 있다. 설득이 특정 지평의 공통성을 전제하기 때문이다. 이때의 지평이 원형적인 것 암시, 은유로의, 직유로의 정위定位이다. 진리와 작용의 대조는 피상적이다. 왜냐하면 수사적 작용은 사람들이 가질 수도 있는 어떤 통찰력에 대한 선택 가능한 양자택일이 아니라, 사람들이 가질 수 없는 또는 아직은 가질 수 없는, 어쨌든 지금 여기서는 가질 수 없는 명증성에 대한 선택 가능

6 이소크라테스Isokrates(기원전 436-338)는 "소피스트 철학이라는 나무에 달린 가장 잘 익은 열매"였고, 소피스트들 중 유일하게 소크라테스로부터 칭찬받은 인물이다. [옮긴이]

7 부르크하르트Jacob Christoph Burckhardt(1818-1897)는 유럽 문화사를 중점적으로 탐구한 스위스의 인문주의자다. [옮긴이]

한 양자택일이기 때문이다. 이때 수사학은 그런 작용을 겨냥하는 기술일 뿐만 아니라, 그 작용을 꿰뚫어 볼 수 있게 유지하는 기술이기도 하다. 수사학은 어쨌든 이미 행해지고 있는 것을 설명하면서 작용수단들을 의식하게 하는데, 이 수단들의 사용이 특별히 규정될 필요는 없다.

철학이 영원한 진리들을, 최종적 확실성들을 최소한 약속하고 싶었던 한, 수사학의 이상으로서의 합의가, 철회에 이른 설득 결과로서의 동의가, 철학에게는 우스꽝스럽게 보였음에 틀림없다. 하지만 근대의 과학적 "방법"의 이론으로 바뀌면서 철학도, 모든 수사학의 기초가 되는 포기를 받아들여야 했다. 처음에는 과학의 가설들이 항상 인식의 일시적 보조수단들인 것처럼, 검증과 이로 인한 최종적 보호를 유도하기 위한 지침들인 것처럼 보였다. 하지만 과학의 역사는 검증 역시 철회로의 동의 유형을 대표한다는 것에 대해서, 각 이론의 출판이 모종의 호소를 함축하고 있다는 것에 대해서 유익한 정보를 주었다. 모종의 호소란 이론이 입증하여 제시한 길들을 면밀히 탐구해 보자는 호소이자 각 이론에 객관성의 동의를 주자는 호소이다. 이때 다른 방법으로는 다른 것이 발견되고 모순도 지양된다는 것을 이 과정이 최종적으로 배제할 수 있는 것은 아니다. 토머스 새뮤얼 쿤이 《과학혁명의 구조》[8]에서 "패러다임"으로 부른 것—모든 것을 섬세하게 하고 확장하는 탐구들을 통합하는 어떤 분과학문에서 장기간 지배하는 기본 표상—이 다름 아닌 합의이다. 전적으로는 아니지만, 아카데미와 교본 들의 수사학에 대한 합의도 안정적일 수 있었다.

명증성의 결여가 이론적 과정과 수사학에 공통된 상황규정이라 할지라도, 과학은 자기 결과들의 일시성을 제약 없이 감수할 수 있다는 평가될 수 없는 장점을 얻고 있다. 하지만 이것은 자명하지 않다. 데카르트였더라면,

8 Thomas S. Kuhn, *The Structure of Scientific Revolutions*, Chicago 1962. 독역본: *Die Struktur wissenschaftlicher Revolutionen*, Frankfurt a. M. 1967.

이를 참을 수 없는 것으로 여겼을 것이다. 하지만 그의 "방법" 표상은 과학을 하나의 전체 과정으로 이해하고 조직화하는 것을 가능하게 했다. 개인과 세대 들을 단지 담당자로 통합하는 전체 과정이자 끊임없이 "응용될 수 있는" 전체 과정으로 말이다. "응용"으로서 이런 종류의 이론에 의존하는 모든 행위는 이론의 일시성 약점을, 언제든 인정받지 못할 수 있다는 약점을 공유해야 한다. 수사학이 명시적으로 그러하는 것처럼, 이론들도 묵시적으로는 "동의"를 얻으려 한다. 결정적 차이는 시간의 차원에 있다. 과학은 〔동의를 얻을 때까지〕 기다릴 수 있거나 아니면 동의를 구할 수 있다고 계약한 상태에 있는 반면, 수사학은 결핍존재의 행위강제를 구성적 상황요소로 전제한다—수사학이 더 이상 어떤 진리의 장식일 수 없다면 말이다.[9] 그렇기 때문에 동의 얻기는 과학의 과정형식의 복사이다. 만약 공개적 의지형성의 도구로서 토론이 마치 합리적으로 결과를 찾는 메커니즘인 양 여겨지면서도, 그 토론이 과학적 형태를 띤 합리성의 원칙적 무한성을 즐길 수 없다면 말이다. 제한된 연설시간이 수사적 형식규정들의 엄밀함을 초라하게만 대체해 왔을지 모르지만, 이 연설시간은 대체물로서도 수사학의 핵심적 제도이다. 그 시간이 경시되거나 알려지지 않았거나 심지어 (미국의 "의사진행 방해자"에서 보는 바처럼) 그 반대의 것이 제도화된 곳에서는 수사학의 대안적 성질이 명백히 테러로 인식된다. 수사학의 양상에서 자신을 이해한다는 것은 어떤 유한한 상황에서 규범 없이 지내기와 마찬가지로 행위의 강제도 잘 알고 있다는 것이다. 여기서 강제가 아닌 것은 모두 수사학으로 함몰되고, 수사학은 강제의 포기를 함축한다.

이때 수사적 상황을 규정하고, 일차적으로 신체 반응을 요구하는 행위강제는 수사학적으로 변형될 수 있어서, 강요된 행위는 합의를 통해 다시

9 행위의 목적이 동의를 얻어 내야 하는 것이기 때문에, "행위강제"란 표현이 나오고 있다. 〔옮긴이〕

"단지" 하나의 수사적 행위가 된다. 신체 수행을 언어 수행으로 대체하는 것은 인간학적 근根 · Radikal[10]이다. 수사학은 인간학적 근을 체계화한다. 에른스트 카시러는《상징형식들의 철학》에서 인간을 '상징적 동물animal symbolicum'로 기술했다. 그의 기술에 따르면, 인간의 참신한 수행은 외부의 "인상"을 내부의 "표현"으로 바꿔서 이해하는 일[11] 그리고 그런 식으로 해서 뭔가 낯설고 다가갈 수 없는 것 대신에 감각적으로 포착할 수 있는 다른 것을 설정하는 일이다. 카시러에 기대면, 언어 · 신화 · 예술 · 과학은 원칙적으로 "인상"을 "표현"으로 변형하는 일차적 과정을 반복하는 "상징형식들"의 영역들이다. 하지만 카시러의 이 이론은 "상징형식들"이 설정되는 이유에 대한 설명을 포기한다. 상징형식들이 문화세계에 나타난다는 사실은 자신이 창조한 것들에서 자신의 "본질"을 표명하는 상징적 동물로의 추론을 허용한다. "부유한" 인간들의 인간학은 확보해 놓았으면서도 캐물은 적은 최소한 없는 생물학적 실존의 토대에서 "상징형식들"의 문화〔를 보호하기 위한〕 상자가 층을 이루며 쌓이게 한다. 벌거벗은 실존의 축적은 기능상 실존가능성과 아무런 관련이 없다. 하지만 철학이 자명성들의 해체인 한, "철학적" 인간학이 주제로 삼아야 하는 것은 물체적 실존이 곧 인간에게 "본질적으로" 배당된 수행들의 결과가 아닌지의 여부다. 인간학의 첫 진술은 다음과 같을 것이다. '인간이 실존할 수 있다는 것은 자명하지 않다.' 이런 숙고의 유형은 근대의 사회계약론에서 마련되었다. 사회계약론은 인간의 시민적 상태를 정초할 필요성을 모순 찾기로부터 연역한다. 즉, 물체적 실존가능성의 조건들에 반하는 모순을 "자연적" 상태에서 찾

10 이때의 "근"은 방정식을 만족시키는 미지수의 값이라는 수학적 의미로 쓰이고 있다. 〔옮긴이〕

11 우리말 번역에서는 나타나지 않지만, 독일어 표현들에 공통적으로 들어 있는 낱말은 'Druck'이고, 이것은 표면에 작용하는 힘을 뜻한다. 이 힘의 '들어옴Ein'과 '나감Aus'이 인상Eindruck과 표현Ausdruck을 특징짓는다. 〔옮긴이〕

는다. 홉스에게 국가는 문화세계 쪽으로 생활영역들을 축적하는 첫 인공물이 아니라, 생활영역들의 치명적 대립을 없애는 첫 인공물이다. 철학적으로 볼 때 이 이론에서 일차적인 것은 이론이 국가와 같은—게다가 절대주의 국가와 같은—어떤 제도의 출현을 설명한다는 점이 아니라, 인간을 '정치적 동물'로 추정한 본질규정을 기능적 묘사로 옮긴다는 점이다. 내가 인간학을 위한 과학적 방법으로 알고 있는 것은 추정컨대 '자연적인' 것을 유추의 방식으로 파괴하고, 인간의 기초적 수행의 기능체계에서 '생활'이 곧 자연적인 것이 갖는 '인공적 성질'임을 입증하는 방법 외에는 없다. 이런 식의 시도는 1922년 파울 알스베르크가 이미 제목과 언어에서 오도하기 때문에 거의 주목받지 못했던 《인류의 수수께끼》에서 처음 했다.[12] 그 다음의 시도자인 아르놀트 겔렌[13]은 1940년, 의도가 의심스럽기는 하지만 토대를 마련하는 저서 《인간》으로 지각과 언어의 이론을 향한 단초를 마련했고, 이후로는 '제도'에 관한 이론의 토대를 잡는 쪽으로 계속 발전시켜 나갔다. 겔렌의 '제도' 절대주의와 더불어 인간학은 확실히 사회계약 모형에 있는 자신의 출구로 귀환한다. 이 인간학을 둘러싼 토론은 저 숙명적인 귀환이 어쩔 수 없는 것인지의 여부를 오늘날까지도 해명하지 않고 있다.

현실에 반응하는 인간의 태도에 특수한 기질들의 결핍, 그러니까 인간의 본능궁핍은 인간학의 핵심적 물음을 풀어 나가기 위한 출발점이다. 이 본질[의 인간]은 생물학적으로 기질이 없는데도 어떻게 실존할 수 있을까? 이 핵심적 물음에 대한 대답은 이 현실과 직접적으로 접촉하지 않게 하면서 정식으로 나타낼 수 있다. 현실에 대한 인간의 관계는 간접적이고,

12 철학적 인간학의 "진정한 국외자"였던 알스베르크Paul Alsberg(1883-1965)가 남긴 유일한 저서 《인류의 수수께끼—원칙적 해결의 시도》는 1976년 《감옥으로부터의 탈출—인간의 생성조건들에 대하여》로 제목이 바뀌어 출간되었다. [옮긴이]

13 겔렌Arnold Gehlen(1904-1976)은 헬무트 플레스너, 막스 셸러와 더불어 독일의 철학적 인간학을 대표했던 인물이다. [옮긴이]

상황 의존적이고, 지체遲滯적이고, 선택적이고, 무엇보다도 "은유적"이다. 인간이 현실과의 관계로부터 나오는 지나친 요구들을 어떻게 해서 잘 처리하는지는 오래전부터 유명론의 판단 해석에서 제시되고 있다. 술어들은 '제도들'이다. 뭔가 구체적인 것은 이 제도들에 속한다는 귀속성으로 바뀌면서 포착된다. 구체적인 것으로서 그것은 판단들에 나오면서 사라진다. 하지만 무엇을 무엇**으로서** 포착하는 것은 무엇을 다른 무엇을 **통해서** 포착하는 절차와 근본적으로 구별된다. 주제의 대상으로부터 시선을 돌려 또 다른 대상을, 미리 포착되어 유익한 것으로 추정되는 대상을 바라보는 은유적 우회는 주어진 것을 낯선 것으로 받아들이고 다른 것을 보다 친밀하고 쉽게 사용할 수 있는 것으로 받아들인다. 판단의 경계치가 동일성이면, 은유의 경계치는 상징이다. 이때의 '다른 것'이란 사용할 수 없는 것을 사용할 수 있는 것으로 순수하게 대체할 수 있다는 내용 말고는 아무런 내용도 제공하지 않는 '완전히 다른 것'이다. **상징적 동물**은 자신에게 정말 치명적인 현실을 자신이 대표하게 하면서, 이 현실을 지배한다. 상징적 동물은 자신에게 불쾌한 것에서 시선을 떼고, 자신에게 친밀한 것을 쳐다본다. 이는 그의 동일성 요구를 가지고 하는 판단이 도저히 목적에 이를 수 없는 곳에서 가장 명백해진다. 판단의 대상이 (즉, "세계", "생활", "역사", "의식" 등이) 절차를 지나치게 요구하기 때문이거나 아니면 절차를 위한 활동공간이 성급한 정위定位와 극적인 명백성이 필요한 행위강제의 상황들에서처럼 충분하지 않기 때문이다. 은유는 수사적 수단들을 다루는 데 하나의 장章일 뿐만 아니라, 수사학의 특징적 요소이다. 이 요소에서 은유의 기능은 묘사될 수 있고, 인간학과 관련되게도 할 수 있다.

행위강제의 상황들에 나오는 명증성 결핍에 직면하여, 수사학을 단지 "비상 해법"으로 그려 내는 것은 매우 일방적이고 불완전한 일일 것이다. 수사학은 행위를 위한 이론적 정위만을 대체하지 않는다. 더 중요한 것은 수사학이 행위 자체를 대신할 수 있다는 것이다. 인간은 어떤 것 대신에 다른 것을 소개할 수 있을 뿐만 아니라, 어떤 것 대신에 다른 것을 할 수도 있다. 전체적으로 역사가 뭔가를 가르친다면, 이는 행위들을 대신하는 이 능력이 없었더라면 인류로부터 남아 있는 것이 더 이상 많지 않았을 것이라는 것이다. 아직도 아브라함과 이삭의 이야기에서 인식될 수 있는 바와 같이, 인간은 자신의 희생을 동물의 희생으로 대체하는 의식儀式을 집행해 왔는데, 이것이 하나의 시작이었을 것이다. 2천 년을 지나오면서 기독교는 모든 사람에게 책임이 있는 재앙을 한 사람의 죽음이 대체할 수 있다는 것을 아주 쉽게 이해할 수 있는 것으로 여겨 왔다. 프로이트는 장례식의 식사를 아들들의 약정으로 보았다. 즉, 〔일부다처하의〕 가장家長을 죽임으로써 끝장을 보는 대신 뭔가 다른 것을 하는 약정으로 보았다. 함께 미국으로 여행을 떠나기 전인 1909년, 프로이트는 학교를 배신했다는 혐의를 받고 있는 카를 구스타프 융[14]을 만나러 브레멘으로 가서, 식사하면서 포도주나 마시자고 설득했다—이는 자신의 첫 스승인 블로일러[15]의 기본명제에 어긋나는 일이긴 했다. 프로이트는 그를 굴복시키는 행위 대신에, 내용의 근본에 있어서는 스스로 아버지이려고 하는 것[16] 대신에, 그렇게 했다. 정치적으로는 언어적 또는 과시적 행위가 "순수 수사학"이라고 비난하기가 쉽지 않아 보이지만 그것 자체도 일종의 수사학에 속한다. "빈말"에 한정할 수 있는 정책이 더 좋은 정책이라는 걸 고백하려 하지도 않고, 고백할 필요도 없는 수사학에 속한다. 외교정책상으로 등록되는 대부분의 경고들은 경고

14 융Carl Gustav Jung(1875-1961)은 블로일러 교수 밑에서 1905년 교수자격시험을 치렀는데도, 불화로 그와 헤어져 프로이트의 노선을 따른다. 〔옮긴이〕

15 블로일러Paul Euler Bleuler(1857-1939)는 정신분열증 연구로 이름을 떨친 스위스의 정신분석학자다. 〔옮긴이〕

16 "아버지이려고" 한다는 것은 이를테면 가부장의 권위를 이용해 굴복시키는 행위를 은유적으로 표현한 것이다. 〔옮긴이〕

받은 사람이 자신에게 경고되는 행위를 실행하는 것과 어쨌든 거리를 두고 있던 순간에 나온다. 행위의 위험이 그 행위가 거둘 수 있는 모든 성공을 쓸모없는 것으로 선언할 수 있다면, 모든 것은—통상적으로 말해지고 있듯이—"선언으로 끝내자"는 말에, 행위의 강제를 깎아내리는 말에 달려 있을 수 있다. 여기로 들어와 역할을 하는 것이 이 자리에서 결판낼 수 없는 현실개념의 질문들이다.

명증성 결핍과 행위강제는 수사적 상황의 전제들이다. 대체적이고 은유적인 절차만이 수사적이지는 않다. 행위강제 자체는 철저하게 "실재적인" 인자가 아니며, 행위자에게 할당되는 역할 또는 행위자가 자신을 정의하려 할 때 이용하는 "역할"에도 의지한다—자기 이해도 은유들을 이용하며, 뿐만 아니라 "자기 자신에게 잘 타이르는 것"도 수사학의 내부적 사용이 새로운 발견이 아님을 누설하는 어법이다. 오늘날 다시 회자되는 역할은유의 사용은 생활과 세계를 "극장"으로 구체화하는 매우 견실한 전통에 의거한다. 그리고 극장의 "역할들"이 오늘날의 은유 사용에서 전제되는 바처럼 고정되어 있다는 것은 극장의 모든 역사적 형식들에 대해서도 똑같은 정도로 자명하진 않다. 갈등으로 치닫는 중에도 누군가에게 "자기 얼굴을 유지하도록" 허락하는 것은 〔역할은유 이외의〕 또 다른 언어영역에서 나오지만, 역할은유의 사용에 함축된 명령을 계속해서 은폐한다. 어떤 과정이 관련 인물의 태도를 변경시키기 위하여 그 인물을 규정해야 한다고 할 때, 그를 역할의 동일성에서 끌어내지 말고 〔부당하게〕 요구된 방향 전환을 신뢰할 만한 결론으로 제공하라는 명령을 말이다. 강대국과 약소국 들의 정치가 오늘날 어느 정도까지 역할정의와 역할기대의 표현으로 (여기서 인간학적 은유는 또다시 은유로 받아들여지고 있다) 기술될 수 있는지, 그리고 잠재적으로 수사적인 태도를 실제로 수사적으로 다루도록 하는 어떤 화용적 지침들이 그 속에 들어 있는지는 내가 구체적으로 말할 필요가 없다. 게

오르크 지멜[17]은 생활이 "연극술의 선행先行형식"이기 때문에 역할은유가 그렇게 기능할 수 있다고 지적한 바 있다. 바로 지멜이 이때 인식한 것은 잘못된 주장의 어떠한 내용도 이 은유사용과 더 이상 결부되지 않고 있다는 것이다. 그 잘못된 주장에 따르면, 환상이 중요해서, 가면을 쓰고 벗는 데에서 및 의상을 입고 벗는 데에서 보는 장면의 이중생활이 중요해서, 실재성을 보여 주기 위해서는 무대와 배우를 노출시키기만 하면 된다. 그리고 막간을 끝내기 위해서도 그렇게 하면 된다. 지멜이 말하는 "생활"은 별도로 및 일시적으로 연극술의 저 "선행형식"이 아니다. '생활할 수 있다'와 '스스로 어떤 역할을 정의하다'는 동일하다. 이제 내가 주장하는 바는 "역할"에 관해서 한 말이 은유적이라는 것, 역할구상의 정의 과정 자체도—동일성 의식은 이 과정에 매달리며, 이 과정과 더불어 손상될 수 있다—은유에 뿌리를 두고 있으며 외적으로는 물론 내적으로도 은유적으로 주장되고 방어된다는 것이다. 바로 이 방어의 경우에서 주장의 내용이 분명하게 드러난다. 어빙 고프맨[18]의 《오명》(1963)은 그것을 다양하게 입증한다. "설득" 각각의 (심지어는 자기 설득의) 목적이어야 하는 "동의"는 모든 상황들에서 위험에 처하지만 항상 다시 안전하게 해야 할 일치, 곧 〔한편으로는〕 역할의식과 〔한편으로는〕 다른 쪽에서의 역할기대의 일치이다. 박수가 정말이지 항상 과잉의 순간일 것이기 때문에, "동의"는 너무 강력한 표현일 수도 있다. 일관성의 내적 의미에서는 물론 수용의 외적 의미에서도 근본적으로는 아무런 모순도 발견되지 않는 것이 중요하다. 수사학은 행동을 위임받기 위한 체계일 뿐만 아니라, 형성되거나 형성된 자기 파악을 자

17 지멜Georg Simmel(1858-1918)은 생활철학을 대표하는 독일 학자들 중 한 사람이며, "형식사회학"의 창시자이다. 〔옮긴이〕

18 오명汚名 · stigma 연구의 틀을 만들어 낸 미국의 사회학자 고프맨Erving Goffman(1922-1982)은 오명을 "개별적인 사회적 상호행위 안에서 철저하게 신용을 해치는 태도"로 정의하면서, 오명의 범주를 신체, 개성, 종족 관련의 세 범주로 구분한다. 〔옮긴이〕

기 자신에게서는 물론 다른 사람들 앞에서도 관철시키고 방어하기 위한 체계이기도 하다. 학문이론상으로는 은유적으로 정초된 "역할"이 가설의 기능을 충족한다. 이때, 그 가설의 거짓을 입증하지 못하는 각각의 행위가 그 가설의 "참을 입증한다." 자연의 담보로서 합의가 갖는 목적론적 가치를 다루는 수사학 모두에 아직도 남아 있는 나머지는 받아들인 것의 일관성을 모순되지 않게, 깨지지 않게 보호하는 일이다. 그렇기 때문에 정치적 은어에서는 받아들인 것을 기꺼이 "강령Plattform"이라 한다. 이 소견에 직면하여 쉽게 이해되는 것은 "공통된 확신들의 토대"에 대한 욕구가 항상 다시 위험하게 작용하며, 항상 다르게 공급되는 물품들에서도 위험하게 작용한다는 것이다. 계속해서 합의를 수사적 작용의 "이념"으로 부를 수 있겠지만, 수사적 기능을 인간학적으로 정초할 때에는 합의가 잉여적이다.

행위의 강제에 나오는 수사학적 대체 그리고 "자기 보존"으로서 자기 현시顯示의 수사학적 보호, 이 둘의 공통점은 둘이 창조적 행위들(상징 창조, 역할 구상)을 전제하고 있지만, 순수한 창조성에서는 일순간 의식이 없는 채로 그리고 기능하지 않는 채로 남아 있다는 것이다. 여기서 곧 제기되는 문제는 생산미학과 수용미학의 연관성이 오늘날에도 그렇게 추구되고 있긴 하지만, 모종의 유추구조로 가는 것은 아닌지의 여부다. 니체는 1874년, 키케로에 관한 한 단편에서 다음과 쓴다. "어느 예술에나 수사학의 단계가 있다."[19] 이를테면 대체代替 상징의 "발명"은 세상에 관한 행위들 중 가장 해가 없고 상상력도 가장 빈약한 행위일 수 있다. 대체 상징은 인정받아야 한다. 인정받기 위해서 그것이—미학적 작품과는 달리—물질적으로 가지고 있는 매력은 조금도 없다. 하지만 이 인정이 여기서는 모든 것이나 마찬가지다. 정말이지 인정에는 〔뒤〕따르는 것들이 있다. 나는 무

19 Friedrich Nietzsche, "Cicerofragment", in: *Gesammelte Werke*, Bd. 7, 1923, S. 385.

역이 깃발을 따른다는 고전의 정치공식을 상기한다. 오늘날에는 그 순서를 바꾸어, 깃발이 무역을 따른다고 말할 수 있다. (한 번도 외교관계를 유지하지 못하고 있는 국가들은 다른 무역협정이 따를 것이라고 기대하여 무역협정을 체결한다.) 그와 동시에 옛 문장〔성분들〕의 치환은 "깃발" 상징의 가치를, 아직까지도 실재성들을 최종적으로 장식할 수 있는 상징의 가치를 완전히 없애는 표현이기도 하다. 대체들의 유효성이 "약정"에 의거한다고 말해졌다면, 그것은 언제나 참인 말과 마찬가지로 맞는 말이다. 약정은 일종의 결과이다. 어떻게 해서 그 결과가 나오는 것일까? 의심할 바 없이 공급과 광고를 통해서다. 이는 심지어 학문의 역사에서 나오는 가장 추상적인 경우에도, 형식논리의 상징체계들을 관철시키는 데에도 적용된다. 광고수사학은 세부적인 내용까지 다루거나 아니면 그 본질이, 사랑받지 못하는 국가형식들은 결코 이해되지 못할 것임을 공개적으로 미리 알리는 데 있다. 정치적 실재성들이 경제 영역 밖에서 점점 더 적게 "창조"될수록, 더욱더 중요하게 되는 것은 "인정", 명명문제, 계약, 절차 들이다. 계약들에서는 '어쨌든 가능하지 않은 것'이 포기되고, 절차들에서는 '어쨌든 벌써 확정되고 있는 것'이 격렬하게 쟁취된다. 한때 "실재적"이라고 여겨졌던 것이 더 이상 있지 않게 되자마자, 대체들 자체가 "실재하는 것"이 된다. 무엇인가를 예술작품으로 수용하거나 그 무엇인가를 모든 예술이 끝난 뒤에야 "만기가 되는" 것으로 수용하는 공급이 미학에서 관철될 수 있으려면, 대상성의 모든 종류와 등급을 포기하면서까지 여전히 수사학에 많은 공을 들여야만 한다. 일차적으로 공급은 어떤 작품을 동반하는 텍스트들과 뒤따르는 텍스트들에 작용하는 그 작품의 해설 필요성이 아니라, 예술작품이나 후속 예술작품에 대한 그 작품의 선언이다. 그러는 한 능력 있는 비평가의 혹평은 항상 특정 역사를 특정 맥락으로 인수하는 것과 다를 바 없다. 이 역사에서는 예술에 맞서는 예술이—있어 온 것에는 종지부를, 오는 것에는 시작부호를 찍는 수사학적 몸짓으로—항상 다시 생산되고 있다. 이때 수사학을 부정하는 것도 여전히 수사적이다. 약정에 따라 "이해하기" 위해 노력한 관객에게 주어지는 발길질은 그가 이해하지 못하는 것이 정당하게 존재하고 있음을 그에게 증명한다. 더 정확히 말하면, 한때 이해될 수 있었거나 이제야 해당 심급에 의해 이해되는 것의 "자리"에 존재하고 있음을 증명한다. 역사를 구성하는 "배정변경들"은 수사적으로 집행된다.

수사학은 행위들의 시간구조와도 관련이 있다. 가속과 지체는 지금까지 거의 주목받지 못했던 역사적 과정들에 나타나는 순간들이다. "역사"는 사건들과 그 (항상 해석되던) 연결로 이루어질 뿐만 아니라, 시간적 "응집상태"로 부를 수 있을 것으로도 이루어진다. 우리의 전통에서 합리성으로 나타내고 있는 것은 거의 항상 과정들을 가속하는 순간에, 압축하는 순간에 작용했다. 변증적 역사 이론들 자체도 가속인자들을 강조한다. 왜냐하면 이 이론들이 저 과정을 급변의 전환점 쪽으로 몰고 가고, 그렇게 함으로써 알아볼 수 있을 정도로, 그러니까 주장된 법칙성을 확인하면서, 종착점에 더 가까이 다가가기 때문이다. 기술화의 다층적 현상은 시간 벌기의 의도로 환원될 수 있다. 반면에 수사학은, 행위들의 시간구조를 고려할 때, 지체의 총괄개념이다. 장황한 말, 절차에 따른 환상, 의식 치르기는 다음 의혹을 함축한다. '두 점의 최단 연결이 두 점 사이에서 인간의 품위를 존중하는 길일까?' 미학적으로, 예컨대 음악적으로 볼 때, 우리에게는 이 정황이 매우 친숙하다. 과잉요구들은 현대세계에서 정황의 복잡성으로부터 나올 뿐만 아니라, 시간구조를 고려할 때 사태요구들의 영역과 결정들의 영역 사이의 틈이 점점 더 벌어지고 있다는 데에서도 나온다. 과정들의 가속과 가능성들 사이에서 잘못된 관계가 생긴다. 이때의 가능성들이란 그 과정들을 붙잡아 둘 가능성, 결정들을 이용하여 그 과정들에 개입할 가능성, 개괄해서 그 과정들을 다른 과정들과 조율할 가능성을 말한다. 기술적 장치들이 인간의 행위를 위해 행사할 수 있는 일부 보조기능들은 동화하는 효과를 갖는다. 모든 자료들이 재빨리 사용될 수 있는 곳에서는 재빠른 결심이 사태에 따르는 영예를 거머쥐는 것으로 보인다. 전진을 비판하기 위한 숙고들이 순수한 낭만주의가 아닌 한, 이 숙고들을 지배하는 것은 갖가지 발전을 손에 쥐고 있다가 다시 수중에 넣으려는 소망이다. OR[20]은 최적의 문제해결을 내놓지만, 그렇다고 문제가 올바로 설정되었는지에 대한 의심까지 해결하진 않는다. 그리고 이 의심은 행위를 벌써 행위이론에 선행하는 것이자 이 이론으로부터 단순한 결과로 나오지 않는 것으로 특징짓는다. 분명하게 인식되는 것은 지체의 순간들이 공개적 행위에서 더욱 강력하게 각인된다는 것이다. 한 시기를 풍미했던 "성찰"과 같은 낱말이 우연히 새로 구호가 될 수는 없었다. 〔그렇게 되려면〕 결정권을 가진 다수도 수사학의 기나긴 우회로로 보내는 제도화된 숨고르기가 필요하다. 이때에는 사람들이 (무엇에 의해서든지 간에 항상) "내몰리지" 않는다는 것, 그리고 이들에게는 오래전에 결정된 것을 단순히 재가할 마음이 없음을 인식할 수 있어야 한다. 과정들의 가속은 정말이지 저 "넘쳐 나는 매력"의 변이형일 뿐이다. 생물학적으로 가난해진 존재인 인간은 본질상 이 매력에 노출되어 있고, 자신의 태도를 제도화하면서 이 매력과 만난다. 이때 언어적 제도들은 격렬한 조절들의 소멸단계가 결코 아니다. 제도들의 대단한 영향력은 시간엄수에 그 본질이 있는, 결정주의[21] 이론의 이상理想에서 측정되어야 한다.

합목적적이지 않은 것의 합목적성과 같은 무엇이 있다. 오늘날에도 우

---

20 저자가 사용한 "Operationsanalyse"는 흔히 "OR"로 약칭되는 "Operations Research" 혹은 "operational research"를 지칭하는 것으로 보인다. 이것은 절차의 최적화 문제를 다루는 응용수학의 부문이다. 〔옮긴이〕

21 실존주의에서 나온 "결정주의Dezisionismus"는 인간의 의사결정을 중시한다. 〔옮긴이〕

리는 "추월한" 형식들의 신속한 해체를 비판적 절차들을 통해 관찰한다. 이 절차들에서 기존의 모든 것은 자신의 실존자격을 증명해야 하는 부담을 지니고 있다. 동시에 우리는 사무규정, 조정기관, 기능체계와 같은 보다 단조로운 명칭들을 통해서만 장황한 절차들을 경신하는 작업에서, 풍부한 환상이 작용하고 있음도 본다. 어떤 시간절약이든 매번 곧 소비된다.

우리는 교양 유형에 대한 생각을, 인간은 자기가 무엇을 하는지를 언제든 알아야 한다는 규범이 지배하는 생각을 점점 더 포기해야 한다. 의사라면 마땅히, 제대로 작동하지 않아 병을 일으키는 신체기관들의 기능조건들을 알아야 할 것이고, 게다가 자신이 처방한 치료요법과 약품의 작용방식도 알아야 할 것이다. 뿐만 아니라 이 모든 것을 나타내기 위하여 끊임없이 사용하는 외래어들의 유래도, 그 사용으로 인해 자신에게 〔의사〕협회의 품위를 주는 외래어들의 유래도 알아야 할 것이다. 선장이라면 마땅히 육분의六分儀[22]와 이에 속하는 삼각법의 공식들을 응용할 수 있어야 할 뿐만 아니라, 그 도구가 어떻게 기능하는지, 그 공식들이 어떻게 유도될 수 있는지도 알아야 할 것이다. 그래야 그는 설령 부품을 생산했던 보조수단들을 잃어 버렸다고 하더라도, 무에서 시작할 수 있는 잠재적 로빈슨일 것이다. 반면에 오래전부터 유포되고 있는 생각에 따르면, 기술세계에는 해당 기술에 맞춰 반응하는 훈련받은 담당자가 필요하지, 이 세계의 기능들이 어떻게 연관되는지를 다방면으로 꿰뚫어 보는 담당자는 필요 없다. 사람들은 무엇때문에 자기들이 그렇게 하는지를 배우면서, 자기가 무엇을 하는지는 점점 더 모르게 된다. 이론으로부터 실제로 가는 길이 모색되고 있지만, 그 길이 직접적일수록 행위는 반응하기 위하여 구부러진다. "무익한" 학습소재의 삭제를 향한 고함은 항상 기능 변화들의 "경감輕勘"을 향한 고함이다. 비록

22 두 점 사이의 각도를 재는 정밀 기구. 〔옮긴이〕

사람들이 무엇을 하는지를 알자는 요구의 장황함이 아직까지는 인간적이거나 도덕적인 통찰의 보장은 아니지만, 지체된 반응유형으로서 그것은 잠재적으로 "의식적" 행위유형이다. 나는 "교양"이—교양이 그 밖의 무엇일 수 있다고 하더라도—신호와 반응 사이의 기능적 연관성들의 지체와 대략 관련이 있다고 가정한다. 이를 통해 교양의 내용, "가치"와 "재화" 들은 이차적이 된다. 이 가치들을 두고 벌이는 토론에서는 검증되지 않은 증명이 대체로 나온다. 전승되는 교양의 재화들을 방어하는 사람은 아직도 재화들이 무엇에 가치가 있는지를 증명해야 한다. 재화들 자체가 아무짝에도 쓸모없다면, 재화들의 "수사적" 성격이 분명해진다. 재화들은 무늬Figuren, 의무 연습, 의무적 우회로와 장황한 말, 의식儀式 들이다. 이 의식들이 인간의 직접적 이용을 어렵게 하고, 매번 두 점 사이의 최단 연결들의 세계 하나가 올라오는 것을 막으며, 아마 올라옴의 속도만을 늦추기도 할 것이다. 고전 수사학이 본질적으로 행위 위임을 목적으로 삼는다면, 현대 수사학은 행위 지체를 광고하거나 최소한 이 지체에 대한 이해를 구하려 한다. 그리고 이러한 일을 현대 수사학은 다시금 상징적 대체들을 제시하면서 행위능력을 과시하려 할 때, 바로 그때에 한다.

모든 수사학의 주된 명제는 **근거불충분원칙**[23]이다. 이 명제는 본질적인 것이 부족한 존재의 인간학과 상관관계에 있다. 라이프니츠는 일반적으로 무엇인가가 실존하고, 오히려 없음이 실존하지 않는다는 것에 대하여 충분한 근거를 제시할 수 있다고도 믿었다. 인간세계가 라이프니츠 형이상학의 낙관주의와 일치했더라면, 수사학은 없을 것이다. 왜냐하면 수사학을 통해서 영향을 끼칠 욕구도, 가능성도 없을 것이기 때문이다. 우리의 역사에

---

23 이를 지칭하는 라틴어 표현 "principium rationis insufficientis"에서 마지막 낱말의 접두사 'in-'을 없앨 경우, 이 원칙은 사유법칙 중의 하나인 "충족이유율充足理由律"로 옮기게 된다. 이를 염두에 둘 경우, 지금의 원칙은 '불충족이유율'로 옮길 수도 있다. 〔옮긴이〕

서 확산을 기준으로 할 때 가장 중요한 수사학은, 기도祈禱의 수사학은, 이미 합리주의적 또는 주의주의적[24] 신神개념의 신학적 입장들에 맞서, 자신을 설득할 수 있던 어떤 신에 매달려야 했다. 이 문제가 인간학을 위하여 반복된다. 철학이 "지식"을 통해 "억견臆見"을 극복한다고 해서, 이것이 인간학의 주제가 되는 인간을 특징짓는 것은 아니다.

"억견"도 근거 없는 태도가 아니라 방법상으로 조절되지 않은 채 불분명하게 근거를 마련한 태도를 나타낸다는 식으로, 정말이지 근거불충분원칙을 근거포기의 요청과 혼동해서는 안 된다. 정할 수 없을 정도로 포괄적이고 무한한 절차들이 배제되어야 하는 곳에서는 비합리성을 비난하는 일도 삼가야 한다. 생활의 실천을 정초하는 영역에서는 불충분한 것이 "과학적 형태의" 절차를 고집하는 것보다 더 합리적일 수 있고, 과학을 유형화하는 정초를 통해서 이미 내려진 결정들을 감추는 것보다도 더 합리적이다. 과학을 통해 공개적 행위를 상의하는 것과 관련해서 쾌감이 다소 떨어져 있지만, 이 동맹에 대한 실망은 통찰력 부족에 기인한다. 학자들의 위원회들도 자기들 쪽에서 볼 때 인식들의 최종적 명증성이 부족하면, 자기들을 〔주제로 삼고〕 상의해야 하는 바로 그 제도들을 다룰 수 있다는 것, 더 정확히 말하면 수사적으로 다룰 수 있다는 것, 그러니까 위원회들의 이론적 규범들의 합의일 수 없는 사실적 합의를 목적으로 삼으면서 다룰 수 있다는 것, 이것들을 통찰하지 못한다. 과학적 규범은 명제들의 양상의 명백한 특징이기도 하다. 문제가 있게만 주장될 수 있는 것을 필증적必證的으로,[25] 정말이지 단언적으로 주장하는 것은 이 규범에 위배된다. 공개적 행

24 주의주의에 대해서는 이 책 143쪽의 주 38 참조. 〔옮긴이〕

25 '필증적apodiktisch'이란 용어는 철학에서 '논박의 여지가 없이 타당한', '논리적으로 필연적인' 등의 의미로 쓰인다. 술어개념이 주어개념에 필연적으로 귀속되었을 때에도 이 용어가 쓰인다. 〔옮긴이〕

위와 관련되는 사람이나 이 규범을 받아들여야 하는 사람은 과학적 상의의 결과들로서 제시되는 전제들이 얼마나 위엄이 있는지를 알아보자고 요구해도 된다. 수사학은 수사학을 인식하는 법을 가르치지, 수사학을 정당화하는 법을 가르치지 않는다.

과학과 정치적 심급들의 관계뿐만 아니라 진술들의 영역 하나도 문제다. 이 진술들은 매우 중요하면서도 정지될 수 없는 실천 작용을 하지만, 이론적 지위에 따라서는 불충분한 정초에 아마도 영원히 의존하는 진술들이거나 아니면 참임을 전혀 입증할 수 없는 진술들이다. 실증주의는 참임을 입증하기 위한 아무런 지침도 포함하고 있지 않는 그러한 질문들과 진술들을 근절하자고 제안한다. 실증주의의 제안은 그러한 전제들에 의거하는 실천을 중지시키는 내용을 포함하고 있고, 그럼으로써 공상적이 된다. 인간이 천성적으로 좋은지 나쁜지, 자신의 기질을 통해서 결정되는지 자신의 환경세계를 통해서 결정되는지, 자기 역사의 인자인지 사실인지를 묻는 것과 같은 문제들의 결정을 과학적으로는 미룰 수도 있고 무의미한 것으로 선언할 수도 있지만, 실제적으로는 그럴 수 없다. 이처럼 어떤 종류의 교육학이든 이미 실천 과정에 있으며, 자신의 이론적 전제들이 인도引渡되기를 기다릴 수 없다. 그렇기 때문에 교육학은 생물학, 심리학, 사회학 및 기타 분과학문들이 이론적으로 일반화하여 공급하는 것으로부터 준準결과들을 받아들이도록 강요받는다. 이 경계지대에서 수사적 과정유형의 진기한 과정들이 반영되고, 이 과정들에서 합리성과 실재론은 갈라서는 것 같다. 왜냐하면 행위강제 자체뿐만 아니라 전제들을 공리로 만들 필요성도 여기에 있기 때문이다. 전제들을 공리로 만들지 못하면, 행위강제들과 관련된 이론은 마비될 것이고, 불임 선고를 받을 것이다. 그런데도 나는 이 결정들이 무차별의 자유로운 선택결정[26]을 내거는 견유주의와 아무런 관련이 없고, 정말이지 실존주의의 자기 정립과도 전혀 관련이 없다고 생각한다.

근거불충분원칙이 적용되는 영역에는 과학적 형태가 아닌 합리적 결정 규칙들이 있다. 파스칼은 〈형평성에 관한 논의〉에서 이에 대한 모형을 하나 제시했다. 이 모형은 초월적이고 무한한 소득의 기회를 유한한 투기의 위험과 비교하기 때문에, 오로지 그렇기 때문에 우리에게 더 이상 이해되지 않는다. 하지만 그 모형은 유효하다. 인간은 오류의 위험에 처할 때마다 자기 주장과 자기 전개에 유리한 이론적 대안의 기회에, 자기 실천의 모든 것을 투입해야 한다는 점에서 그렇다. 인과원칙의 유효성이나 이 원칙의 명증적 정초가능성에 대한 어떠한 이론적 의심도 우리가 승부를 거는 것이 인과원칙의 유효성임을, 그러니까 인과원칙이 인간의 태도에서 제약 없이 유효하다는 것을 조금도 바꿀 수 없다. 다양한 학문들의 영역에서 나오는 진술들 중에서도 효과가 가장 많은 것들 중 하나는 인간의 행동방식들이 어느 정도까지 내생적 또는 외생적 결정자決定子들에 의해 결정되고, 그렇기 때문에 이 결정자들에 의해 영향을 받을 수 있느냐 하는 것이다.[27] 이 복잡한 질문도 학문적으로 완전히 해결된 것은 아니라고 할지라도, 학문이론적 숙고들의 내생적 결정론 선호는 쉽게 인식할 수 있다. 이는 마치 그 숙고들이 진화론에서 경험적으로 확인한 결과와는 무관하게, 라마르크주의[28]의 변종들보다도 다윈주의를 선호하는 것, 바로 이것을 함축하는 것과

26 "무차별의 자유로운 선택결정liberum arbitrium indifferentiae"을 영어권에서는 간단히 "무차별의 자유liberty of indifference"라고 한다. 독일어권에서는 라틴어 표현의 앞의 두 낱말을 두고, "Wahl- und Willensfreiheit" 또는 "freie Wahlentscheidung"이라고 하는데, 본문에서는 *Historisches Wörterbuch der Philosophie*에 기대어 후자로 번역한다. 〔옮긴이〕

27 세포 안에서 생물의 유전과 발생을 지배한다고 가정한 구조를 두고 결정〔인〕자 Determinant라 하는데, 본문에서는 이를 인간의 행동을 결정하는 요인과 결부시키고 있다. 유전 환경 논쟁에서 보듯 인간의 행동은 내생적으로 ("신체적-유전적으로") 규정되기도 하지만, 외생적으로도, 즉 환경 요인에 따라서도 다양하게 형성된다. 〔옮긴이〕

28 라마르크Chevalier de Lamarck(1744-1829)는 획득된 형질이 유전된다고 주장한다. 〔옮긴이〕

같다. 특수하게 소수이면서 방법적으로 깔끔하게 분리될 수도 있고 묘사될 수도 있는 인자들에 국한된 이론은 인자들의 분포도 명확하지 않고, 준비도 덜 된 현장을 제공해야 하는 이론보다도, 토머스 쿤이 말하는 "패러다임"이 될 기회를 더 갖고 있다. 다원주의식 이론유형의 결과에 과학적으로 접근하는 것은 불가피하게 이론적으로 토대를 잡는 것으로 보인다.

틀림없이 이 발전이 공공생활과 개인생활의 많은 영역에 광범위하게 작용하고 있을 것이다. 교육과 판결의 영역, 사회적 예방과 형벌 집행의 영역, 심지어는 인간 상호 간의 일상적 교류를 위한 영역에 말이다. 하지만 실천적 공리들의 선호가 사실상 과학적 우성優性 쪽으로 정위하는 것 같지는 않다. 이것은 칸트가 《실천이성비판》의 "요청들"에 관한 이론에서, 도덕적 정립이 이론적 증명에 의존하지 않고 있음을 가정했을 때 발견한 정황이다. 칸트에게는 요청의 형상을 한 채 실천법칙에 "분리될 수 없게 매달리는" 것들이 바로 모든 형이상학의 고전적 기본명제들—인간의 자유, 신의 실존, 불멸성—이다. 실천법칙을 경시하는 사람만이 복지와 관련하여 한편으로는 자신의 부자유를, 한편으로는 법칙에 따른 태도의 공허함을 증거로 끌어들이는 일에 관심을 두고 있음을 볼 때, 이 비분리성의 논리는 더 뚜렷해진다. 우리는 이 요청들을 모든 형이상학에서 빼앗아 도덕의 수사학에 편입할 것이다. 이 요청들은 설득과 자기 설득을 통해서 실천적 공리들의 합의의 본질을 그려 내는 것, 공적인 노력과 사적인 노력들에 동의하도록 하고 그 노력들에 의미를 부여하는 것, 즉 범죄와 갈등이 없는 생활을 위해 조건들을 개선하는 의미와 뒤처져 있거나 잘못된 길로 들어선 인생의 행로들을 가까이 끌어오는 데 신뢰를 심어 주는 의미를 부여하는 것, 이것들의 총괄개념이다. 우리는 인간 때문에 들이는 이런 종류의 노력과 비용이 헛되지 않다는 것을, 또 과학이 이 노력과 비용을 문제 삼지 않는다는 것을 알기라도 하는 것"처럼" 행동한다. 실천은 더 큰 인간적 기회들을 지각하게 하는 것을 "요청"으로 받아들여, 이를 공리로 선언한다. 여기서 수사학은 이 기회들에 승부를 건 내기에 맞서는 것에 관심을 두지 말도록 설득하는 기술이기도 하다. 유전학적 쌍둥이 연구의 결과들이 원기를 잃게 하고 있지만, 그 결과들이 환경론[29] 추종자들을 낙담시킬 수 없다—그리고 이것은 맞는 말이다. 과학적 진술들의 불확실성 영역이 너무 좁아질지 모르지만, 그 영역이 완전히 사라지지는 않을 것이다. 또한 실천이론이 〔부당하게〕 요구할 수도 참아 낼 수도 없어 보이는 곳에서는 승부가 이 영역에 걸리게 될 것이다. 칸트 이후로 실천적 요청은 과학적이고 가능적인 대상들로 이루어진 세계의 압도적 결정론에 맞서고 있다.[30]

수사학은 사실들이 아니라 기대들과 관련이 있다. 수사학이 전통 전체에서 "신뢰할 만하다"든지 "참과 닮았다"고 불러 왔던 것, 그것은 이론적으로 "개연적"이라고 불러도 되는 것과 실천적 가치에서 분명 구별되어야 한다. 인간이 역사를 "만든다"는 것, 그것은 근대가 역사철학적 우회로들을 거친 뒤에 승부를 걸어 왔던 기회다. 이 문장과 함께 실행되는 "배정변경"[31]이 지각될 때, 그때에만 이 문장이 무엇을 뜻하는지도 이해될 수 있다. 나는《근대의 적법성》(1966)에서 이 개념을 도입하여 설명한 바 있지만, 아직까지도 그 개념이 이론적 과정을 함축한다는 사실을 보지 못하고 있다. 행동하는 역사주체인 사람이 발견되거나 증명되지 않기 때문이다. 역사의 주체는 "임명된다". 우리의 전통의 현실을 설명하는 체계에서

---

29 로크에 의해 시작되고 프랑스 계몽주의에 의해 발전된 환경론Milieutheorie에 따르면, 사회발전은 교육과 외부 환경에 좌우된다. 〔옮긴이〕

30 결정론Determinismus에 따르면, 과학적 대상들은 객관적 법칙들을 바탕으로 서로를 객관적으로 연결하고 제약하고 있다. 칸트는 법칙들의 인과성이 기계적 인과관계로 환원되지 않을 수도 있다는 사실을 알고서, "기계적 결정론"에 반기를 든다. 〔옮긴이〕

31 '배정변경'은 배정을 바꿀 때 생기는 빈자리를 다른 것으로 채우는 일, 즉 '바꿔 채우기'로도 이해할 수 있다. 〔옮긴이〕

는 이 역사주체를 위한 "자리"가 하나 있고, 비움과 채움이 이 자리와 관련된다. 배정변경의 관철과 확인은 수사적 행위들이다. "역사철학"은 이 과정의 구조만을 주제로 삼지, 과정을 담지하지는 않는다. 역사의 주체를 결정하고 그 적법성을 인정하는 행위가 **제국의 추이**translatio imperii[32]로 불림으로써, 정초하는 수사 무늬의 이름을 지녀 온 것은 우연이 아니다. "전의들"이, 은유적 기능들이, 여기서 항상 다시 본질적 역할을 한다. 알렉산드로스는 헬레스폰투스 해협을 건너온 크세르크세스 군대의 회군에서 자신의 역사적 구상을 포착한다.[33] 구약의 신은 자신의 역사적 위대함을 계약을 통해 전이한다. 프랑스혁명 시대의 국민의회 시민들은 말을 할 때, 로마 공화국의 은유들을 사용한다. 복장을 갖추고, 관용어를 사용하면서 말이다. "인간들은 자기 자신의 역사를 만들지만, 자발적으로 만드는 것이 아니라, 그러니까 주어졌고 전승되는 상황들에서 만들기는 하지만 스스로 선택한 상황들에서가 아니라, 간접적으로 미리 찾아 낸 상황들에서 만든다." 이렇게 마르크스는 《무월霧月 18일》[34]에서 쓰고 있다. 적법성의 위기가 깊어 가면

32 구약성경의 〈다니엘 서〉에 따르면, 제국은 아시리아 제국-바빌론 제국-페르시아 제국-그리스 제국 순서로 추이되어 나온다. 중세로 오면서는 추이의 대열에 들어가는 제국명이 예컨대 '바빌론-페르시아-그리스-로마'로 바뀌기도 하고, 근대로 오면서는 스페인, 영국, 프랑스가 제5의 제국 대열에 합류하려고도 한다. 한편 본문의 '추이'는 'translatio'를 직접적으로 옮긴 것이지만, 이 낱말은 의미가 바뀌는 것, 즉 전의轉義를 뜻하기도 하고, '은유'를 지칭하기도 한다. 그러므로 본문의 표현은 상황에 따라서 "제국의 은유"로도 옮길 수 있다. 〔옮긴이〕

33 페르시아 왕 크세르크세스 1세는 기원전 483년부터 그리스 원정을 준비하여, 아시아와 유럽을 갈라 놓는 헬레스폰투스를 건넌다. 그는 작은 도시국가들을 정복하기도 했으나, 바빌론에서 발생한 폭동을 진압하기 위하여, 일부 군대만 남기고 고국으로 돌아간다. 〔옮긴이〕

34 Karl Marx /Friedrich Engels, *Werke*, Bd. 8, Berlin 1960, S. 115.
〔옮긴이〕 무월Brumaire은 프랑스 공화력의 두 번째 달인데, 이 달에 안개가 많이 낀다 하여 붙여진 이름이다. '무월 18일'은 나폴레옹 보나파르트 장군이 쿠테타를 일으킨 1799년 11월 9일을 가리킨다.

깊어 갈수록, 수사적 은유의 포착은 더욱더 각인된다. 전통을 만드는 것은 타성이 아니라, 역사의 주체로서 체념에 부응하는 당황이다. 그렇기 때문에 사람들은 역사의 주체 역할에 참여함으로써 더 쉽게 만족한다. 왜냐하면 사람들은 그것〔= 역사의 주체〕이 아니지만 그것에 속하며, 그것이 옳은 것들만 가지고 접근한다면, 그것에 속해야 할 것이기 때문이다. 변명들처럼 부속〔물〕들도 늘 수사적으로 마련되어 있다.

수사학은 여기서 인간의 창조적 재능으로 축하받지 못한다. 수사학을 인간학적으로 조명하는 일은 "형이상학적" 영예의 증명이 아니다. 그런데도 살고 있는 어떤 존재의 태도특징으로서 수사학은 자구적 의미에서의 "가난 증명서"다. 나는 수사학을 "이성의 목록"으로 부르는 걸 주저할 것이다. 그렇게 부를 때의 수사학이 더 의심스러운 사회로 들어오기 때문만은 아니다. 나는 수사학을 이성의 성질을 띤 형상 자체로, 이성의 일시성을 띤 이성적 배열로 여기고 싶기 때문이기도 하다. 이론적 취소 가능성이 없다는 말이 맞지 않을 경우, 수사학이 지각하고 사용하는 이론적 일시성은 단지 수사학 자체를 위한 유예기간일 것이다. "생각과 개념 들의 명백하고 세련된 표현"이 아닌 수사학 모두에 맞서 홉스가 추천한 것은 "올바른 이성"의 사용이다. 이 표현은 현재 유행하는 "비판적 이성"과 닮았다. 표현들이 멋지긴 하지만, 그 밖에 누가 매번 "올바른" 이성이 있는지 없는지를 다시금 이성으로, 그것도 "정확한" 이성으로 판단할 수 있을까? 홉스에게 민주주의에 대한 가장 중요한 이의들 중 하나는 민주주의가 수사학 없이 살아갈 수 없고, 따라서 올바른 이성에 의해서recta ratione보다도 마음의 충동에 의해서impetu animi 더 결정된다는 것이다. 왜냐하면 민주주의 연설가들은 "사물들의 자연"이 아니라 청중의 격정에 방향을 맞추기 때문이다. "이것은 인간의 결점이 아니라, 말솜씨[35]의 결점이다. 말솜씨 교사들 모두가 가르치듯, 말솜씨의 목적은 (우연히 진리인 경우를 제외하면) 진리가 아니라 승리이며, 말솜씨의 임무는 교화가 아니라 설득이다."[36] 이것은 작용 때문에 고안되어 사용되는 도구의 작용들을 인간에게 명확히 면제해 주는 이상한 문장이다. 이 문장을 홉스의 국가론이 대변하는 합리성 유형과 맞닥뜨리게 할 때, 그때야 비로소 이 문장은 이상한 문장이 된다. 복종계약에 합리적으로 동기를 부여하는 것으로서 자기 보존은 정해지지도 않았고 정해질 수도 없는 '절대적 지배자의 의지'를 가지고, 홉스가 수사학의 상관개념으로 헐뜯고 있는 마음의 충동 하나하나를 위험에 빠뜨리기 때문이다.

홉스의 '수사학의 병리학'은 격정들의 자극을 "말의 은유적 사용"으로 환원한다. 그에게도 은유 사용은 수사학의 중요한 요소이다. 그는 은유 사용이 "격정들에 적합"하고, 그럼으로써 "사물들의 참된 인식과는 훨씬 멀리 떨어져 있다"고 생각한다.[37] 홉스가 여기서 자명한 것으로 가정한, 은유 사용과 격정의 연관성은 어디에 근거를 두고 있을까? 그에게 은유는 개념의 반대이다. 은유는 이성의 도구들을 차단하면서, 현장통제를 해제한다. 즉, 전통에 따라 이성에 의해 제어되고 조절되는 것 모두를 위해, 개념의 노력 앞에서 비유적 정위의 편리함으로 기꺼이 도피하는 것 모두를 위해 현장통제를 해제한다. 홉스는 이 자리에서 〔이성의 도구 대신〕 말솜씨 eloquentia가 효력을 발휘하게 한다. 이 말솜씨는 은유를 포기하고, "사물들 자체의 관찰"로부터 나오며, 그 본질이 오로지 인식들을 묘사하는 세련됨에 있다. 있을 수 있는 점유로서의 "사물들의 자연"에 맞서, 수사학은 정말이지 상규를 벗어난 예술수단으로 나타난다. 물론 홉스의 개념 이론을 관찰하면, 그가 개념 이론에서 인간의 오성에 고백할 수 있는 것보다도 더 많

35 "말솜씨Beredsamkeit"는 수사학의 실제적 측면을 가리킨다. 본문에서처럼 이론적 측면과의 구별에 중점을 두지 않을 경우에는 수사학으로 이해해도 무방할 것이다. 〔옮긴이〕

36 Thomas Hobbes, *De Cive* X, 11.

37 위의 책, X, 12.

이 오성을 신뢰하고 있다는 것, 바로 이것이 놀랍게도 그의 은유 거절 원인이다. 왜냐하면 개념도 저 "사물들의 자연"과는 아무런 공통점이 없는 예술수단일 뿐이기 때문이다. 수사학의 본질적 요소로서의 은유를 비판하면서 이 불일치를 지적하는 것은 말이 나온 김에 하는 것이 아니다. 이 불일치는 격정들에 대한 은유의 친화력을 끌어들여서 하는 은유 비판이, 기본적으로는 특정 수사학에 대한 절대국가 이념의 모순에 기인한다고 추정한다. 홉스는 이 특정 수사학을, "소란을 일으킬 소질을 타고난 인간들의 어쩔 수 없는 속성"으로 기술한다. 이제 사실상 은유는 특정 개념의 대용품, 즉 없지만 원칙적으로는 언제나 가능하고, 그렇기 때문에 강력히 요구될 개념의 대용품일 뿐만 아니라, 빈 공간을 늘이기도 하고 채우기도 하는 투영 요소이기도 하다. 은유는 비유에서 자기 자신의 일관성을 창출하는 상상적 절차이기도 한 것이다. 자기 보존 원칙으로부터 합리적으로 연역되는 절대국가는 알리히 마이어가 최근에 밝혔듯이,[38] 한편으로는 유기체적인 것의 은유, 한편으로는 메커니즘의 은유를 사용하라는 압박을 받는다. 그러한 주도적 은유의 사용은 자기 자신만의 설득력을 갖는다. 은유의 핵심을 가능한 한 확장하는 일에서 나와서 이 핵심에 도로 영향을 끼치는 설득력을 말이다. 유기체적 역사철학의 가능성은 이를테면 유기체적 국가유형을 강화한다. 홉스 자신은 "국가인물"을 대신하는 자신의 유기체적 은유 사용이 그 출처의 인공성에 대해 갖는 모순을 간과했는데, 정말이지 이것은 유익하다. 왜냐하면 은유 혹평은 은유의 사실적 배경기능을 쉽게 지각하지 못하게 하기 때문이다. 수사학 금지도 다른 사람들만 과정 자체로 지각하는 수사적 과정이다. 홉스의 예는 근대에서 반反수사학이 스스로 실재론의 견고함을 요구하는 가장 중요한 수사적 예술수단들 중의 하나가 되어

38 Ahlrich Meyer, "Mechanische und organische Metaphysik politischer Philosophie", *Archiv für Begriffsgeschichte* 13(1969), S. 128-199.

있음을 보여 준다. 또한 그 예는 실재론의 견고함이 인간이 처한 상태의—홉스의 예에서는 인간이 처한 "자연 상태"에서의—진지함에 저 홀로 상대할 수 있다고 약속한다.

수사학이 현실과의 어려움들에 대한 총괄개념이기 때문에, 그리고 우리의 전통에서 현실은 일차적으로 "자연"으로 미리 이해되었기 때문에, 수사학은 일종의 "예술"이다. 고도로 인공적인 환경세계의 현실에서는 수사학에 관해 지각할 수 있는 것이 거의 없다. 수사학이 이미 어디에든 항상 현재적이기 때문이다. 수사학이 거의 지각될 수 없다면, 고전의 반수사적 무늬 '말이 아니라 사물!res, non verba!'은 정황들을, 즉 자기 쪽에서 자연적인 것을 재가하는 것들을 더 이상 갖고 있지 않고, 이미 수사적 색채를 띠고 있는 정황들을 가리킨다. 수사학이 거의 지각될 수 없다는 것은 한편으로 수사적 문체수단들의 강력한 추천이나 소개를 쉽사리 조금 덜 (또는 더) 우스꽝스럽게 만든다. 그런 다음에 사람들은 상승된 실재론으로서의 그것이 〔즉, 수사학이 거의 지각될 수 없다는 것이〕 자기 때문이라고 여긴다. 현대에 와서 수사학이 현실과 부딪히는 어려움의 대부분은 이 현실이 더 이상 호소가치를 갖지 못한다는 데에 있다. 왜냐하면 현실은 자기 쪽에서 볼 때, 인공적 과정들의 결과이기 때문이다. 그래서 사람들은 '사물로!', '사태로 그리고 사태들로!'라는 재촉의 외침을 타인에게 맡기지 않기 위해, 스스로 그 외침을 보호하는 특수하게 수사적인 상황으로 들어간다. 다시 생각하고 행동하는 것이 또는 무엇보다도 우선 생각하고 행동하는 것이 필요하다는 전제를 다른 사람들에게 암시하는 것, 그것이 곧 수사학이다. 현실을 "실재론적으로" 볼 수도 다룰 수도 있었더라면, 그때 벌써 현실은 항상 그렇게 보였을 것이고 다뤄졌을 것이다. 그렇기 때문에 '실재로의 귀환retour au réel' 태도는 이 태도가 약속하는 실재성보다도, 즉 이때 종결될 수 있는 공상 · 기만 · 유혹 들의 설명보다도 더 많은 설명을 다룸에 틀림없다. 실재론의 수사학 어느 것에나 실재론을 지금까지 방해해 온 음모들이 필요하다. 플라톤의 동굴 비유에서는 갇힌 사람들이 무자비하게 동굴 밖으로 끌려 나오지 않는 한, 동굴 벽의 그림자놀이 앞에서 참된 현실적인 것을 결코 경험하지 못한다. 이 동굴 비유가 그러한 음모들을 밝히는 모형이다. 이 모형은 수사학과 대립하는 쪽으로 정위하고 있다. 왜냐하면 그림자세계의 음모자들은 "상을 만드는 사람들"로서의 소피스트들이기 때문이고, 또한 그 모형은 수사학 자체이기 때문이다. 이때의 모형은 '빛 가까이로 가다 das Ans-Licht-kommen'[39]의 기초적 은유에 의거하고, 이 은유를 절대적 실재성을 위한 비유로 확대하는데, 이 실재성의 명증성 약속은 지켜질 수 없다. 그림자들로부터 현실로의 철학적 전환을 수사학이—그 뒤를 이어서는 미학이—억지로 빼어 왔다. 장 파울[40]은 《보이지 않는 산장》에서 이 철학적 전환을 두 문장으로 나타내며, 반어적으로 성찰했다. "아, 우리는 단지 벌벌 떠는 그림자들이다! 그런데 하나의 그림자가 다른 그림자를 갈기갈기 찢으려 할까?"

칸트는 《판단력 비판》에서 수사학을 "인간들의 약점들을 〔연설가가〕 자신의 의도를 위하여 사용하는 기술"로 보고, "전혀 주목할 가치가 없는" 것으로 선언했다.[41] 또한 이 "기만적인 기술"이 "중요한 일들에서 기계들

---

39 본문의 번역은 "das Ans-Licht-kommen"의 자구적 의미를 살렸지만, 의역할 경우에는 숨겨진 것이 알려지게 된다는 의미로도 쓰인다. 〔옮긴이〕

40 장 자크 루소를 존경하여 필명을 '장 파울Jean Paul'로 정한 이 독일 작가(Johann Paul Friedrich Richter, 1763-1825)는 1793년에 발표한 《보이지 않는 산장*Die unsichtbare Loge*》으로 명성을 얻는다. 여기서 'Loge'란—일부에서 '산장'으로 옮기고 있으나—중세의 건축조합 Bauhütte, 특히 석공과 미장이의 조합을 본받은 비밀 종교단체를 뜻한다. 작품 속의 이 단체의 이름은 작센 주의 조그마한 마을 이름을 딴 헤른후트파이다. 주인공 구스타프는 이 파에 속한 자신의 할머니를 좋아하여, 할머니가 살던 외진 곳으로 와서 "자연의 얼굴"을 실컷 보며 유년시절을 보낸다. 나중에 "플라톤의 동굴"과 같은 외진 곳을 떠나 직장생활을 하던 주인공은 비밀단체의 회원이라는 이유로 체포된다. 〔옮긴이〕

로서의 인간들을 하나의 판단으로 움직이는 것"과 관련 있다고 보았다. 이제 여기서 전혀 논란거리가 아닌 것은 '인간이 수사적 행위에 본질적으로 의존하고 있음'이 항상 '수사학에 노출되어 있음'이라는 것이다. 인간에게는 기계가 될 위험과 압력이 충분히 있다. 수사학 이론은 인간들의 약점들을 이용하려는 의도들에 기여하면서, 그와 동시에 그 의도들을 항상 밝혀왔다. 수사학을 인간학적으로 국지화하는 자리에서는 이 약점들에 대해서 말하지, 저 의도들에 대해서 말하지 않는다. 수사학으로 가는 인간학적 통로들은 이때 중심적이고 기술記述적인 확인으로 수렴된다. 인간은 자기 자신과 아무런 직접적인 관계도 없고, 아무런 "내적" 관계도 없다. 인간의 자기 이해는 "자기 외면Selbstäußerlichkeit"의 구조를 가지고 있다. 칸트는 외적 경험을 앞서는 각 과정이 내적 경험에 결여되어 있다고 처음으로 주장했다. 우리는 우리 자신에게 현상이요, 일차적 다양체의 이차적 종합이지, 그 역은 아니다. 동일성의 실체론Substantialismus은 파괴되어 있다. 동일성은 실현되어야 하고, 일종의 수행이 된다. 그리고 동일성의 병리학이 동일성의 실체론에 상응한다. 인간학은 한 번도 "자연"인 적이 없고 결코 "자연"이 되지도 않을 "인간의 자연"만을 여전히 주제로 삼는다. 인간학이 은유의 옷을 입고—동물로서와 기계로서, 침전물 형성으로서와 의식의 흐름으로서, 하나의 신과 구별되거나 일치하여—등장한다고 해서, 인간학이 결국 모든 종파와 도덕론을 벗어던지고 우리 앞에 놓일 것이라는 기대감을 갖게 되는 것은 아니다. 인간은 자기가 무엇이 아니라고 할 때의 그 무엇을 넘어서서만 자신을 포착한다. 일단 인간의 상황이 아니라 인간의 구성이 이미 잠재적으로는 은유적이다. 우리가 선택할 수 있을지도 모를 최악의 자리는 우리 자신 안에 있는 자리라 하면서,[42] 몽테뉴는 자신의 인간학의 결과를

41 Immanuel Kant, *Kritik der Urteilskraft*, § 53.

자기 경험으로 표명한다. 그는 코페르니쿠스적 전환을 지적한다. 이 전환은 세계 내면에 대한 인간의 '정신적 충격Trauma'으로서 인간의 자기 내면에 대한 회의를 은유적으로 강화한다. 자기 설득은 외부와 관계를 맺는 모든 수사학의 기초다. 자기 설득은 이미 말한 바 있는, 실천에 효과적인 매우 일반적인 명제들을 포착할 뿐만 아니라, 자기 외면으로부터 자기 이해를 포착하기도 한다. 그렇기 때문에 최고의 긴장을 에워싸려 했던 가장 날카로운 은유가 아마도 인간의 자기 구상을 위해 가장 많은 수행을 했을 것이다. 인간은 자신과 전혀 다른 것으로서의 신을 완전히 제쳐 두고 생각하려 하면서, 가장 어려운 수사적 행위를, 그러니까 자신을 이 신과 비교하는 행위를, 거침없이 시작했던 것이다.

42 Michel Montaigne, *Essais* II, 12.

언어상황과 내재시학

문학적 미신 … 나는 문학의 언어적 조건을
망각하는 생각 일체를 그렇게 부른다.
폴 발레리

"언어보다도 사유가 항상 더 가능하다"(마테실라노[1]). 법의 확장해석에서 기본명제가 되는 이것은 각 해석학의 가능성 조건으로도 제시될 수 있을 것이다. 언어보다 사유가 가능성 면에서 더 풍부하다는 확인은 "때로는 방법, 때로는 법eadem ratio, eadem lex"이라는 규정의 동일성 틀을 활짝 열어 놓고 있으면서, 유추의 비난으로부터 법 해석자를 보호한다. 더 넓게 파악되는 해석학 개념을 위하여, 사유가 본질적으로 언어를 초과한다는 주장은 표현 수단들의 역사적 타성에도 불구하고 역사적 과정들의 활력에 다가갈 가능성을 내보내지 않을 경우, 최소한 그 활력을 믿을 가능성을 내보낸다. "언어의 빈곤"이 겪은 기본경험은 자신의 해석을 요구한다. 키케로는 그리스어에 비해 철학적으로 자질이 없는 자기 언어의 어휘 부족egestas verborum을 느끼고, 사유가 수행할 수 있는 것을 최소한 모든 언어가 똑같은 방법으로 포착할 수 있는 것은 아니라고 했는데, 아마도 이것이 이런 방면의 첫 진술일 것이다. 하지만 그의 진술은 사유에 견준 언어의 상황에 아주 쉽게 적용될 수 없지 않았을까? 모든 시대의 신비주의자들은 절망해 하면서, 자기

---

1 마테실라노Mario Mattesilano는 16세기에 활동한 이탈리아 철학자로서, 그의 필사본《인간적 행복*La contentezza humana*》이 전승되고 있다. 〔옮긴이〕

들이 보았다고 믿는 것과 언어수단들의 관계에서 언어수단들의 부족에 시달려 왔다. 하지만 생기는 역사적 경험도 언어의 빈곤을, 언어의 포착거절을 지각했다. 거절된 포착대상은 요구되거나 스스로를 제공하는 전체 인상들Totaleindrücke인데, 이 인상들에 언어가 갖다 댈 수 있는 것은 기껏해야 접선들Tangenten뿐이다(유스투스 뫼저[2]). 수사학과 시학에서는 언어가 감각에 뒤처져 있다는 것이 오래전부터 존재하는 토포스였고, 거의 믿지 못할 정도로 오래전부터 자주 사용되어 왔다. 해석학은 이 기본경험에서 출발하여, 기본경험에서 감지할 수 있게 된 차이를 극복하려고 하고, "저자 쪽으로 향하는 자신을 느끼"려고 하며, 관계망을 벗기려고 한다. 언어적으로 포착될 수 있는 생각은 이 관계망 속에서 다른 생각 · 전제 · 결과 들과 함께 있으며, 전체적으로 이것들은 언어표현에 함께 관여할 수 없지만, 언어표현으로부터 부분적으로나마 해명될 수 있다.

사유하기와 말하기Sprechen의 불일치를 함축하는 "언어"에 대한 구상은—이때에는 사유하기가 말하기das Sagen보다 항상 더 힘이 세다—정확한 언어의 이념에서 자신의 결정적 모순을 발견한다.[3] 정확한 언어의 기준들은 늦어도 데카르트에 의해 규범화된 명확함과 분명함의 규정들에서 제시되어 왔고, 〔언어의 성분들을〕 모조리 대상으로 만들려는 정확한 언어의 목적론은 현상학에서 결정적으로 새 생명을 얻고 있다. 이 현상학적 언어신앙에 따라 "언어와 사유를 은폐하는 보편성"[4]이 확인될 수 있고, "명확

---

2 뫼저Justus Möser(1720-1794)는 독일의 법학자이자 사회이론가이다. 〔옮긴이〕

3 똑같이 "말하기"로 번역된 독일어 낱말들을 굳이 구분하자면, 전자는 언어의 음들을 생산한다는 의미에서의 말하기이고, 후자는 낱말이나 문장을 재현한다는 의미에서의 말하기이다. 뒤의 164쪽에서 보게 될 또 다른 말하기로서의 'reden'은 전자에 가까우며, '연설하다'란 의미도 갖는다. 〔옮긴이〕

4 Edmund Husserl, *Formale und transzendentale Logik*, Halle 1929, S. 22(지금은 *Husserliana*, Bd. 17, Den Haag 1974).

한 소여성들의 충실한 표현"은 예술언어나 공식 언어를 필요로 한 적이 한 번도 없다. 공통언어에서 현상학적 언어로 넘어가는 일은 있다. "사용된 말이 일반어에서 유래할지도 모르고, 다의적일지도, 교환되는 의미에 따라서는 모호할지도 모르지만", 그 말은 "분명하고 유일한 의미들을 부여받을" 수 있다.[5]

하지만 방금 개괄된, "언어"에 대한 두 개념들에다 제3의 개념이 추가될 수 있다. 제3의 개념은 이 글의 도입부에서 인용된 법 해석의 기본명제를 뒤집는 것인데, 이에 따르면 언어가 사유보다 힘이 더 세다. 현대 언어철학에서는 사유의 요구에 비해 말이 불충분하다는 데 대한 불평이 이와 반대되는 〔내용의〕 확인에 밀려 나 있는 것처럼 보인다. 이 확인에 따르면, 생각은 언어가 미리 포착한 것만 따를 수 있고, 또한 이 따르는 일을 하긴 하면서도 의미의 깊이를 잴 수 없어 늘 부적절한 상태에서 한다.[6] 언어는 절대로 넘어갈 수 없는 배경 현상들로 나타나고, 가장 넓은 의미에서 언어의 문법은 모든 과정들을 독재적으로 특정 방향으로 이끄는 것처럼 눈치 채지 못하게 그렇게 하는 것으로 나타난다. 이 과정들에서 우리는 현실을 검토하는 반면, 그와 동시에 우리는 주어진 것을 완벽하게는 아니지만 끊임없이 완벽에 가깝게 측정하는 구체적 매체를 사용하고 있다는 환각에 빠진다. 벤자민 리 워프[7]는 언어의 상대성 원칙에 대해 말한 적 있고, 특정한 사실적 개념체계들을 가능하게 하는 데에서 언어의 기본 수행을 보았다. 다른 체계들이 이 체계들과 항상 비교될 수 있는 수행 능력을 가진 것은 아

5 Husserl, *Ideen zu einer reinen Phänomenologie und phänomenologischen Philosophie*, § 66; *Husserliana* Bd. 3, 1950, S. 154f.

6 이를테면 Louis Lavelle, *La parole et l'écriture*, Paris 1942.

7 워프Benjamin Lee Whorf(1897-1941)는 에드워드 사피어와 함께 언어의 상대성에 대한 이른바 "사피어-워프 가설"을 세운 미국의 언어학자다. 〔옮긴이〕

니라고 할지라도, 똑같은 자격을 갖고서 이 체계들과 어깨를 나란히 할 수는 있다. 결론은 이렇다. "'말하다reden'는 '사유하다denken'보다도 더 고귀하고 더 품위 있는 낱말이다."[8] 하지만 언어가 사유의 가능성과 불가능성의 활동공간을 이런 식으로 미리 만든다면, 철학의 비판적 과제는 사유에 대한, 즉 내실적reell이고[9], 참임을 입증할 수도 있으며, 정당화될 수도 있는 사유에 대한 언어의 초과를 방법적으로 드러내고 해체하는 쪽으로, 그러니까 현대철학의 얼굴을 폭넓게 각인시키는 언어분석과 언어비판을 추구하는 쪽으로 정위해야 한다.

언어와 사유의 관계에 대한 이 기본 표상들 셋은 시어詩語의 기능을 규정하기 위한 하나의 확실한 방향을 얻는 데에 도움이 되어야 한다. 내재시학immanente Poetik은 사실상 특정 작품의 언어를 그 기능과 관련시켜 탐구하는 데에 어쩔 수 없이 의존하고 있을 것이다. 그러므로 특정 작품의 내재시학이 하는 설명은 이 작품의 언어를 고려하여 "올바른" 질문을 하는 것에 의존할 것이다. 물론 저자의 외생시학exogene Poetik도, 저자의 자기 입증과 자기 관찰도 유익한 암시를 할 수 있다. 정말로 그 외생시학이 이런 것이고, 단지 규범적 예술이론의 "후예"가 아닌 한에서는 말이다. 방법적으로 미리 묻고 있는 이 물음은 묻지 않고 넘어가서는 안 될 가치가 있다. 어떤 텍스트를 그 저자가 시적 생산과정에서 진작부터 "자기 관찰"로 분류하는 것은 특정 미학적 입장의 표현이다. 즉, 경험이 작품의 탄생과정에 대한 중요한 정보를 제공하는 것을 특별히 허락하는 입장, 그리고 이 모든 것이 경험적으로 어쨌든 전혀 접근할 수 없는 특정한 방식으로 일어난다는 것을 미리

8 Benjamin Lee Whorf, *Language, Thought and Reality*, hrsg. von John B. Carrol, Cambridge (Mass.) 1956. 독역본: *Sprache, Denken, Wirklichkeit*, hrsg. und übers. v. Peter Krausser, Reinbek bei Hamburg 1963, S. 12f., 19.

9 현상학에서 "내실적reell"이라 함은 의식작용에 내재한다는 의미를 가지며, "지향적"이란 개념의 반대개념이다. 〔옮긴이〕

부터 명백하게 알지 못하는 입장, 바로 이런 입장의 표현이다. 번개를 맞은 사람은—그리고 그것이 영감靈感의 번개라 해도—이에 대해 기록도 할 수 없다. 더 정확히 말하면, 자기 자신의 추정에 반드시 이의를 제기하지 않고서는 그 일을 할 수 없다는 것을 아주 확실하게 믿는다. 따라서 자기 관찰들의 전달은 전체적으로 관찰자의 지위가 생산의 지위와 함께 동시에 받아들여질 수 있음을 전제한다. 이때의 전제는 미학적이고 즉물적인 묘사의 전제로서—뮤즈 여신으로부터 마취제에 이르기까지—영감을 주는 인자들의 인수와 결코 합쳐질 수 없다. 텍스트들의 저자가 텍스트들의 신빙성과 정확성의 문제를 떠나, 텍스트들이 자기 관찰로 분류되는 것을 알고 싶어 한다고 할 때, 그 텍스트들이 단순히 눈앞에 있다는 것은 벌써 전체 작품과 관련되는 내재시학의 사실이다. 물론 그것은 스스로를 관찰하는 저자이자 경험에서 지식을 얻을 수 있다고 믿는 저자도 자신의 외생시학을 가지고 있다는 점을 완전히 배제하지 않는다. 그리고 규범적 요소들과 효과적 요소들 사이의 비일관성을 고려하여, 저자의 시적 작품과 시적 텍스트를 샅샅이 뒤지는 것은 중요하다. 어떤 텍스트의 교정 능력에 대한 물음이—이 물음이 어떤 작품의 필사자료나 심지어 인쇄의 역사를 근거로 해서 역사적으로 해명될 수 있는지는 일단 완전히 별개로 치고—특정 내재시학으로 이끄는 길잡이이다. 이 내재시학은 동일 저자가 자신의 외생시학에서 영감과 노력의 양자택일을 고려하여—그러니까 내가 형이상학적 시학으로 부르고 싶은 것을 고려하여—연관시켰던 입장과 아마도 날카롭게 대비될 수 있을 것이다.

어떻게 "언어가 스스로 말하느냐"는 물음에 속하는 것은 조금 명료하게 제공될 일차적 관찰들에 (나아가 자기 관찰들에도) 속한다. 강력하게 연상적으로 또는 구성적으로 규정된 언어 유형의 구별들과 같은 구별들이 여기에 속한다. 하지만 예컨대 연상도, 정말이지 틀림없이 시적 언어 형성의 균일한 인자들 중의 하나도 동질적이진 않다. 연상은 뜻이 깊을 수도 있고, 은폐된 표상의 핵으로부터 나와 언어의 형성 과정을 지휘할 수도 있거나 아니면 뜻이 깊지 않을 수도 있고, 낱말에서 낱말로, 음향적인 것에서, 가장 이해하기 쉽게는 각운의 주도적 도식을 가지고 언어의 형성 과정을 진행할 수도 있다. 이 마지막 구별이 중요하지 않은 것은 아니다. 언어의 일로 "믿어지는" 것이 이 구별에 달려 있기 때문이다. 즉, 사람들이 주도적 근거로서의 이 구별에 몰두하는지, 아니면 극복되어야 할 저항과 맞서 있는 마음대로 다뤄져야 할 재료로서의 구별에 몰두하는지는 이 구별에 달려 있기 때문이다. 언어신뢰Sprachvertrauen의 정도와 근거 들은 다양하게 존재한다. 언어신뢰는 영감과 관련되는 것을 위한 사전 결정과 연관되지 않아야 하고, 어떤 "존재"의 위로하는 말에, 곧 언어에서 이루어지는 것이 아니라 언어 자체인 말에, 정확히 귀를 기울여야 함을 뜻하지 않아야 한다. 귀를 기울여야 한다는 것은 단지 긍정적인 쪽으로 선회한 현대 언어비판의 형상과 전제일 뿐이다. 언어신뢰와 마찬가지로 현대 언어비판도 언어가 사유보다 더 힘이 세다는 데에서 출발한다. 차이가 있다면, 언어비판은 이른바 "귀 기울이기"를 금지하고, 위로의 말을 마법을 거는 것의 일종으로 보아 추방하려 한다는 것, 그러니까 "해명"하려 한다는 것이다. 사실 스스로 말하는 언어에 대한 언어신뢰는 그런 것이 아니며, 언어형성에 계속해서 영향을 끼치는 순수 음악성에 빠져 있을 수 있다. 하지만 이때 그런 식으로 스스로 쉽게 툭 말해 버리는 언어는 자기 속에서 생각되거나 상상된 것에 대한 물음으로부터 너무 쉽게 도망쳐서, 작가의 "진정한" 해석 자체도 다른 〔사람의〕 해석과 마찬가지로 가치가 많을 때도 있고, 적을 때도 있다. 그때에 요행들이 존재한다. 파울 클레의 그림들 밑에 있는 서명들은 그림의 구성이나 연상이 있고 난 뒤에 한 것이라 해도, 거의 항상 상상력이 풍부하게 투입된 양상들이다. 물론 서명들을 진정한 해석으로 이용할 위험이 가까이 있긴 하다. 예술작품의 내재적 질문 가능성을 고려할 때, 바로 그때에 구조적 유추들이 있다는 것을 보이기 위하여, 나는 의도적으로 언어의 제국을 비켜 가고 있다.

어떤 텍스트에 함축된 언어개념에 대하여 우선적으로 준비한 물음이 정적인 분류로 치달아서는 물론 안 된다. 언어적 실현은 사유하기와 말하기Sprechen의 일치관계들을 포착하는 틀 안에 결코 자리를 잡을 수 없는 내재적 경향을 갖고 있다. 나는 이 경향에 부합하는 것을 "일의성一義性"과 "다의성多義性"이라는 두 방향을 제시하여 기술하고 싶다.[10] 그렇게 하기 위해서 명백한 프로그램을 묻는 질문이 필요한 것은 아니다. 학술어는 추측상의 고려와는 무관하게 개념 표시의 일의성으로 향하는 경향이 있는데, 이 경향은 포착될 수 있다. 이때, 특정 텍스트에 그러한 일의성을 확인해 줄 수 있는지 없는지는 중요하지 않다. 학술어가 공통어로부터 만들어지는지도, 또는 전문용어들의 새로운 체계가 고안되고 관습적으로 도입되는지도, 본질적인 것은 아니다. 일의성 격률은 특수한 학술적 전달 방식을 통해 벌써 주어져 있다. 이 방식은 대화에 나오는 바와 같은 되묻기와 명백한 설명 소망을 절대로 허락하지 않는다. 공통어로 하는 대화는 언어수단들의 일의성 경향을 포기할 수 있다. 사실 이 대화는 다름 아닌 불명확성들의 간섭 때문에 명확성을 목적으로 삼는다. 하지만 학술어의 일의성 경향은 학술어의 범위와 일반성에 부담이 된다. 학술어는 대체로 복수로만 존재하고,[11] 배타적인 지역 관용어들인 전문어들의 총괄개념으로서 존재하며, 공통어로의 번역 주장이나 심지어 그러한 번역의 실천을 "분과학문의 규정

10 "Mehrdeutigkeit"(다의성)과 짝을 이루는 "Eindeutigkeit"은 일반적으로 '명확성'으로 번역된다. 하지만 여기서는 이들 합성명사의 구조적인 면도 명백히 보이기 위하여 '일의성'으로 옮긴다. 〔옮긴이〕

11 이때의 복수는 형태상으로가 아니라 내용상으로 이해되어야 할 것이다. 여기서 지칭되고 있는 학술어wissenschaftliche Sprache가 단수이기 때문이다. 〔옮긴이〕

위반"으로 느끼게 하는 사회적 동기에 의해 더욱더 고립된 채 존재한다. 현재의 언어상황을 계속해서 특징짓고 있는 것은 지역화에서의 일의성 경향 내지는 지역화를 포기하는 데에서, 그럼으로써 순수한 전달기능으로의 환원을 포기하는 데에서 나타나는 일의성 경향이다. 그러한 전문어들의 실존에서 출발하는 논리적 이념화를 통해서 일의성 경향을 최소한 모든 학문들끼리의 합리적 공통어로 옮길 수 있다는 믿음은 환각으로 입증될 것이다.

이 관찰에서 철학적 언어는 특수한 지위를 차지한다. 나는 철학어의 경향을 "조절된 다의성"을 향하는 것으로 나타내고 싶다. 여기서 더 이상 상술될 수 없지만, 이 경향은 선험적 개념들을 나타내기 위한 세계어die mundane Sprache의 취역에 근거를 두고 있다. 왜냐하면 후기 비트겐슈타인 이후에 철학의 고유어에 대한 환각이 대체적으로 녹아 내리고 있듯이, 특수하게 선험적인 언어가 있을 수 없다는 것은 명백하기 때문이다. 그 현상의 전사前史는 신비주의와 부정신학[12]의 언어문제들에 있다. 그 현상은 쿠자누스와 언어를 이용하는 그의 진정하면서도 헛된 노력에서 흥미롭게 추이되다가, 라이프니츠의 2개 국어로 된 책《새로운 에세이들》에서 처음으로 우리 앞에 명백하게 제시된다. 이 에세이들은 로크가 속해 있는 언어공동체를 위하여 단자單子 · Monade를 숨기면서도 단자에 대하여 말한다.[13] 보다 높은 단계의 성찰에서 보면, 중세 말기를 특징짓던 것이 오늘날에도 반복되는 듯하다. 그것은 중세를 위해 "유명론"과 "신비론"으로 나타내는 두 정

12 "부정신학"은 신에 대한 부정적 진술을 통해 신의 본질에 접근하는 철학적 신학이론이다. 〔옮긴이〕

13 이 책의 원제목에는 "인간의 오성에 관한"이라는 표현이 들어 있다. 이는 이 책이 로크의《인간의 오성에 관한 하나의 에세이》와 연관됨을 보이는 것인데, 실제로 라이프니츠는 로크의 저서 내용을 조목조목 반박하고 있다. 본문에서 "단자를 숨기면서도 단자에 대하여 말한다"는 표현은 이 책이 이미 1704년에 완성되었으나 1764년에야, 그러니까 로크가 죽고 난 다음에야 출간되었음을 가리킨다. 〔옮긴이〕

신 방향들의 동시성인데, 처음에는 이 동시성이 역설적으로 나타난다. 두 방향의 공통점은 일종의 정신적 주의注意로 특징지을 수 있다. 주의는 '말할 수 있는 것das Sagbare'의 경제성에 일단 예속되고 싶어 하지만, 이때 그러한 정확성 영역이 비좁다는 것을 인식하고, 이 실망으로부터 빠져나와, 말할 수 없는 것의 역설적 주장들 속으로 들어간다. 한편으로는 말할 수 있는 것을 향해 언어의 프로그램을 이상에 가깝도록 짜는 일, 한편으로는 말할 수 없는 것을 위하여 언어구조를 폭파하는 일, 이 둘 사이의 공간에서야 비로소 말하기das Sprechen가 갖는 고유한 수행 폭이 펼쳐진다. 이 말하기는 항상 새롭게 출전을 준비하면서 극도로 불안정한 이해공동체를 조절하는 체계이다.

여기서 시어는 어떻게 배정될까? 시어가—비코[14]가 말하듯—"시적 특성들에서 그리고 환상적 언어방식에서" 나타나는, 초기 시대의 고유한 "원시原始 언어"임을 믿을 수 있었다면, 시Poésie는 산문으로의 세속적 추락을, 어쩌다가만 멈춰지거나 쉽게 꿰뚫어 볼 수 있게 된 추락을, 힘겹게 막아서 구제한 나머지로 나타난다. 만약 인식되길 바라고 집합되길 바라는 뿔뿔이 흩어진 특수한 요소들의 언어에서 시가 선택과 수집으로 그려진다면, 전제가 철저하게 다르지는 않다. 일의성과 다의성 사이의 경향에 부합해서 펼쳐지는 것으로 기술된 언어상황은 언어의 시적 가능성을 다르게 보도록 한다. 언어를 다의성의 잠재력이라 하고, 이 잠재력은 필연적이고 유익한 일의성의 비좁은 영역들에서 힘겹게 봉사하고 있으며, 이미 대화에서는 관용어들의 부정확성을 통해 기능할 뿐이라고 하자. 나아가 이 관용어들이 차례로 출전을 준비한다고 하고, 자기들이 실수하는 바로 그곳에서

---

14 이탈리아 철학자 비코Giambattista Vico(1668-1744)는 《새로운 과학》(1729)에서 시어가 원시어라고 주장한다. 그의 주장에 따르면, "야만인"들도 날씨와 요리법에 대해 운문으로 이야기를 나눴다. [옮긴이]

아직도 "직설적"이라 하자. 그럴 경우에 시어는 의미의 겹치기 출현으로 정위한 내재적 경향의 해제, 바로 그것일 것이다. 하지만 다의성이 이렇게 타오르는 것은 저 은밀한 원시어의 나머지를 구조하는 것도 아니요, 일상어의 자칭 풍부한 재산을 구조하는 것도 아니다. 이때의 일상어는 현재 다의적이라기보다는 오히려 불분명하고, 기능과 관련된 일종의 "오차범위" 안에 있다. 이 문제에는 오도된 것들이 많이 있다. 1928년 발레리는 〈순수시Poésie pure〉라는 제목의 짤막한 글에서 시어에 대한 일종의 실체론적 해석을 내놓았다.[15] 순수함은 여기서 특수하게 시적인 요소들의 선택으로 이해되고 있는데, 이 요소들을 다른 언어작품들도 혼합과 치환에서 포함하고 있다. 이 "고귀하고 살아 있는 실체"는 저장될 수 있고, 발전될 수 있고, 양육될 수 있다. 그럴 경우, 시의 순수함은 특정 언어상태를 뜻하고, 이 상태에서는 원래 지배하는 공통어 매체가 훼방을 놓는 더럽히기로 더 이상 입증될 수 없을 것이다. 누구나 인정하듯 이는 도달할 수 없는 목표, 작시술Dichtkunst이 노력해서만 접근할 수 있을 목표다. 이 기본표상은 순수시가 비록 경험적으로 얻어 낸 허구라 할지라도 허구임을 고백하는 것과는 별도로, 언어를 곁에 두고 한 관찰로부터 나왔다. 기본표상은 하나의 시Gedicht로 불리는 것이 "실천적으로는 순수시의 편린들로 구성된다"는 문장에서 스스로 표명되고 있다. 이때에는 시적 요소들이 언어에 출현할 개연성이 매우 적다. 왜냐하면 언어는 "공통적이고 실천적인 요소", 즉 일상적이고 개인적인 욕구들에 적절한 조잡한 도구이기 때문이다. 따라서 언어의 시화詩化는 희귀한 자료를 언어에 저장하는 것이다. "하지만 시인의 문제는 이러한 실천적 도구로부터 근본적으로 비실천적인 작품을 실현해 내는 수단들을 끄집어내는 데 있음이 틀림없다." 여기서 우리는 언어의 시적 요소들

15 Paul Valéry, *Œuvres*, Bd. 1, Paris 1931, S. 1456ff.

과 비非시적 요소들 사이에 특수한 차이가 있다는 생각을 따르지 않는다. 또 그런 차이가 있다고 생각함으로써, 시를 미리 주어진 희귀한 실체의 언어 추출물로 보는 견해도 따르지 않는다. 우리는 시화를 언어의 한 경향으로 기술하면서, 시적 동기를 하나의 내재속성으로, 가능한 선별의 한 특징으로 파악하지 않고, 시적 구조물의 기능관계에서야 비로소 가능하고 실현되는 언어의 덤 하나로 파악한다. 의미들이 미리 주어져서 뿌리를 내렸다고 할지라도, 시화의 경향은 그 의미들을 발견하는 방향으로 가지 않고—시적 준準언어학이 이 의미들의 이해에 매달려야 할 것이다—, [‘일의성’과 ‘다의성’에서 보는 바와 같은] 새로운 의성들의 형성으로 향한다. 이는 특수화된 지역어들의 표현 전체도, 바로 이 전체가 현대의 시적 텍스트들의 지평 속으로 가져와진다는 데에서, 역사적으로 및 문헌학적으로 귀납된 [열기] 식은 자료가 조각조각 새롭게 끼워 넣어질 수 있다는 데에서 잘 나타난다. 봉헌된 형이상학적 어휘 곁에 가장 평범한 일상적 낱말이 나온다. 그러면 도대체 두 요소들 중 어느 것에 시적 효과가 배정될 수 있는지를 말하는 것은 불가능하다. (이를테면 “영겁의 쇄도großer Run der Äonen”에서가 그렇다.) 그리고 시어의 저 실체론 틀 안에서만 의미 있게 제기될 수 있을 질문 또한 말할 수 없을 것이다.

다의성을 향한 언어경향의 미학적 효과는 우선 친밀한 것에 대한 놀라움, 단순한 수단들의 자기가치 획득, 자체로서 주목받지 못하는 “생활세계”의 영역으로부터 자명한 것 등장시키기이다. 그러므로 모종의 추락 과정에서 역사적으로 상실되긴 했지만, 회복될 수 있는 신비적 기초체험으로서 언젠가는 원래 있던 대로 현존할 수 있을 것이 “다시 획득”되지 않는다. 철저하게 시화는 참신성과, 최초 발생과 결부되어 있다. 그러므로 언어에서 집행되는 시화과정은 이론적 대상화 과정과 비교될 수 있다. 이 대상화 과정은 자명한 것이 문제시된다는 점을 통해서, 여기서도 “생활세계”

의 지평으로부터 뭔가가 나온다는 점을 통해서, 시화과정과 마찬가지로 단순하게 집행된다. 이론적 태도와 미학적 태도의 이 공통성이 보다 포괄적인 의식이론에 배정될 수 있는지의 여부는 지금의 주제와 관련해서 견해를 표명하지 못한다. 하지만 언어의 미학적 기능이 그 자체로서 언어의 일상적 집행과 이 집행의 가능성을 의식하는 새로운 정도程度를 그려 낸다는 것은 확실하다.

하지만 마술적인 것은 물론 허세부리는 것으로까지 이용될 수 있는 공통어의 탈자명화脫自明化는 모든 시에서 집행되고 있고, 현대문학에서도 이를테면 프로그램에 맞추듯 되어 가고 있다. 아직까지는 이 탈자명화가 언어의 미학적 기능을 완전히 기술하는 것은 아니다. 다의성을 향한 경향에서는 "경계사건"으로 부를 수 있을 것이 일어난다. 언어의 의미론적 봉사가치가 말하자면 말을 듣지 않는 지점에 이르게 되는 것이다. 나는 언어의 미학적 가능성의 최고 가치를 이 경계사건 자체에서 보아야 한다고 주장하지 않을 것이다. 하지만 이 경계사건으로 인해 위태로워질 날도 멀지 않았다는 것, 그것이 근본적으로 시어의 미학적 매력을 규정한다. 이 위태로운 상황에서 경계사건은 언어에 기울인 주의가 무의미할 것이라고, 의미의 활동공간을 모조리 이용할 것이라고, 그리고 문맥과의 일치를 고려하여 가능적인 것의 다양성을 물을 것이라고 위협한다. 시어는 "폭발은유의 사용 Sprengmetaphorik"[16] 수단을 가지고 신비론이 걸어갔던 길과 비슷한 길을 공동집행에 제시한다. 그 길에서는 정보, 전달, 지침의 지평이 파열하며, 일차적으로 기대된 언어의 수행은 더 이상 표시와 의미가 아니다. 사물들을 유형화하고 분류하면서 관찰하면, 위태로움 자체를 규범으로 만드는 일도 멀지 않고, 언어의 시적 경향의 목표점을 순수한 난센스에서, 다다〔이즘〕에

16 "폭발은유Sprengmetapher"는 의미상으로 충돌되는 은유를 말한다. 〔옮긴이〕

서 보는 일도 멀지 않다. 하지만 나는 미학적 매력이 다른 데에서와 마찬가지로 여기서도 불가능한 것으로의 전환점에, 자기지양에, 접근하는 데에 있다고, 그러니까 **접근**에 있다고 말하지, 이 극단들과 동일시하는 데에 있다고 말하지 않는다. 달리 표현하면, 해석학적 믿음 내지 해석학적 신빙성은 여전히 미학적 향유가능성의 조건들로 남아 있다. 미학적 집행은 의미론적 맥락이 이끄는 것 옆에서 그 맥락이 초조의 특정 지점들까지, 의미가 갈라서는 지점들까지 동행할 수 있을 것을 요구한다. 그리고 여기서도 미학적 의의는 폭발하여 초월로 날아가거나 각종 신비론에서처럼 무無에게 맡겨지는 것이 아니라, 이와 반대로 자신의 기대 속에서 언어적이고 비유적인 현재성顯在性 자체의 물성物性 쪽으로 조율된다. 낱말의 지시기능은 도외시된 채 말이다. 하지만 이미 여기서 나는 "물성"이 낱말의 단순한 음운적 질료성質料性을 뜻하지 않음에 주의해 달라고 당부한다.

그러므로 언어의 시화에서는 언어가 추정적 원상태로 환원되지도 않고, 자신의 은밀한 귀중품을 고려하여 선택되지도 혹은 다시 순결해지지도 않는다. 그런 일은 언어가 끊임없이 비판적인 기능을 하는 지위에 있을 때 시작된다. 하지만 이 가능성을 의식적으로 포착하고 첨예화하는 일은 모종의 언어위기와 연관될지도 모를 철저하게 현대적인 것임에 틀림없다. 자기 쪽에서 볼 때 이 언어위기는 위대한 개념이자 소비된 개념인 "역사성"과 연관될 수 있는 만성적인 문제들의 시급한 상태만을 그려 낸다. 압박하는 경험으로서 역사는 근대적 현상이고, 이 역사와 관련되는 것은 언어가 간접적으로—즉 언어에게 제기되는 의미론적 요구들을 거쳐서—우발적인 사실로서 경험된다는 것이다. 그런 식으로 초기 근대는 낱말에 대한 정보의 무관심을 처음으로 분명하게 만들었다. 17세기와 더불어 자연과학은 묘사하는 낱말을 피해 숫자로, 공식으로 피신하며, 마찬가지로 음악도 모음성母音性을 피해 순수한 도구성道具性으로 피신하기 시작한다. 언어를 매개로 하는 두 형식적 영역의 독립은 언어의 가능성들을 이해하는 데에 다시 커다란 영향을 끼쳤고, 요구될 수 있는 언어의 "순수성"—이것은 미학적인 것에서만 요구될 수 있는 것도 아니고, 미학적인 것에서 처음으로 요구될 수 있는 것도 아닌데—의 이상적 표상에 본질적으로 참여한다. 19세기 중반부터는 음악의 절대성에 대한 표상이 이념으로서 그리고 현혹으로서 끊임없이 시와 시인들의 자기 정의定義 시도들 위에서 부유한다. 반면에 음악은, 매체인 것으로서가 아니라 스스로 풍족하게 요구하는 것으로서 음악은 자신을 가로 질러 다른 것으로 향하는 주의注意인 것으로서가 아니라, 즉 (후설의 표현을 빌면) 주제의 지시물인 것으로서가 아니라 주제의 최후인 것으로서 그렇게 부유한다. 음악의 이러한 이상적 존재방식이 유혹적일 수 있다. 왜냐하면 표상의 유추가치는 단지 너무 쉽게 잊힐 수 있고, 시적 낱말이 단순한 음향으로 옮겨 가는 것은 이 조절 요소의 내용으로 오해될 수 있는 반면, 시적 낱말은 낱말로 남아 있으면서 음향에서 직선적으로 나타나지 않고, 의미론적 기능을 포기하는 경계, 즉 다의성과 무의미한 해석불가능성 사이에 놓여 있는 경계를 방어하기 때문이다. 순수한 암흑은 시로서의 "어두운" 시의 종말이기도 할 것이다.

언어의 시화 과정에서 언어의 위태로움 정도가 높다는 것은 문학과 음악의 관계에 나타나는 주도권 문제에서 정말 명백하게 인식할 수 있다. 언어는 음악에 접근하면서, 자기가 뭔가 다른 것을 지시하는 것임을 포기하고, 자기 자신만을 뜻하기 시작한다. 하지만 그러한 실체화는 언어가 갑자기 가장 통속적인 딸랑딸랑[17]으로, 스스로 질식된 소리형식 내지 인쇄형식으로 변한다는 것, 그러니까 순수한 표층으로서 "농축된다"기보다 오히려 폐쇄된다는 것을 뜻할 수도 있다. 다시 발레리에 따르면, 시인의 태도는 일

17 "딸랑딸랑"은 "Kling-Klang"을 우리말로 옮긴 것인데, 원래 이 독일어 표현은 소리의 높낮이가 바뀌면서 맑은 소리를 내는 의성어를 가리킨다. 〔옮긴이〕

종의 언어 유물론matérialisme verbal이고, 시인은 철학자들과 장편소설 작가들을 위에서 내려다볼 수 있다. 언어가 자기 내용을 통해서만 실재성의 의미를 얻는 한, 이들은 언어에 예속되어 있지만, 시인에게는 "담론의 실재, 그것은 단지 낱말들과 형식들이다"라는 말이 적용된다. 하지만 언어가 이 현실과 관련된다는 점은 도대체 무엇 때문에 그토록 성가신 것일까? 그리고 언어 자체가 문학에서 얻는 새로운 "실재성"은 그 본질이 어디에 있을까? 언어적인 것의 순수한 질료성을 가리키는 성질들, 바로 이 지시 성질들의 해체를 단순히 가정한다면, 이 가정은 자기 의미와 무의미를 구별하는 어떠한 기준도 더 이상 손에 쥐어 주지 않을 것이다. 이에 반해 여기서 시도된 것은 이 과정을 언어의 순수한 현상성Phänominalität 쪽으로의 해체로서가 아니라, 순수한 현상성에서 경향에 부합하는 다의성의 상승으로서 기술하는 것이다. 1937년에 나온《어느 시에 관한 회상록의 편린들》에서 발레리는 가장 넓은 의미에서의 장식과 순수 음악을 선호하는 근거로, 그러니까 의미특성들로부터의 자유를 선호하는 근거로, 사실적인 것과의 결속으로부터의 분리를 제시했다. 음악에서는, 음악적 작품의 발명에서는, 가능성들 전체가 지속적으로 현존한다. 더 정확히 말하면, 미리 주어진 어떤 현실과 묘사관계나 재생관계를 갖지 않고서도 현존할 뿐만 아니라, 무엇보다도 이미 실현된 것을 통해 아직도 가능한 것을 제한하지 않고서도 현존한다. 발레리는 프로그램을 만드는 데 사용되는 낱말인 가능성possibilité을 중심으로 해서 기술될 수 있는 태도를 정신의 반反역사적 상태로 나타냈는데, 이는 옳은 말이다. 그리고 "순수시"를 중심으로 한 사유를 통해서 노여움의 '붉은 실'[18]이 사실 근처에까지 늘어서 있는 것도 우연이 아니다. 즉, 자

18 테세우스의 미로 탈출을 도와주었던 아리아드네의 실을 말한다. 서양에서는 이미 "죽은 은유"가 되어 버린 이 표현을 본문에서처럼 자구적 의미로 옮긴 까닭은 고착된 의미를 떠올려보게 하는 데 있다기보다, 죽은 은유의 소생가능성을—문화권이 다르기 때문에—

연과 미리 찾아낸 세계의 사실 근처에뿐만 아니라 미리 찾아낸, 더 정확히 말하면 특정 의미장비를 갖추고 미리 찾아낸 언어의 사실 근처에까지도, 또한 언어로 집행된 정신적 과정 각각의 불가역성不可逆性 근처에까지도, 그 붉은 실이 늘어서 있는 것은 우연이 아니다. 이 정신적 과정에서는 어느 현재나 자신의 가능성들이 이미 말해진 것을 통해 제약받고 있음을 발견한다. 음악적 형성은 그러한 불가역성을 창조하지 않으며, 어느 시점에서나 자신의 모든 가능성을 완전히 점유한다. 그렇기 때문에 "구성"은 발레리가 애호하는 말들 중의 하나이고, 유기적인 것에 맞서는 쪽으로 정위한 표상이라기보다는 오히려 최고의 가치를 가지고 역사적인 것에 맞서는 쪽으로 정위하는 표상이다. 좁혀지지 않는 가능성 지평의 지속적 현재성顯在性, 바로 이것의 순수성에 시인을 위한 음악의 현혹이 있다. 발레리는 **잃어버린 시간을 찾아**[19]내는 일에서, 사실적인 것의 유기체로서의 회상에 맞서 자신을 방어하고, 그렇게 함으로써 서사적인 것에도 맞서 자신을 방어한다. 그는 잃어버린 시간을 찾아내는 일을 강력히 반박하는 자리에서, 가능한 것의 접점들을 대상으로 삼을 작품의 계획을, **매 순간 가능한 것**das possible-à-chaque-instant을 소개한다. 바로 이 자리에서 그는 하나의 똑같은 시로부터 다양한 텍스트들을, 더 정확히 말하면, 모순들이 있던 텍스트들도 출간해 왔다고 부언한다. 발레리는 매료시키는 임의의 대상과 마주하여 활동 공간의 감각을 얻어 온, 무제한적 자유의 정신 상태 하나를 작가의 자기 경험의 총괄개념으로 기술한다. 이 활동공간에서 그 대상은 자기의 현재 현실이자 완벽하게 규정된 현실로부터 가능성의 상태로 귀환하고 있다. 발레리에게는 역사적으로 생성되고 미리 찾아낸 언어가 항상 다시 순수한 사유〔활동〕

타진해 보는 데 있다. 〔옮긴이〕

19 Marcel Proust, *A la recherche du temps perdu*, Paris 1938-41. 독역본: *Auf der Suche nach der verlorene Zeit*, Frankfurt a. M. 1953-57.

의 결속과 제한 들의 망 하나로 나타난다. 그러므로 그는 언어도 순수한 가능성의 상태 하나로 환원하고, 이를 통해 언어를 시적 자유의 매체로 만듦으로써, 언어에 대한 시인의 관계를 규정해 왔음이 틀림없다. 이로부터 언어의 다의성 경향 해체는 현실적인 것을 그 가능성들의 지평으로 바꾸는 미학적 역逆변화의 상관개념으로 드러난다. 시어의 다의성은 미학적 자유 자체의 의식 하나를 중개한다. 언어는 지향적 행위들에 "투기投機"한다. 하지만 시어에서는 그러한 단초들이 이른바 다발로 묶인 채로 있고, 그렇기 때문에 단초들은 후속 집행의 특정 방향들을 일으킬 수 없으며, 단지 그 어떤 감수성을 창조한다. 고트프리트 벤[20]은 문학에 나오는 말들의 잠재적 실존에 대해 이야기하는데, 물론 마술과 최후의 신비에 관한 평범한 말로 〔빈 틈을〕 즉각 메우기 위해서다.[21] 무엇 때문에 마술이고, 무엇 때문에 신비일까? 무엇 때문에 "파이아케 섬 주민들,[22] 거석들,[23] 레르나[24]의 지역들, 아스타르테,[25] 게타,[26] 헤라클레이토스"도—벤 자신이 언급한 예들도, "물론 이름들이고, 물론 일부는 심지어 내가 만든 것들이지만, 다가오면 더 많아지는 예들"도—, 아니 역사적으로 진정시키는 척하는 방향으로 이끄는 해

20 벤Gottfried Benn(1886-1956)은 독일의 수필가이자 표현주의 시인이다. 〔옮긴이〕

21 Gottfried Benn, "Probleme der Lyrik", *Gesammelte Werke*, hrsg. von Dieter Wellershof, Bd. 1, Wiesbaden 1960, S. 153f.

22 오디세우스가 표류하다가 도착했던 섬의 사람들로, 이들은 아무런 근심 걱정 없이 삶을 즐겼다고 한다. 〔옮긴이〕

23 "거석들Megalithe"은 유사 이전에 기념물이나 묘석으로 사용된 큰 돌들을 말한다. 〔옮긴이〕

24 "레르나"는 펠로폰네소스 섬 동북부에 있는데, 이곳에서 헤라클레스가 히드라를 죽인다. 〔옮긴이〕

25 고대 페니키아의 풍작과 사랑의 여신. 〔옮긴이〕

26 "게타Geta"는 다뉴브 강가에 살았던 트라키아의 부족 'Getae'를 지칭하는 것으로 보인다. 〔옮긴이〕

석 없이도 자신들의 효과를 갖는지는 보다 쉽게 말할 수 있다. 또 다른 곳에서 벤은 말한다. "말은 정보와 내용보다도 더 많은 작용을 한다. 말은 한편으로는 정신이지만, 한편으로는 자연의 사물들의 본질적이고 중의적인 것을 갖는다." 물성에 대한 이 유추는 중요하다. 낱말이 직관으로의 이체移替로 작동하지 않는 곳, 처음에는 애매하게 시작하는 표상 하나를 양성하는 하나 이상의 길로 낱말이 떠나는 곳, 그렇기 때문에 낱말이 내실적으로reell 갈 수 없는 여러 길을 가리키는 곳, 그곳에서 낱말은 무엇인가의 예감으로 부담을 지게 된다. 그 무엇인가란 집행될 수도 없고 충전될 수도 없는 것을 말한다. 바로 그런 것으로서, 그러니까 충전되지 못한 지향들의 지평으로서 그 무엇인가는 경험하는 주체가 자기 자신에게 현재하도록 만드는 것을 말한다. 또한 객관화된 그리고 객관화되어야 할 세계의 일상적 언어상황으로부터 그 주체가 자기 고유의 전능, 상상력의 전능 쪽으로 방향을 튼 것을 말한다.

그렇기 때문에 내재시학은 근본적으로 언어를 규범화하는 동시대의 경향에 맞서는 입장에서, 자기 앞에 놓여 있는 언어의 시적 속성을 이해할 수밖에 없을 것이다. 정상적 내지는 규범에 맞춘 예견의 좌절은 그 자체가, 언어를 막힘 없이 이해한다는 태도 밖으로 수용자를 내쫓는 시적 수단이다. 이 태도는 항상 일의성을 가정하고, 요구하고, 요구할 수 있다고 믿는다. 또한 이 태도는 일상적 의사소통에서 이 요구가 빈번하게 좌절된다고 해도 전혀 의심받지 않으며, 의심받을 필요도 전혀 없다. 그렇기 때문에 일의성 요구에 들어 있는 공개적 언어의식이 자칭 또는 내실적으로 더 많이 확인될수록, 미학적 언어의 저항은 더욱 더 격렬해진다. 과학화하는 세계의 언어경향을 추정컨대 최소한 일의성 요구의 확인으로 이제는 보지 않을 수 없을 것이다. 이 말은 자연과학과 기술이 추구되는 세계뿐만 아니라, 문헌학과 미학이 자리를 잡고 추구되는 세계에도 적용된다. 그러므로 객관화하고 시화하는 언어의 본질적이고 내재적인 길항작용은, 구체적인 증언들에 유념하기 전에 이렇게 받아들여도 되는데, 이 영역에서 긴박하게 첨예화될 것이다. 그리고 각각의 지시기능에 격렬하게 맞서는 옹고집의 시어 하나를 기대해도 될 것이다. 이 시어는 언어의 은유들이 서로 훼방을 놓고 지양한다고 했을 때의 언어이고, 이 언어에서는 침전된 상像들이 떠오르지 않는다. 이 언어는 자기 통사론의 진정시키는 해석을 허락하지 않는다. 이 언어에서는 신비적 암시들의 유래 지평들이 지속적으로, 아무런 도움도 받지 않고 변한다. 사실 이 언어에서는 읽기에는 익숙하나 말하기Sprechen에는 익숙하지 않은 청중이 언어의 상들을 인쇄해서 보도록 강요받는다. 심지어 이 상들에 대한 음운적 등가물들도 청중에게는 결여되어 있는데도 말이다. 그리고 그곳에서는 교양 있는 독자라고 할지라도 "첨가물"을 어디서 가져올 수 있을지를—나는 지금 대략 에즈라 파운드를 생각하고 있다[27]—너무 자주 모르고, 정말이지 한 번도 헤아리지 못한다. 그러니까 거기서는 제아무리 장비를 가장 잘 갖춘 교양창고라 할지라도, 진정시키는 데에는 도움이 되지 못한다. 미학적으로 수용적인 의식에게 할 수 있는 부당한 요구의 경계가 여기서 어디에 있는지는 아마도 거의 규정할 수 없을 것이다. 그러한 시 하나의 많은 증언들은 자신들의 의미를 단지 특정한 미학적, 언어적 상황의 화석들로 간직할 것이다.

시어의 대립성은 언어상황으로부터 이해할 수 있다. 그렇다고 이 대립성이 벌써 시문학을 구성하기에 충분한 것은 아니다. 이때 그런 식의 초보적인 것은 이제 이차적으로만 제시될 수 있는 형식으로 가져와야 할 것이다. 반대로 다의성은 원자론적 규정, 파괴적 규정이다. 다의성이 시문학의

27 미국의 시인이자 음악가이며 비평가인 파운드Ezra Weston Loomis Pound(1885-1972)는 구성에 통합적인 성분으로서 "pattern"을 요구한 바 있는데, 본문의 "첨가물Zutat"은 이와 대립되는 개념인 "applied decoration"을 지칭하는 것으로 보인다. 〔옮긴이〕

조건이긴 하지만, 그 구성인자는 아니다. 저 대립성이 긍정적이고 형식적인 한정限定과 필연적으로 결합하고 있다는 것은 수학적 범주들을 가지고 항상 추파를 던지는 발레리에 의해 다시 《어느 시인의 비망록》(1928)에서, 내가 생각하기로는 가장 행복하게 표현되었다. 왜냐하면 순수시에서 어떤 시의 내용은 결국 "〔한편으로는〕 명백한 개연성과 〔한편으로는〕 비개연적인 것을 생산하는 데에 부과되는 명백한 개연성"에 있다고 발레리는 보기 때문이다.[28] 비개연적인 것의 개연성은 미학적 대상의 논리적 구조식이다. 언어를 위해서도 무질서가 통계적 개연성[29]의 상태를 묘사한다 할지라도, 다의성 경향 자체는 증가하는 개연성과 무질서의 방향이 아니라, 남아 있는 것만이 일의성이 되는 〔상태, 즉〕 언어의 의미소멸이다. 비개연적인 것이 시어의 의미재산이다. 하지만 비개연적인 것은 자체로서는 아직 미학적 속성을 갖지 못한다. 반대로 그것은 고립되는 과정에서 순수한 신호 속성에 좋지 못한 영향을 끼친다. 형상화 내에서는 그것이 요소로 등장한다. 형상화는 요소적인 면에서 그것을 예기치 못한 개연성에다 연결시키고, 사정이 좋을 때에는 명증성과 연결시킨다. 생활세계의 자명성에서 꺼내지고, 자신의 전체 상황에서 너무나 놀랍게 새로워진 것은 새롭기도 하고 반박될 수도 없는 자명성을 통해 지속적으로 자신을 정당화하는 문맥을 받아들인다. 비일관적인 것의 일관성, 그러한 일관성으로 가는, 비개연적인 것에서 개연성으로 가는 형식적 수단들은 알려져 있다. 여기서 특히 발레리는 걸핏하면 조롱받던 각운을 강조했고, 이를 짤막한 글 〈수첩 B 1910〉(1924)에서 개연성 숙고와 연관시켰다. 이 숙고에 따르면, 일반인은 주어진 특정 각운 하나에 대해 하나의 문학적 이념을 얻는 것이 거꾸로 하나의 표상에서 출발하여 하나의 각운을 찾는 것보다도 더 가망성 있다고 본다. 또한 발

28 Valéry, *Œuvres*, Bd. 3, 1933, S. 192f.

29 'Wahrscheinlichkeit'의 중의성은 '통계적 개연성'을 '확률'로 이해하게 한다. 〔옮긴이〕

레리는 모든 시가, 특히 1860년부터 1880년까지의 시문학이, 이 정황에 의거한다고 한다. 이것은 지극히 특징적인 그리고 변이형들로 귀환하는 해설이다. 산책할 때 저절로 나타나는 보행리듬들을 토대로, 그러니까 충전充塡을 자극하는 하나의 빈 형식으로 포착되는 리듬들을 토대로, 어떤 시의 탄생을 묘사할 때에도 그것은 그런 해설이다.[30] 형식과 내용의 도식을 새롭게 고치려 했던 사람은 이제 내용이 형식에 적합해야 한다는 점에서 출발해야 할 것이다. 하지만 이것은 전혀 필요치 않다. 시어의 다양성 그 자체도 하나의 "형식적" 특징이기 때문이다. 여기서 중요한 것은 다양한 단계들의 형식적 규정들이다. 이를 통해서만 비개연적인 것의 개연성은 미학적 대상 전체의 기준으로 가능하게 된다. 무엇이—미학적 감수성의 등가로서의—"미학적 매력"인지는 내재시학의 확실한 문제로 남아 있지만, 내재시학은 미학적 대상 자체가 미학적 매력들의 합으로 구성되어 있다는 전제를 계속해서 허용하지는 않는다. 미학적 매력은 초보적인 다의성이 전체적 상황과 의미귀납들의 복합성에서 나와 상승하는 것에 매여 있다. 하지만 미학적 대상의 구성을 위해서는 대조하는 〔표현〕 "그런데도Dennoch"를 이 비개연성에 맞세워야 한다. 의미 배제 근처로 밀려난 것을 형식적으로 통합하고 통달하는 일의 "그런데도"를 말이다. 시는 또 다른 언어단계에서 자신을 구성하는 언어요소들 하나하나로서 말해진다. 이때 각 요소는 언어의 시화 격률인 "우리는 뜻밖의 낱말을 기다린다"[31]를 충족해야 하지만, 그럴 경우 시는 〔시화의〕 통로에서 절망적이진 않더라도 미심쩍은 기대감을 뜻하지 않게 충전하는 것으로만 실현되고 있다.

30 Valéry, *Œuvres*, Bd. 1, S. 1474.

31 위의 책, 1448쪽.

패러다임, 문법적

토머스 새뮤얼 쿤은 숱하게 논의된 저서, 과학 혁명들의 구조에 관한 저서에서 패러다임 개념을 과학사의 이론에 도입했다.[1] 서문에서 그 자신은 어떻게 해서 이 표현을 사용하게 되었는지를 밝힌다. 자연과학자로서 그는 1958년과 1959년을 주로 사회과학자들로 구성된 그룹에서, 스탠퍼드 대학의 '행동과학 고등연구소'의 그룹에서 보냈다. 이 자연과학자에게는 과학적 방법과 문제에 대한 견해차들이 사회과학들 내에서 어느 정도 있는지, 어느 정도 조정되는지가 놀라웠다. 쿤은 이제 정확한 자연과학들 안에서도 근본적인 물음들에 있어 더 큰 확실성과 연대가 주어져 있다는 가정으로 만족하지 못했고, 여기서도 이론적 실천의 또 다른 역사적, 사회적 구조들이 논쟁들을 배제하기 위하여 특정 전제들의 고착화에 유리하게 작용했을 것이라고 추정하기에 이르렀다. 쿤은 이렇게 쓴다. "저 차이의 원인들을 밝히려고 시도하다 보니, 나는 그 이후 '패러다임들'이라 부르고 있는 것의 역할을 과학적 탐구에서 인식하게 되었다. 패러다임들은 일정 기간 동안 특정 전문가 집단에 모형과 해결책 들을 제공하는, 일반적으로 인정

---

1 Thomas S. Kuhn, *The Structure of Scientific Revolutions*, Chicago 1962. 독역본: *Die Struktur Wissenschaftlicher Revolutionen*, Frankfurt a. M. 1967.

받은 과학적 성과들이라고 나는 생각한다."[2] 이 경우, 이론적 발전의 어느 특정 지점에서 절차들을 더 정확하게 하고 더 명료하게 함으로써 변칙들의 확인에 이르는 것, 이로써 패러다임 안에서 일깨워지고 존재하는 기대감들의 방해에 이르는 것, 그리고 결국 패러다임을 모종의 위기로 몰아 가는 것, 이것들이 바로 패러다임의 유효성이다. 그러므로 어떤 점에서 보면, 패러다임의 개념은 과학사의 도식에서 불연속성의 순간을 그려 낸다. 견고한 존립이 위태로워질 수 있을 때, 오직 그때에만 기대 위반들이 가능하고 그 효과도 많다. 패러다임은 전제들의 잠재적 복합체이다. 과학적 실천의 함의들로서 이 전제들은 명백하게 표명되어야 하는 것들이 아니라, 이미 방법과 문제제기 들에 들어가 있는 것들이다. "과학자들은 교육을 받아 습득한, 그리고 문헌을 통해 뒤늦게 영향을 받아 습득한 모형들에 따라 작업하는데, 어떤 특성들이 이 모형들에게 공동체 패러다임의 지위를 주었는지는 종종 정확히 알지도 못하면서 또는 정확히 알아야 할 필요도 없이 그렇게 작업한다."[3] 그렇기 때문에 과학의 진보는 첨가적인 것으로 파악될 수 있는 과정이 아니다. 진보에 등장하는 자발성이 오히려 놀라움을 생산하기 위한 기술의 특성을 갖는다.

사람들은 표현 '패러다임'에서 그 의미인 '예'와는 다른 무엇인가를 지각하지 않고, 〔지금부터 시작하는〕 이 텍스트를 읽을 것이다. 이제 유익한 정보는 게오르크 크리스토프 리히텐베르크[4]가 이미 〔패러다임을 뜻하는 독일어〕 표현 'Paradigma'를 과학사와 연관시켜 은유로 사용했었다는 점이다. 1800년부터 1806년까지 나온 리히텐베르크 글들의 괴팅겐판 마지막

---

2 Kuhn, *Die Struktur wissenschaftlicher Revolutionen*, S. 11.

3 위의 책, 71쪽.

4 리히텐베르크Georg Christoph Lichtenberg(1742-1799)는 물리학에서 실험의 중요성을 강조한 학자이자 작가이다. 〔옮긴이〕

권에 나오는 "유산의 단편들"이란 제목의 텍스트에서 다음을 읽어 낼 수 있다. "나는 발견기술[5]과 관련되는 모든 거중기擧重機들 중에서, 어떤 거중기도 내가 패러다임들paradigmata이라 불러왔던 것보다 〔…〕 더 유용하지 않다고 생각한다."[6] 계속해서 리히텐베르크는 자신의 생각으로는 사람들이 물리학에서 선택한 패러다임을 통해 칸트 철학에 이를 수 있었을 것이라고 적는다. 이 텍스트는 리히텐베르크가 어떻게 해서 이 맥락에서의 패러다임이란 표현을 생각해 내게 되었는지를 털어놓지 않는다. 이에 대해 유익한 정보를 주는 것은 리히텐베르크의 강의들에 대한 고틀리프 가마우프의 회상이다. 이 회상에서 철저하게 신빙성 있게 들리는 다음 리히텐베르크 텍스트가 발견된다. "가설들의 대단한 유용성에 대한 가장 아름다운 예는 천문학이 준다. 이제는 코페르니쿠스의 체계가 거의 확실시되고 있다. 그것이 말하자면 파라디그마Paradigma인데, 이에 따라 사람들은 나머지 발견들을 모두 굴절시켜야 했다. 여기서 인간의 오성은 가장 넓고 깊게 파고들고 있는 것이다."[7] 이 텍스트에서 '파라디그마'란 표현은 하나의 '말하자면'을 가진 표시를 통해 벌써, 너무나 명백하게 은유적으로 사용되고 있다. 코페르니쿠스 이론의 지위를 가진 천문학적 이론의 기능은 문법에 나오는 '학교 예'[8]의 기능이고, 이 예에서 학생은 어간유형이 똑같은 나머지 모든 다

5 'Heuristik'의 번역이다(본문에서는 'heuristisch'가 사용되고 있다). 이는 발견하기 위한 방법, 절차, 수단 등을 잠정적으로 사용하는 것을 가리킨다. 〔옮긴이〕

6 Georg Christoph Lichtenberg, *Vermischte Schriften*, hrsg. von Ludwig Lichtenberg und Friedrich Kries, Bd. 9, Göttingen 1806, S. 152f.

7 Gottlieb Gamauf, *Erinnerungen aus Lichtenbergs Vorlesungen*, Bd. 1, Wien/Triest 1808, S. 36 〔zu §§ 8/9 der *Anfangsgründe der Naturlehre*(1772) von Johann Chr. Polzk,. Erxleben, überschrieben "Hypothesen"〕.

8 "학교 예Schulbeispiel"는 보통 전형적이거나 고전적인 예를 의미하지만, 여기서는 뒤 이어 나오는 "학생"을 이해시키기 위해 자구적 의미 '학교에서 가르치는 예'를 살렸다. 〔옮긴이〕

른 명사들의 굴절을 〔즉, 곡용曲用을〕 학습한다. 리히텐베르크 자신은 어떤 의미에서 코페르니쿠스의 체계가 다른 발견들을 자기에게 맞춰 "굴절시킬" 수 있는 그런 패러다임인지를 항상 다시 제시하곤 하였다. 결국 그는 자신의 인생의 마지막 문턱에서, 천문학적 패러다임에 대한 이 친화력으로부터 아직까지도 가장 아름다운 코페르니쿠스의 전기를 기술했고, 그것을 우리는 독일어로 가지고 있는 셈이다.

이 맥락과 관련하여 매우 의미 있는 예를 하나 제시하겠다. 이 예는 리히텐베르크의 《지리학적, 기상학적 환상들》에 들어 있다. 이 예에서 리히텐베르크는 'Paradigma'라는 표현을 문법적 학교 예의 간결하고 정확한 은유적 의미에서 사용한다. 이 자리에서 리히텐베르크는 태양 발광의 주기적 편차가 있을 수 있다는 문제에 대해서, 그리고 기후 변화의 편차 의존에 대하여 말한다. 괴팅겐의 천문학자 마이어[9]는 허셜[10]에 기대어 발광측정기들을 산악지대에 설치하자고 여러 차례 제안했다. 이에 대해 리히텐베르크는 자신이 펴내는 《괴팅겐 문고》에서 이렇게 쓴다. "이 지면들의 펴낸이를 무한히 기쁘게 하는 것은 천문학적 정신이, 사람들이 거의 말하고 싶은 용어를 빌면 천문학적 감정이, 자연학의 탐구계획들을 배열할 때 무엇을 할 수 있는지를 여기서도 다시 보는 것이다. 펴낸이가 이미 자주 말해 왔듯이, 천문학자들이 자기 학문의 영역을 넓힐 때 사용하는 절차가 패러다임으로 여겨지고 나서야, 그러니까 자연학의 나머지 부분들 모두에서 자기에게 맞춰 굴절시키는 패러다임으로, 그리고 천문학의 역사를 간단히 말하면 알림판으로서 물리실험실과 화학실험실에 못을 박는 패러다임으로 여겨지고 나

9 마이어Johann Tobias Mayer(1752-1830)는 리히텐베르크의 제자이기도 하고, 후에 그의 자리를 물려받기도 했다. 그는 괴팅겐 대학 천문대를 관장하기도 했다. 〔옮긴이〕

10 독일 태생의 영국 천문학자 허셜Wiliam Herschel(1738-1822)은 천왕성을 발견한 인물로, 반사경의 빛깔을 달리하여 온도를 측정하고, 광선의 반사와 굴절을 실험하기도 했다. 〔옮긴이〕

서야, 자연학의 모든 부분을 둘러싼 상태가 좋아지기 시작할 것이다. 특히 플로지스톤[11] 이론의 열성적 반대자들에게는 참된 세계체계의 발명의 역사를 진지하게 받아들여 따르라고, 이제야말로 충고할 수 있을 것이다. 라부아지에[12]는 논란의 여지없이 화학의 코페르니쿠스가 되었다."[13] 리히텐베르크는 자기 시대 학문들의 상태를 기꺼이 코페르니쿠스 이전의 상태로 본다. 보조구성들과 새로 발견된 물질들이 비대해짐으로써 생긴 혼란이 그 상태에 속한다. 이 말은 무엇보다도 그리고 항상 다시 화학에 적용되는데, 리히텐베르크가 보기에는 너무나 많은 "새로운 금속산화물들"이 화학에서 발견되고 있었다. 이것이 그에게 알려 주는 바는 천문학적 개혁의 패러다임을 단순화해서 철저하게 포착하는 것이 화학에 중요하게 되었다는 점이다. 〈유산의 단편들〉에서 리히텐베르크는 다음과 같이 쓴다. "나는 새로운 금속산화물들의 발견이 매우 마음에 든다고 곧장 말할 수 없다. 새로운 형체들의 축적은 천문학의 에피사이클로이드[14]들을 떠올리게 한다. 저 천문학자들이 항성들의 광행차光行差를 알지 못했었더라면, 그들은 에피사이클로이드들로 무엇을 만들려고 했었을까? 예컨대 코페르니쿠스가 자신의 오류들에서 보여 주었던 바와 같이, 그들은 기하학적 예지를 많이 보여 줄 수 있었을 것이다. 하지만 그것이 무엇인가? 다음이 내가 본디 여기서 말하려 했던 것이다. 만약 화학이 케플러[15]와 같은 사람을 즉각 부양하지 않

11 연소를 설명하기 위해 18세기에 상정했던 물질. 〔옮긴이〕

12 산소를 발견한 라부아지에Antoine Laurent de Lavoisier(1743-1794)는 연소를 산화과정으로 파악함으로써, 당시까지 통용되던 플로지스톤 이론을 반박할 수 있었다. 〔옮긴이〕

13 Lichtenberg, *Vermischte Schriften*, Bd. 7, 1804, S. 203f.

14 한 원의 바깥쪽을 또 하나의 원이 굴러 회전할 때 그 원주상의 한 점이 그리는 곡선을 에피사이클로이드Epicykloid라 한다. 〔옮긴이〕

15 독일의 자연철학자이자 수학자이며 천문학자인 케플러Johannes Kepler(1571- 1630)는 행성의 운동법칙, 이른바 케플러의 법칙을 발견했지만, 그 자신은 이를—아마도 신앙상의 이유로—"법칙"이라 부르지 않고, "세계 조화Weltharmonie"라 불렀다. 〔옮긴이〕

으면, 화학은 수많은 에피사이클로이드에 깔려 죽을 것이다. 어느 누구도 화학을 더 이상 공부하지 않을 것이다. 그리고 태만은 마침내 화학을 단순화할 줄 알게 될 텐데, 활동 중인 오성이 이 일을 더 잘 할 수 있을 것이다. 반드시 꼭 있어야 하는 것은 모든 것을 더 단순하게 보이도록 하는 관점이다. 나무의 역사에서 나뭇잎들에 나타나는 소위 불규칙성을 대단한 사건으로 기록하기에 충분히 중요하다고 여기자마자, 나무의 자연을 탐구하는 일은 더 이상 생각할 수 없다."[16]

모든 사유 활동을 위하여 언어가 제공하는 패러다임은 코페르니쿠스의 패러다임 유형과 같은 과학적 패러다임을 앞선다. 리히텐베르크는 이 생각에 사로잡혀, 우리의 철학 전체가 언어사용의 교정이라고, 그럼으로써 항상 존재하는 가장 일반적인 철학의 교정이라고 말했다. 이것이 다시 문법적 은유로 표명된다. "우리의 잘못된 철학이 언어 전체에 합병되어 있다. 우리는 소위 잘못 툴툴거리지 않고서는 툴툴거릴 수 없다. 사람들은 뭔가에 대한 고려도 없이, 말하기Sprechen가 〔…〕 하나의 철학임을 곰곰이 생각하지 않는다. 공통의 철학만이 곡용과 활용[17]을 점유하는 장점을 가진다. 그러므로 항상 우리는 잘못된 철학의 언어를 가지고 진정한 철학을 가르친다. 낱말들을 설명하는 것은 아무런 도움도 못된다. 왜냐하면 내가 낱말들을 설명한다고 해서, 정말이지 나는 대명사와 그 곡용을 여전히 바꾸지 못하기 때문이다."[18]

"자연의 책"이라는 은유 복합체에서 낱말 · 음절 · 철자의 은유, 그리고 공개적이고 암호화된 의미론의 은유가 얼마나 자주 사용되고 있는지를 깊

16 위의 책, Bd. 9, 1806, S. 187f.

17 곡용은 명사, 대명사, 형용사의 굴절을 의미하고, 활용은 동사의 굴절을 뜻한다. 〔옮긴이〕

18 위의 책, Bd. 2, 1801, S. 56f.

이 생각한다면, 리히텐베르크의 은유 사용에서—그러니까 이 전통의 끝에서—볼 때 비로소 눈에 띄는 것은 저 "자연의 책"을 위해서는 통사론과 형태론의 은유들이 없었다는 것이다. 있지 않은 것의 지각이 가장 어려운 지각이다.

에른스트 카시러를 기리며

1974년 하이델베르크 대학 쿠노-피셔상[1] 수상 연설

여러분께서 가장 가까이 있는 것을, 쿠노-피셔상의 마지막 수상자와 그 상과 함께 생각된 작품에 대해 견해를 밝히는 것을, 우회하도록 허락해 주신다면, 저는 그 첫 수상자를 기리는 〔것들 중에서〕 가까이 있는 것에 매달리고 싶습니다. 며칠 지나지 않아 7월 28일이 되면 에른스트 카시러의 탄생 100주년이 기념될 수 있을 것이기에, 그를 기리는 일은 이미 가까이 있는 것입니다. 정확히 60년 전에 카시러는 1904년 제정된 이 상의 첫 수상자였습니다.

여러분께서는 제가 개인적으로 전혀 알지 못하는 사람에 대해 추모의 글을 낭독할 것이라고 걱정하진 마십시오. 저는 그분께 중요했던 사태가, 그리고 그분에게 상이 돌아감으로써 그분이 대변한 것으로 강조되던 사태가, 지금 어떠한 상태에 있는지를 오히려 묻고 싶습니다. 그의 철학사 기술 구상이 어떠한 상태에 있는지는 물어볼 수 있다고 생각합니다. 그가 이 상의 이름을 준 사람의 위대한 말, 즉 1897년 쿠노 피셔가 《학문으로서의 철

1 쿠노-피셔상은 철학자들을 경험론자와 합리론자로 구분한 것으로도 유명한 피셔Kuno Fischer(1824-1907)를 기려, 하이델베르크 대학 철학부의 쿠노-피셔 재단이 철학사 부문에서 가장 뛰어난 독일어 저작물의 저자에게 수여하는 상이다. 〔옮긴이〕

학사》에서 "철학사를 추구한다는 것은 스스로 철학의 근본문제를 다룬다는 것이다"라고 한 말에 특별한 변화를 주고 있을까요? 주고 있다면, 어떻게 주고 있을까요?

카시러가 상을 받았을 때, 총 4권으로 된 인식문제의 역사《철학과 과학에서의 인식문제》(1906-50)[2] 중 제1권과 제2권은 이미 재판으로 출간되고 있었습니다. 그런데도 그의 사유 활동의 보다 넓은 길은 철학의 중심주제로서의 인식론이 몰락함으로써 규정된 상태입니다. 카시러는 1929년 하이데거와의 다보스 논쟁[3]에서도 "나는 내 자신의 발전을 코헨[4]의 쓰레기로 파악하지 않는다"고 여전히 말하지만, 자신에게는 "수학적 자연과학이 더 이상 전체가 아니라, 그 전체의 패러다임일 뿐"이라고 첨언합니다.

인식론의 이 우선권 상실은 카시러의 지적 전기傳記에 나타나는 일종의 세속적 과정으로 읽어 내도 될 것입니다. 그것은 철학과 학문들의 관계에서의 근본적 변화를 나타냅니다. 모든 인식론은 안정성 욕구에서 나옵니다만, 인식 이외의 모든 것이 인식보다도 오히려 불확실하게 나타날 때, 이론적 확실성을 숙고의 중심으로 만드는 일이 더 어려워졌을 정도로까지 안정성 욕구가 변했음이 틀림없었습니다. 우리가 도대체 무엇을 알 수 있느냐는 물음, 존경을 표할 만한 물음은 역사적으로 신중한 숙고를 위하여 점점 더 다른 물음으로, 우리가 알려고 하는 것이 도대체 무엇이었느냐는 물음

2 이 저작물의 정확한 명칭은《근대 철학과 과학에서의 인식문제》이다. 1권은 1906년, 2권은 1907년, "칸트 이후의 체계들"을 다룬 3권은 1920년, "헤겔의 죽음에서 현재에 이르기까지(1932-1932)"를 다룬 4권은 1950년에 출간되었다. 〔옮긴이〕

3 스위스 다보스에서 두 사람이 벌인 논쟁은 문제는 같지만 해법은 완전히 다른, 그러니까 다른 신칸트주의의 문화철학과 현상학적 실존분석 사이의 갈등으로 볼 수 있다. 〔옮긴이〕

4 코헨Hermann Cohen(1842-1918)은 카시러의 박사학위논문 지도교수인 나토르프Paul Natorp(1854-1924)와 더불어 신칸트주의의 마르부르크 학파를 결성한 인물이다. 〔옮긴이〕

으로 변형됩니다. 게다가 과학이 생활세계에 끼치는 역작용이 너무나 농후해졌기에, 과학이론들의 확인능력이 의심받게 되면, 벌써 그것은 놀라움으로 나타납니다. 기술적으로 버튼을 누르는 일은 어느 것이나 과학이 신뢰할 만하다는 것을 이해하기 쉽게 합니다. 과학이 위협적인 것을 생산하거나 가능하게 하는 곳에서도 그렇습니다. 그런 진부한 경험이 칸트에게, 정말이지 신칸트주의의 학자들에게도, 거의 완전히 낯선 것이었습니다. 이들에게는 어쩌다가 한 번 확인해 주고 센세이션을 일으키는 천체역학이 이론적 개선의 원형이었습니다.

그러므로 카시러의 첫 번째 위대한 주제는 기념비적이고 역사적인 애도사였지만, 바로 그 점에서 평가절하를 공동으로 집행한 것은 아니었습니다. 평가절하의 역사를 통해서, 평가절하를 포괄적이고 궁극적으로 바라봄으로써, 인식론은 역사를 이론적으로 성찰하는 실마리가 되기 때문입니다.

카시러의 두 번째 위대한 주제는 《실체 개념과 기능 개념》(1910)에 나오는 개념형성 이론이었습니다. 저는 이 작품이 오늘날에도 모조리 이용되지 않았으면서도, 거의 부당하게 잊혀졌다고 생각합니다. 카시러의 작용과 무無작용을 그 놀라운 비율에서 고찰하면, '잊힘'이 하나의 표제어입니다. 카시러는 15년 동안[5] 한 대학에서 가르쳤습니다. 깊이 생각하지 않고 문서상으로도 그가 '비철학적'이라는 것은 확인되어도 되었습니다.[6] (저는 함

5 유대계 철학자인 카시러가 나치의 득세를 보고 스웨덴으로 피신한 때는 1933년으로 알려져 있다. 이에 신빙성을 둔다면, 카시러가 신설 함부르크 대학에 초빙된 것은 1919년이므로, 그가 강의한 기간은 15년이 채 못 된다. 그렇기 때문에 블루멘베르크가 함부르크 대학에 재직했던 기간도 포함했을 때, 그리고 이 기간 동안 카시러에 대해 강의했다고 할 때 15년이란 기간이 나올 것이다. 〔옮긴이〕

6 이는 곧 보게 되듯이 카시러의 저술이 《상징형식들의 철학》임을 염두에 둔 표현이다. 〔옮긴이〕

부르크 대학에 재직했던 2년밖에 안 되는 제 자신의 독자적 경험을 척도로 만들지 않기 위하여, 과거형을 선택하고 있습니다.) 그런데도 함부르크에서 보낸 시간은 카시러에게 그의 사유 활동이 '세계능력'을 갖추도록—그리고 이것은 결코 그의 기질에 어긋나지 않았는데—강요했습니다. 결국 이 세계능력으로 인해 그는 미국으로 이민 간 독일인들 중 유일하게 오늘날까지도 확실하게 영향을 끼칠 수 있었는데, 이 영향의 견줄 수 없는 도구가 바로《이념사 저널》입니다.

함부르크에는 바르부르크 도서관[7]이, 발견되지 못한 것의 유일무이한 서류 뭉치가 있었습니다. 이 도서관의 이론은,[8] 그 서류 뭉치를 이렇게 불러도 된다면 말입니다만, 나중에는 같은 이름을 가진 연구소의 이론은, 카시러의 세 권으로 된《상징형식들의 철학》(1923-29)이었습니다. 상징기능의 이 체계가 신칸트주의 전체의 묵시적 또는 명시적 의도들이었습니다. 자연 대상들의 범주 목록을 단지 문화 대상들의 범주 체계의 특수 경우로만 여기는 것, 그것이 이들의 의도였습니다. 이 문화 대상들 틈에 결국 자연이 방법적으로 마련한 대상들도 다시 나타납니다. 하지만 작용에 따를 경우, 상징 형식들의 망과 이 형식들의 수직적 구조를 통해서, 철학 이론을 위한 대상과 주제 들의 새로운 세계 하나가 조사되었거나 아니면 새로운 방식으로 표시되어 통합되었습니다.

카시러는 상징형식들을 구상한 다음, 표준화되지 않은 자료, 이국적인 자료, 모호한 자료에 대하여 구상의 수행능력을 시험했습니다. 상징형식

---

7 함부르크의 철학자 바르부르크Aby Warburg(1866-1929)가 개설한 이 사설도서관은 나치 정부를 피해 1933년 런던으로 옮겨진 뒤, 1944년 런던 대학에 합병되어, 지금은 'The Warburg Institute'으로 불린다. 〔옮긴이〕

8 카시러의《인문학의 구조 내에서의 상징형식 개념 외》(오향미 옮김, 책세상 2002, 111쪽)에 따르면, 이 이론의 연구방법은 "역사적 사실을 구체적이고 개별적으로 탐구해 정신활동을 전체적으로 조명하는 방법"이다. 〔옮긴이〕

들의 편재遍在는 아직까지 논리적이지 못한 저급행위의 불가능성입니다. 카시러는 우제너[9]의 '순간의 신들'에 감명을 받았는데, 이 신들이 그에게 명칭 부여와 체계 형성의 초보적 수행을 예시했습니다. 과학적 진보를 모든 의식분화의 지수로 만드는 것은 불가능하게 되어야 했습니다. 언어학적으로, 인종학적으로, 종교사적으로 확인된 결과들의 포괄적 고찰이 이를 증명합니다. 역사는 관계들 중 하나로만 나타나고, 이 관계들에서는 낯선 것이 '가능성에 따라 자신의 것'으로 포착될 수 있습니다. 시간과 공간은 이 기본경험의 등가적 차원들이 되고, 기본경험은 자신의 것을 통해 낯선 것을 보고 평가하지 않는 임무, 현재를 통해 과거를 보고 평가하지 않는 임무로 엮이게 됩니다.

철학사를 다루는 이 학자는 일관되게, 겉으로 보기에 모호한 것의 묘사를 점점 더 다루었습니다. 역사철학적으로 스콜라 철학과 데카르트주의 사이에 텅 비어 있는 임자 없는 땅을 카시러의 르네상스 관련 책(《르네상스 철학에서의 개인과 우주》, 1927)이 밝혔고, 나아가 그 땅에다 인식할 만한 것을 제공했습니다. 비슷한 말이 케임브리지 학파의 플라톤주의 묘사(《영국에서의 플라톤 철학의 르네상스와 케임브리지 학파》, 1932)에도 적용됩니다.

상징형식들의 이론은 자기 쪽에서 일상적 경험으로 돌아가지, 더 이상 과학적 경험으로 돌아가지 않습니다. 하지만 이 일상적 경험이 분명히 의식하는 것을 이 이론은 형태심리학의 매체를 통해 봅니다. 카시러는 '직관세계die anschauliche Welt'를, 직관세계라는 표현의 직관세계 현상들을 모든 이론적 수행의 토대로 보려 했고, 이 수행을 직관세계의 집행으로만 보려 했

9 독일의 문헌학자이자 신학자인 우제너Hermann Carl Usener(1834-1905)는 다신론에서 일신론으로 발전하는 3단계를 설명하는 자리에서, "순간의 신들Augenblicksgötter"을 첫 번째 단계의 신들로 설정한다. '순간의 신'이란 어떤 특정한 계기에서 오로지 한 번만 인식될 수 있는 신을 말한다. 〔옮긴이〕

습니다. 하지만 이 말이 너무 가볍게 나오는 바람에, 그 말은 자기가 가장 무거운 것이라는 혐의를 벗을 수 없습니다. 그 말이 바로, '생활세계'의 표제어하에 있던 에드문트 후설을 거의 정확하게 같은 시기에 끌어들였던 주제입니다. 〔복합적 양상의〕 이 주제로 후설은 자기 철학의 신칸트주의 요소를 최종적으로 지워 버렸습니다. 철학적 문제 다루기, 이것의 시작은 하나의 사실로의 감소에 있을 수 없고, 과학이라는 사실로의 감소에도 있을 수 없습니다. 생활세계는 '경우인 모든 것alles, was der Fall ist'이 아닙니다. 생활세계는 아마도 경우인 것 중 '최소한의 것도 아닌 것nichts'일 것입니다. 하지만 과학의 대상성을 고려해서 대상을 현대화하지 않고, 생활세계가 무엇인지를 과학성의 방법으로 포착하고 기술할 수 있겠습니까?

현상학적 '생활세계'에 대해서와 마찬가지로 카시러의 분리에 대해서도, 그러니까 직관세계와 표현세계를 기준으로 하여 신칸트주의의 전제들과 사실상 분리하는 것에 대해서도, 다음의 두려운 물음이 제기됩니다. '범주들의 이상理想을 상징형식들의 체계로 옮김으로써, 신칸트주의의 목적론을 떠나 규범화된 과학성 쪽으로 갈 수 있었을까?' 이 절망에 가득 찬 임무에서의 좌절 척도를 회고에서 확인하는 것은 쉽습니다만, 임무 수행으로의 접근 척도를 포착하는 것은 더 어렵습니다. 하지만 이보다 더 중요한 것은 그 임무의 구속성, 어떠한 실패로도 약화될 수 없는 구속성에 대한 근거를 시야에서 놓치지 않는 일입니다.

카시러의 작품에서는 신화, 언어, 종교, 예술과 같은 상징형식들의 부분체계들이 갖고 있는 독자적 가치와 전체 체계의 철저한 지향성이 일치하지 않습니다. 이때 전체 체계는 과학적 형식이나 진배없는 인식과 이 인식의 능가될 수 없는 최종적 성질을 지향합니다. 이를 확인하는 것은 진보인 자로서의 과학을 의심하는 것과 아무런 관련이 없습니다. 저는 오늘날에도 그렇게나 유행하는 이 의심을 경솔한 것이자 허락되지 않는 것으로 여깁니다만, 수행될 수 없는 것으로도 여깁니다. 왜냐하면 그 의심은 과학성의 형식에서만 스스로 항상 다시 형성되기 때문입니다. 하지만 결국 상징형식들의 철학은 단지 시간과 공간 면에서 확장된 학문사가 아닐까요? 그리고, 즉 인식 목적에서는 상징형식들의 철학이 세계이해의 목적들 모두의 지양을 더 일시적인 것으로 보지 않을까요?

대체로 이 중심지향을 감지할 수 있다는 것, 이에 대해 우리는 철학적 과정에 감사하고 있습니다. 이 과정에 딜타이,[10] 지멜, 후설, 카시러, 하이데거와 같은 다양한 인물들이 참여하여, 과정의 부분들을 위해 작업해 왔습니다. 카시러 자신은 자신의 저작물에서, 신칸트주의로부터의 상승 시도에서 새로운 관점을 만들어 냈습니다. 이 관점에서 볼 때, 우리 자신의 〔태도에서〕 무엇이 몇 십 년 지나지 않아 비난받게 될 것인지를 아직도 그에게서 인식할 수 있습니다. 현재가 뛰어난 시점으로 남아 있다는 것도, 즉 현재가 새롭게 제시된 현상現象들의, 그러니까 신화의 배경 깊숙이까지 가는 역사의, 정당화하는 기준으로 남아 있다는 것도 인식할 수 있습니다. 그것이 비록 세부항목에서는, 지역적 기술記述에서는, 카시러의 광학光學이 아니지만, 전체 구상에서는 그의 광학입니다. 여기서 경솔하게 우월감을 느껴서는 안 될 것입니다. 진보에 대해 말하는 사람뿐만 아니라, '현재를 해명하기 위하여 과거의 충만함' 모두를 도구화하는 데에서 나타나는 반역사주의 앞에서 최후의 구제를 바라보는 사람도, 아직까지는 전혀 다르게 생각해 왔던 것이 아니라 단지 다르게 말해 왔던 것입니다.

카시러에게서 배울 점으로 남아 있는 것은 그가 성공하지 못한 바로 그것에 있습니다. 성공하지는 못했지만 그의 평생 작업에서는 물론 이 작업을 넘어서서도 절박한 충동으로 감지될 수 있는 바로 그것에 있습니다. 그

10 딜타이Wilhelm Dilthey(1833-1911)는 독일의 역사학자이자 심리학자이면서 사회학자이다. 〔옮긴이〕

것은 철학 · 학문들 · 상징형식들의 역사를 현재들의 자기 확인에 이용할 수 없게 하는 것, 이 역사를 성공의 기준에—의식형성을 위한 중요성 기준에도—종속시키지 않는 것입니다. 인류를 어떤 인물에서도 오로지 수단으로 이용하지 말라는 명령으로, 어떤 성공이든지 간에 어떤 현재의 현재관련성 욕구에 부응하는 쪽으로의 역사의 기능화에 저항했던 사람이 바로 칸트 추종자인 자신이었는지 아닌지를, 카시러는 어느 곳에서도 우리가 알지 못하도록 했습니다. 하지만 바로 이것이 인식의 에토스이고, 이 에토스는 역사에 나오는 (높은 가치를 인정받을 수 없는) 선택기제들의 확인에 국한될 수 없습니다. 이 에토스는, 역사가의 에토스 바로 그것도, 각각의 현재가 역사의 목적과 같은 무엇일 수 있다거나 선호해서 이 목적에 접근할 수 있다는 것을 배제합니다. 역사가 황제의 신하에서 제후의 신하로 예속되는 일을 파괴하는 것, 그것이 바로 그 에토스입니다. 왜냐하면 역사의 목적이 없다는 것은 다행스럽게도 그런 목적을 향하여 '일시적으로' 머무는 일로부터, 그 목적에 수단으로 기여할 수 있도록 요구받는 일로부터, 우리를 보호하기 때문입니다. '인류의 교육' 유형에 관한 사유구조물들은 이미 '교육을 잘 받은' 상태일 수 있도록 하기 위하여, 너무 일찍 태어난 사람들을 희생시키면서 역사의 의미를 방어합니다.

구원의 상실을 규정하면서 정말이지 지나치게 예민한 적이 한 번도 없는 기독교의 교의학教義學은 구원의 표준시점의 우연성을 참아 낼 수 없었습니다. 지옥으로의 추락descensus ad inferos이라는 대단한 신화소神話素는 있어 온 것들도 나중의 구원행위에 참여하게 했습니다.

차츰차츰 형성된 모종의 감수성과 오늘날 마주치는 것은 비좁아진 세계의 공간에 있는 동시적인 것들의 불손입니다. 즉, 보습補習이 필요한 것들에 대해 발전에서 명성을 얻은 것들이 갖는 장자 우선권입니다. 시간의 차원에서 자기이해로서 자명하다고 받아들여지고 있는 것은 발전이—발전이 항상 추정적인 것이라 할지라도—어쩔 수 없이 먼저의 것을 나중의 것에 밀리게 한다는 점, 이성의 목록에 나타나고 있는 시간형식 어느 것이나 자기의 모든 중간 단계와 과도기 단계들에 대해, 그러한 단계로서의 현재에 대해서는 두말할 필요도 없고, 어떻게 되든 상관없다는 것을 포함하고 명령한다는 점입니다.

과학사에서 아직도 통용되고 있는 것이 민족지학民族誌學에서는 오래전부터 더 이상 가능하지 않습니다. 민족을 중심으로 하는 것이 정말 의미심장하다는 걸 우리가 서서히 배울 뿐이라고 하더라도, 관찰자의 공간적-시간적 관점을 자신의 사실선택과 판단들의 토대가 되게 하는 것, 이것이 그것입니다. 민족지학적 구조주의는 심지어, 레비스트로스[11]의 《인종과 역사》(1952)에서, 기술記述의 동일성 요청을 덮어 버렸습니다. 이때 레비스트로스는 역사를 민족적-문화적 기체基體들의 축적으로만 파악했고, 이렇게 함으로써 시간을 비현실적인 것이 되게 했습니다. 과학사는 올바로 간직해 온 사람들의 조롱에 거의 항상 귀 기울여 왔습니다. 하지만 종종 언급되는 시치,[12] 마기니,[13] 크레모니니[14]는 지금, 그러니까 갈릴레이의 망원경을 통해서 절대로 보려 하지 않았거나 아니면 보았다고 해도 목성의 위성들[15] 대

---

11 레비스트로스Claude Lévi-Strauss(1908-1991)는 인간사회와 인간문화를 이해하기 위한 방법으로 구조주의를 발전시킨, 벨기에 태생의 프랑스 인류학자이다. 〔옮긴이〕

12 시치Francesco Sizzi는 루이 13세 치하에서 처형된 인물이자, 갈릴레이를 비판한 글로 악평을 얻은 이탈리아 천문학자다. 하지만 정작 갈릴레이 자신은 그를 "적으로 삼지 않고 용서함으로써" 그와 우정을 쌓았다. 〔옮긴이〕

13 마기니Giovanni Atonio Magini(1555-1617)는 이탈리아의 천문학자이자 수학자이다. 〔옮긴이〕

14 이탈리아의 자연철학자 크레모니니Cesare Cremonini(1550-1631)는 한때 갈릴레이의 친구이자 동료교수였다. 〔옮긴이〕

15 갈릴레이Galieo Galilei(1564-1642)는 1610년 1월 7일 목성의 4대 위성들 중 세 개를 발견했고, 나흘 뒤 나머지 한 개도 발견했다고 한다. 〔옮긴이〕

신에 단지 반영들만 지각한다고 주장했던 이들은 지금, 상황이 어떻습니까? 이들의 말은 전적으로 옳았습니다. 갈릴레이의 망원경을 통해서 보는 것은 일단 한번 성공하면 아무런 가치도 없습니다. 반영들이 없다는 것은 지각할 수 있는 것이 아니라 오로지 며칠, 몇 주에 걸쳐서 목성 주변의 위치변경들의 규칙성에서 인식할 수 있는 것이고, 결국 상황 전체의 예견을 통해서 의심으로부터 벗어날 수 있는 것입니다. 갈릴레이는 자기가 본 것이 태양을 중심으로 하는 유추와 맞아떨어진다는 것에 압도된 나머지, 실재성을 입증한 이 자료를 자신의 적들에게 한 번도 제공하지 않았습니다. 철학의 역사에게 갈릴레이의 《세계체계들에 대한 대화》에 나오는 심플리키오[16]는 더 이상 우스꽝스러운 인물이 아니라, 논쟁적 희화입니다. 자신의 대상과 성공이 결부된 과학사는 모호하게 되어버린 것에 경의를 표하는 또 다른 노력을 인식할 수 있게 하고 있습니다.

시간 차원에서의 불공평은 있어 온 것들에게 더 이상 적용되지 않습니다만, 항상 불공평을 행사하는 사람도 숨어서 매수합니다—그 사람은 현재를 위하여, 하나의 현재를 위하여, 이 현재의 중요성 요구들을 위하여, 그러니까 이 현재에 결정적인 것만 통용되게 하는 현재 관련성 척도를 위하여, 무엇보다도 과거의 지위를 황제의 신하에서 제후의 신하로 격하함으로써 불공평을 행사합니다. 이를 역사에서 배울 수 있을지도 모릅니다—아니면 배울 수 없을지도 모릅니다. 그것은 인간적인 것을 잃어 버린 채 주지 않는 기본임무와 견주어 볼 때, 이차적인 것입니다.

저는 '역사주의'의 비난을 항상 존경스럽게 느껴 왔습니다. 시간 속에서 그리고 공간 속에서 인식하도록 우리에게 권리를 부여하는 것이자 동기를 부여해도 되는 것이 우리의 '관심'이라고, 오로지 이것만이 우리의 '관심'

---

16 대화에 등장하는 인물 심플리키오Simplicio는 앞서 본 크레모니니의 성격을 빗대고 있다. 〔옮긴이〕

이라고 하는 입장에 대해, 저는 지금 강력히 항의하고 있습니다. 최근에 아카데미상을 받으러 온 콰키우틀 사람들[17]과 마찬가지로 파타고니아 원주민들도 조용히 살게 해 줄 것만 요구하는 것이 아니라, 이론을 추구하는 사람들에게 자기들이 인류에 참여하는 몫을 인정하고 간직한 채 보는 것을 이론적으로 잊지 말라고 요구하고 있습니다.

물론 이 고귀한 임무officium nobile는 우리가 이론을 태도로, 지각능력 일반으로 가지고 있다는 것에서 나옵니다. 물론 역사적인 이 조건하에서도 우리에게는, 자구적 의미에서, '선택의 여지가 없습니다.' 역사적으로 우리에게 할당된 이 임무를 우리가 내동댕이칠 수도 있을 겁니다만, 전체의 부분들에서는 그럴 수 없습니다. 이 부분들에서 우리에게 마음 내키는 일은 무엇인가의 매수에 빠지지 않는 일인데, 그 무엇인가란 그 어떤 '관심'이 우리에게 단단히 붙잡으라고 명령할 수 있을지도 모르는 것을 말합니다. 인간적인 것의 편재성遍在性이 나타나도록 유지하는 일은 우리의 선택의 문제가 아니라, 우리 곁에 있는 요구입니다. 무엇이 시간과 공간에서 '우리에게' 중요하고 알아 둘 만한 것인지를 정작 알고 있다고 믿으면서도, 사람들은 피하고 싶은 전제에 빠지고 있습니다. 알 수 있는 것의 임의성 전제에 말입니다.

불멸성 사고의 종교적-형이상학적 전통은 칸트의 요청에 이르기까지, 영광과 기억처럼 그렇게나 오래된 제도들 속에 포함된 것을, 가장 끔직한 제도인 기억의 유죄선고damnatio memoriae에 아직도 부정적으로 포함된 것을, 은폐해 왔고 잊게 해 왔습니다. 그 전통이란 회상을, 능동적인 회상뿐만 아

17 이들은 캐나다 브리티시 컬럼비아 주 뱅쿠버 섬과 그 인근 지역의 원주민들로서, 자신이 부자임을 재산을 축적하는 데에서가 아니라 줘 버리는 데에서 과시한다. 이 관습을 제목으로 삼은 75분짜리 다큐멘터리 필름 〈포트라치Potlatch〉(1975)가 아카데미상을 받았다. 〔옮긴이〕

니라 수동적인 회상도, 동시적이지 않은 것의 동시성을, 시간-공간-우연성 앞에서 항복하지 않으려는 노력을, 요구하는 것을 말합니다. '인류'는 초超주체가 아닙니다. ['인류'가] 이 보편자에 통합될 가능성은 없습니다. 다양하게 각인되고 있긴 해도 반역사주의는 독특한 시간 자리의 우연성을 최소한 잊으려는 시도이고, 시간에서 동일성이 하는 요청, 즉 그 자리에서 집행하는 것은 아니지만 최소한 집행하는 척은 하라는 요청입니다. 호조건에서 [라는 구]가 덧붙여질 수 있습니다. 왜냐하면 똑같은 방식으로 그 역사가 하나의 역사에 밀리는 일도 있기 때문입니다. 그 역사에 반대하는 사람은 자기가 어떤 역사에 찬성하고 있는지를 금방 알아차리게 하려고는 않을 것입니다. 공간-시간-우연성의 불쾌한 언행과 함께 생활한다는 것은 현재와 현재의 가장 가까운 미래가 척도임을 포기한다는 것만 뜻하지 않습니다. 동시에 그것은 현재의 참을 수 없음이 갖는 지워 버릴 수 없는 의식도 뜻합니다.

철학의 역사도, 나아가 학문들의 역사도 추구한다는 것은 있어 온 것들에게 역사를 입증하면서, 오는 것에 주목하라는 요구를 유효하게 만드는 형식들 중의 하나뿐일 수 있습니다.

붙임 1 논문들과 연설문 출전

• 현상학의 양상에서 본 생활세계와 기술화

Lebenswelt und Technisierung unter Aspekten der Phänomenologie

Filosofia (Turin) 14(1963), S. 855-884

이 논문은 1959년 2월 후설 기록집을 위하여 쾰른에서 처음 발표되었고, 같은 해 12월 바젤 철학 학회에서도 발표되었다.

• "자연의 모방"—'창조적 인간' 이념의 전사前史에 대하여

Nachahmung der Natur. Zur Vorgeschichte der Idee des schöpferischen Menschen

Studium generale 10 (1957), S. 266-283

이 논문은 1956년 11월, 뮌헨 대학 철학과에서 처음 발표되었다.

• 수사학의 현재적 현실에 대한 인간학적 접근

Anthropologische Annäherung an die Aktualität der Rhetorik

Il Verri (Mailand) 35/6 (1971), S. 49-72

독일에서 출판되기는 이 책에서가 처음이다.

• 언어상황과 내재시학

Sprachsituation und immanente Poetik

Wolfgang Iser (Hg.): *Immanente Ästhetik-ästhetische Reflexion. Lyrik als Paradigma der Moderne*. München 1966 (Poetik und Hermeneutik. Arbeitsergebnisse einer Forschungsgruppe II), S. 145-155

• 패러다임, 문법적

Paradigma, grammatisch

Archiv für Begriffsgeschichte 15 (1971), S. 195-199. "Beobachtungen an Metaphern"에서 발췌.

• 에른스트 카시러를 기리며—1974년 7월, 하이델베르크 대학 쿠노-피셔 상 수상 연설

Ernst Cassirers gedenkend. Rede bei Entgegennahme des Kuno-Fischer-Preises der Universität Heidelberg im Juli 1974

Revue Internationale de Philosophie (Brüssel) 28 (1974), S. 456-463

붙임 2 한스 블루멘베르크의 간략 연보

1920	뤼베크에서 출생(7월 13일)
1947	킬 대학에서 박사학위 취득
1950	킬 대학에서 교수자격 취득
1958-60	함부르크 대학 철학과 교수
1960-65	기센 대학 철학과 교수
1965-70	보훔 대학 철학과 교수
1970-85	뮌스터 대학 철학과 교수
1960-	마인츠의 과학과 문학 아카데미 회원
1974	하이델베르크 대학의 쿠노-피셔 상 수상
1980	독일 언어 · 문학 학술원의 지그문트-프로이트 상 수상. 다름슈타트.
1996	알텐베르게에서 서거(3월 28일) .

붙임 3 한스 블루멘베르크의 주요 저술

Paradigmen zu einer Metaphorologie. Bonn: Bouvier, 1960.

(Hrsg.) Galileo Galilei: Siderius Nuncius. Nachricht von neuen Sternen. Frankfurt a. M.: Insel Verlag, 1965. —Neuausg. ebd.: Suhrkamp, 1980.

Die kopernikanische Wende. Frankfurt a.M.: Suhrkamp, 1965.

Die Legitimität der Neuzeit. Frankfurt a. M.: Suhrkamp 1966. —Erw. Neuausg. in 3 Bdn:

Der Prozeß der theoretischen Neugierde. Ebd. 1973. (suhrkamp taschenbuch wissenschaft. 24.)

Säkularisierung und Selbstbehauptung. Ebd. 1974. (suhrkamp taschenbuch wissenschaft. 79.)

Aspekte der Epochenwelle. Ebd. 1976. (suhrkamp taschenbuch wissenschaft. 174.)

Die Genesis der kopernikanischen Welt. Frankfurt a. M.: Suhrkamp, 1975. —Taschenbuchausg. ebd. 1981. (suhrkamp taschenbuch wissenschaft. 352.)

Schiffbruch mit Zuschauer. Paradigma einer Daseinsmetapher. Frankfurt a. M.: Suhrkamp, 1979. —Taschenbuchausg. ebd. 1981. (suhrkamp taschenbuch wissenschaft. 289.)

Arbeit am Mythos. Frankfurt a. M.: Suhrkamp, 1979.

Die Lesbarkeit der Welt. Frankfurt a. M.: Suhrkamp, 1981.

Lebenszeit und Weltzeit. Frankfurt a. M.: Suhrkamp, 1986.

Das Lachen der Thrakerin. Eine Urgeschichte der Theorie. Frankfurt a. M.: Suhrkamp, 1987. (suhrkamp taschenbuch wissenschaft. 652.)

Die Sorge geht über den Fluß. Frankfurt a. M.: Suhrkamp, 1987. (Bibliothek Suhrkamp. 965.)

Matthäuspassion. Frankfurt a. M.: Suhrkamp, 1988. (Bibliothek Suhrkamp. 998.)

Höhlenausgänge. Frankfurt a. M.: Suhrkamp, 1989.

Abhandlungen der Akademie der Wissenschaften und der Literatur zu Mainz. Geistes- und sozialwissenschaftliche Klasse. Nr. 5:

Kopernikus im Selbstverständnis der Neuzeit. Wiesbaden: Steiner, 1964.

Selbsterhaltung und Beharrung. Zur Konstitution der neuzeitlichen Rationalität. Wiesbaden: Steiner, 1969.

Pseudoplatonismen in der Naturwissenschaft der frühen Neuzeit. Wiesbaden: Steiner, 1971.

수사학총서 · 13

우리가 살고 있는 현실들

초판발행 2011년 9월 30일
초판 1쇄 2011년 9월 30일

지은이 한스 블루멘베르크
옮긴이 양태종
펴낸곳 고려대학교출판부
www.kupress.com
kupress@korea.ac.kr
136-701 서울특별시 성북구 안암동
02-3290-4230, 4232
Fax 923-6311
찍은곳 경주문화인쇄

ISBN 978-89-7641-762-6 94800
ISBN 978-89-7641-428-1 (세트)

값 13,000원
* 잘못 만들어진 책은 바꿔드립니다.